21 世纪数量经济学方法论与应用丛书

宏观经济政策动态因果效应评价方法研究

孙艳华　著
白仲林　审

南开大学出版社
天津

图书在版编目(CIP)数据

宏观经济政策动态因果效应评价方法研究 / 孙艳华著；白仲林审. —天津：南开大学出版社，2021.1
（21世纪数量经济学方法论与应用丛书）
ISBN 978-7-310-06075-7

Ⅰ.①宏… Ⅱ.①孙… ②白… Ⅲ.①宏观经济－经济政策－评价－研究 Ⅳ.①F015

中国版本图书馆 CIP 数据核字(2021)第 009737 号

版权所有　侵权必究

宏观经济政策动态因果效应评价方法研究
HONGGUAN JINGJI ZHENGCE DONGTAI
YINGUO XIAOYING PINGJIA FANGFA YANJIU

南开大学出版社出版发行
出版人：陈　敬
地址：天津市南开区卫津路 94 号　邮政编码：300071
营销部电话：(022)23508339　营销部传真：(022)23508542
http://www.nkup.com.cn

北京明恒达印务有限公司印刷　全国各地新华书店经销
2021 年 1 月第 1 版　2021 年 1 月第 1 次印刷
260×185 毫米　16 开本　11 印张　2 插页　217 千字
定价：38.00 元

如遇图书印装质量问题，请与本社营销部联系调换，电话：(022)23508339

目 录

第1章 绪 论 ·· (1)

第2章 因果推断理论基础 ··· (5)
2.1 潜在结果框架 ··· (5)
2.2 随机化实验 ·· (12)
   2.2.1 随机实验的思想及作用 ·· (13)
   2.2.2 随机实验的分类 ··· (13)
2.3 Granger 和 Sims 非因果关系 ··· (16)
2.4 两类因果关系的比较 ··· (18)
2.5 经典政策因果效应识别策略 ·· (19)
   2.5.1 回归和匹配方法 ··· (20)
   2.5.2 工具变量方法 ·· (23)
   2.5.3 双重差分方法 ·· (24)
   2.5.4 合成控制方法 ·· (26)
   2.5.5 广义合成控制方法 ·· (28)
   2.5.6 回归合成方法 ·· (31)
   2.5.7 多重经济政策因果效应识别策略 ··· (32)
   2.5.8 断点回归设计 ·· (34)
   2.5.9 案例：商品房限购政策的实体经济发展效应研究 ······························· (38)

第3章 基于单方程平稳时间序列模型的因果效应评估方法 ································· (49)
3.1 中断时间序列分析方法 ·· (49)
   3.1.1 单组 ITS 模型 ·· (50)
   3.1.2 多组 ITS 模型 ·· (51)
3.2 案例：自贸区设立政策对产业结构升级的因果效应分析 ································ (52)
   3.2.1 研究背景 ·· (52)
   3.2.2 数据来源和研究结果 ·· (53)

第4章 基于单方程时间序列协整模型的因果效应评估方法 (60)
4.1 协整理论 (61)
4.1.1 非平稳随机过程 (61)
4.1.2 动态分布滞后模型 (62)
4.1.3 误差修正模型 (62)
4.2 基本假设与识别条件 (63)
4.3 协整时间序列模型的因果效应评估方法 (65)
4.3.1 模型设定和参数估计 (65)
4.3.2 长短期因果效应的识别 (67)
4.3.3 平均因果效应的估计 (74)
4.4 案例：我国房产税试点政策的因果效应评价研究 (74)
4.4.1 研究现状 (76)
4.4.2 实证分析 (77)

第5章 基于SVAR模型的动态因果效应评估方法 (86)
5.1 SVAR模型及其识别 (87)
5.1.1 SVAR模型 (87)
5.1.2 SVAR模型的识别 (88)
5.1.3 SVAR模型的脉冲响应函数 (90)
5.2 动态因果效应 (91)
5.2.1 概述 (91)
5.2.2 动态潜在结果分析框架 (92)
5.2.3 脉冲响应函数的因果解释 (96)
5.3 识别策略 (97)
5.3.1 动态因果推断检验 (97)
5.3.2 扩展的非对称性动态因果效应研究 (107)
5.3.3 动态因果效应的外部工具识别 (116)

第6章 基于SVEC模型的动态因果效应评估方法 (135)
6.1 基准模型的设定 (137)
6.2 SVEC-IV识别 (139)
6.3 动态因果效应的长短期分解 (140)
6.4 案例：我国利率政策的动态因果效应评价研究 (140)
6.4.1 研究背景 (140)

  6.4.2 变量和模型选择 ………………………………………………（141）
  6.4.3 利率政策的动态因果效应分析 ………………………………（144）
  6.4.4 结论 ……………………………………………………………（147）

附录 ……………………………………………………………………………（149）

参考文献 ………………………………………………………………………（150）

第 1 章 绪论

从党的十八届三中全会提出，到十九届四中全会正式通过《中共中央关于坚持和完善中国特色社会主义制度、推进国家治理体系和能力现代化若干重大问题的决定》，党中央一直高度重视国家治理体系和治理能力的现代化建设，着重强调全面提高宏观调控的科学性和实施力度。创新和完善宏观调控，是完善社会主义市场经济体制、建设现代化经济体系、实现社会主义现代化的必然要求，而建立健全政策评估制度成为其中的重要内容之一。

宏观调控是指国家综合运用各种手段对国民经济进行调节和控制，通过利用财政政策、货币政策、分配政策和外资政策等实现充分就业、保持经济总量平衡、抑制通货膨胀、促进经济结构优化、实现经济稳定增长、保持国际收支平衡等预期目标。改革开放以来，中国经济高速增长，成为第二大经济体，创造了世界经济史的奇迹。中国对政府与市场关系的认识主要经历了三个阶段：从"以计划经济为主、市场调节为辅"，到"使市场在国家宏观调控下对资源配置起基础性作用"，再到"使市场在资源配置中起决定性作用和更好地发挥政府作用"，逐步形成了中国特色社会主义宏观调控理论体系。新中国成立初期，宏观调控主要表现为"计划调控"，主要依据马克思主义政治经济学对社会的总供给和总需求制定总体计划并严格执行，在当时资源匮乏、生产力水平低下的背景下，起到了积极的作用。至 20 世纪 70 年代，"计划经济"模式不再适应经济发展的需要，以 1978 年改革开放为标志，中国的经济体制转变为"社会主义市场经济"，宏观调控成为社会主义市场经济体制下的一个特定概念，即在市场对资源配置作用下的政府行为。

宏观经济领域的各项具体创新，极大地推动了中国特色宏观调控理论创新，是解决当代中国经济问题的总钥匙。中国特色宏观调控不仅关注对经济改革目标实施的短期动态调整，确保短期宏观调控保持战略定力、服务于现代化建设和民族复兴大局，同时依据国家中长期发展规划目标，更加注重整体的跨期资源配置和生产力发展；既有宏观的总量调控政策，也有为确保宏观政策有效实施所做出的中观及微观层面的制度完善。宏观调控旨在避免经济剧烈波动和促进经济增长，实现资源的最优配置，主要手段包括货币政策、财政政策以及宏观审慎政策三大宏观经济政策。如货币政策制定过程中数量型和货币型两种工具的运用、金融体制改革等，又如在财政政策的实施过程中涉及多税种的协调等。中观经济是宏观经济的"稳定器"和"减压阀",中观经济政策的制定可有效削弱宏观经济的过度振荡使之平稳发展。中观经济政策主要包括区域政策和产业政策,其中区域经济政策的目标是实现公平和效率的统一,通过资源的空间配置缩小区域差距、实现区域的相对均衡发展,通过促进区域协调发展激活经济持续增长新动能。如"京津冀一体化"、"振兴东北"、"西部大开发"和粤港澳大湾区等均是中国政府为促进区域发展所做出的重要决策部署。而产业政策的制定主要是为了优化产业结构、调整经济增长模式从粗放型到创新型转变。微观经济政策旨在提高资源配置效率、调节微观经济主体行为,激发市场活力和潜力。现阶段的微观经济政策,如"精准扶贫"等涉及民生的收入分配和社会保障政策,服务小微企业和"三农"等领域的普惠金融政策,"营改增"和国有企业混合所有制改革等。

Lasswell(1963)最早把政策评估定义为"就政策的因果关系做事实上的陈述"。Heckman(2005)对政策评估和因果推断之间的关系做了系统的阐述,他认为政策评估的核心问题包括三个:对历史政策进行因果关系的推理、因果推断中的外部效度问题、因果预测问题,这三个问题实质上是因果推断的不同表现形式。对政策进行评估需要厘清三个方面的内容:一是何为因果关系;二是因果关系如何有效识别;三是因果关系如何量化,因果关系的量化也称为因果效应(处理效应)。科学地评估经济政策效果的前提是准确而全面的政策测度,从政策调整的方向与调整强度、政策主题及其变迁、政策体系的结构演进等静态和动态特征进行多维度的测度。依据随机化实验设计理论建立的因果推断方法是一场认识论和方法论的革命,它为社会科学的政策效应评估提供了一种新的认知视角和研究方法。基于潜在结果框架的反事实分析方法弥补了传统因果推断研究的不足,有利于揭示经济变量之间的因果性,提高政策效应评价的科学化水平。对因果关系的识别研究主要有两个方向:一是结构计量经济学模型。Ireland(2004)、Acemoglu(2010)等提出和复兴了以理性预期及经济主体微观行为特征为基础NK-DSGE结构计量的建模方法。Reiss & Wolak(2007)对描述性计量经济学模型和结构性计量模型进行了区分。二是基于自然实验的因果效应分析方法。Angrist & Pischke(2010)指出因果推断是经济学研究的核心,因果推断的关键是以随机化实验思想为基础定义潜在结果框架,从而有效识别因果效应。当前,因观测研究中随机分配的不可能性以及解释变量缺失等混杂性因素的存在使得因果关系的识别变得更加复杂。新的研究范式被称为"以实验设计为基础的计量经济学"或计量经济学的"实验学派"(Angrist & Pischke,2017;赵西亮,2017)。

早期的因果效应分析方法主要根据截面数据或短(微观)面板数据侧重于微观经济政策或社会项目等的评价,受数据结构的制约,干预的平均处理效应仅仅反映了经济政策的静态因果效应。从搜集到的文献来看,目前的研究成果主要集中在双重差分方法(Difference in Difference,DID)、倾向得分匹配的双重差分方法(Propensity Score

Matching – Difference in Difference，PSM – DID）、合成控制方法（Synthetic Control Method，SCM）、萧政等提出的面板数据政策评估方法（又称回归合成方法，Hsiao et al.，2012）、广义合成控制方法（Generalized Synthesis Control Method，GSC）、断点回归设计（Regression Discontinuity Design，RDD）和弯折回归（Regression Kink Design，RKD）等。另外，Robins et al.（1999）、Lok et al.（2004）和 Lechner（2004）也考虑了具有时变处理变量和顺序随机试验的面板数据因果效应的研究。然而，这些方法难于评估宏观经济政策的动态因果效应，尤其是在宏观经济政策评估中，往往只存在一个长时间接受处理的个体，比如针对一个国家或地区的政策干预，而不是微观经济政策或社会计划评估中的平均处理效应。另外，由于特殊的经济或政治体制等原因难以找到匹配对照组个体。综上，在微观经济政策评估环境中，政策的平均处理效应反映的是不同独立个体的空间总体一阶矩特征，而不同时期的个体观察通常是连续自相关的，一个时期的处理往往会对随后的时期产生影响，所以，不能直接使用静态特征测度和反映动态行为，需要建立健全新的方法评估宏观经济政策在未来每期效应的动态变化行为。

近年来，基于时间序列数据的动态因果效应评估方法已经成为计量经济学前沿研究方向，且本领域主要是沿着弱化假定条件、拓宽适用范围的思路发展因果效应评估理论，这也是国际计量经济理论学界通用的研究范式。通过文献梳理发现，首先，基于时间序列数据和长面板数据的宏观经济政策评估理论和实证问题研究相对比较匮乏。其次，时间序列动态因果效应评估方法中，政策变量的定义也变得更加复杂，由最初的 Rubin 因果模型二元处理变量向时间序列多元离散和动态处理变量发展，这一变化也更加符合社会经济运行的实际。再次，从数据的平稳性看，已有的时间序列因果推断研究均未考虑实际数据生成过程中存在的非平稳结构变化特征。现代经济以及金融活动表现出高度的复杂性，宏观经济数据多呈现出非平稳和时变等复杂特征，这就对非平稳时间序列动态因果效应评估方法的研究提出了挑战。协整理论对应用计量分析产生了巨大的影响，如果一系列变量之间具有共同的随机趋势，此时考虑利用支持协整结构分析的特定参数化模型，即向量误差修正模型（Lütkepohl，2004）进行分析。汪寿阳等（2019）提出当前时间序列计量经济学一个重要的研究方向是要提出新的更加广义的非平稳序列模型来描述这些复杂动态特征。最后，基于 SVAR 模型、SVEC 模型和 DSGE 模型等结构计量模型的动态因果效应分析方法得到了逐步发展。理论与实证研究均提出了考虑反事实分析中经济关系动态特征的政策评估方法的需求。

动态因果效应的识别和估计是宏观计量经济学的核心问题之一，对评价变量之间的因果作用和挖掘多个变量之间的因果关系具有重要的意义。当前，已有的基于单方程的时间序列动态因果推断方法包括中断时间序列方法、动态匹配法、序贯匹配法、逆概率加权以及基于协整的时间序列因果推断等方法；对于多变量时间序列系统的动态因果效应推断方法主要是在一定的识别约束下基于结构计量经济学模型，考察政策冲击对经济系统的动态影响，已有研究多是基于 SVAR 模型、SVEC 模型以及 DSGE 模型等。

综上所述，基于时间序列数据的动态因果效应评估方法已经成为计量经济学前言研究方向。作者认为该领域在以下方面仍有待深入研究：一是单方程时间序列动态因果效应研究方法仍需要继续完善，尤其是非平稳状态下因果效应的识别和估计方法；二是在较普适的 SVAR 模型、SVEC 模型和 DSGE 模型等结构计量模型的基础上完善宏观经济系统的动态因果效应研究。在更贴近现实的经济框架下，完善货币政策、财政政策和其他重要经济政策（如刺激消费、科技创新、对外开放等宏观经济政策）变迁的因果效应研究。三是宏观经济调控要统筹各类长期目标和短期目标，不仅关注经济的短期波动，而且重视提升中长期经济增长潜力和培育新动能。因此，必须识别经济政策动态效应的长期趋势和短期波动性。

本书的研究目的是识别和估计时间序列数据下宏观经济政策的动态因果效应。书中介绍的所有识别策略在一定的识别条件下都可以看作是一种随机化试验，将潜在结果框架扩展到时间序列数据，重点介绍基于时间序列数据的单方程和多方程（系统）的动态因果推断方法，并分别讨论平稳时间序列数据和非平稳时间序列数据的情况，另外，利用 VMA 及 SVMA 模型实现经济政策长短期因果效应的分解及估计。基于反事实的宏观经济政策动态因果效应评估方法的提出和发展，对评价变量之间的因果效应和挖掘多个变量之间的因果关系具有重要的意义，不仅可以解决微观计量经济学关注的异质性问题，还解决了时间序列计量经济学动态性和非平稳性的特征。这些评估方法为我国各项社会经济政策包括宏观政策、产业政策和金融政策等的测度与评估提供了理论工具，为推进国家治理体系和治理能力的现代化提供了科学支撑。

第 2 章　因果推断理论基础

计量经济学的发展过程经历了三次集中大讨论。第一次大讨论源于"凯恩斯—丁伯根之争"（Keynes，1939；1940；Tinbergen，1940），解决了计量经济学"回归"分析的概率论基础问题，自此，计量经济学逐渐成为经济学研究的主流方法。第二次大讨论源于对考尔斯委员会（Cowels Commission）大规模联立方程组宏观计量经济学模型的质疑，Sims（1980）对所施加的外部约束条件的可靠性提出了质疑，并基于时间序列的相关理论将向量自回归（VAR）模型引入宏观经济学。Black（1982）以及 Pratt & Schlaifer（1984）等批判了将回归模型的相关关系作为对因果关系的解释。这场关于数据与模型结合问题的讨论，确立了数据关系的导向性问题，理论计量经济学进入"百花齐放"的关键阶段。Heckman（2001）发现理论计量越来越复杂而应用计量在某些领域却变得越来越简单，因此需正视理论计量研究与经验研究之间的鸿沟。如何保证计量经济学方法应用研究结论的科学性和可靠性，更加合理设定模型和有效识别因果关系成为第三次"可信性革命"的主要论题。由于统计推断（Statistical Inference）往往很少给出因果关系的相关结论，目前，经济学的经验研究范式（Paradigm）正处于从统计推断向因果推断（Causal Inference）转变的过程。具体地，"可信性革命"的一个重要特点是强调设计，以随机化实验作为研究设计的基础，对潜在结果直接进行建模，而不是对观测结果进行建模，将潜在结果和分配机制分离开来，通过科学的设计，让数据自动呈现因果效应，尽量避免有关函数形式和模型设定这种假设因素，这与传统计量经济学学派形成清晰的差别。引领经济学经验研究"可信性革命"的代表人物包括加州大学伯克利分校的 David Card、普林斯顿大学的 Alan Krueger、斯坦福大学的 Guido Imbens、麻省理工学院的 Joshua Angrist、哈佛大学的 Alberto Abadie 等等，通常称之为计量经济学的实验学派。

2.1　潜在结果框架

Neyman（1923，1990）在研究重复随机化农业实验中最早提出了潜在结果的概念。20 世纪 70 年代以来，Rubin（1974，1977，1978）的一系列论文，重新独立地阐述了潜在结果的概念,并将之推广到观测研究,从而构造出适用于随机化实验和观测研究的基本分析框架,Rubin 提出的潜在结果框架被称为 Rubin 因果模型(Holland,1986)。Rubin 因果模型(Rubin Causal Model,RCM)的关键是提出了"潜在结果"的基本概念,目前,RCM 已经成为因果推断的基本理论基础。

Rubin 因果模型主要包含三个方面的内容:潜在结果、稳定性假设和分配机制。

(1) 潜在结果

利用潜在结果框架讨论因果效应时,需要和某个干预(intervene)关联在一起,"没有干预就没有因果"(Rubin,1974)。其中干预就是原因,干预又称为处理(treatment)或操纵(manipulation)。不同的处理作用于个体所产生的预期反应称为潜在结果(potential outcome)。假定我们要研究原因变量 D 对结果变量 Y 的因果效应,则原因变量 D 称为处理变量或干预变量,它可以表示一项措施、政策、行动等,比如我国房地产市场价格调控政策、自贸区设立政策等等。假设观测个体共有 N 个,用虚拟变量 D_i 表示第 i 个个体的处理状态($i = 1, \cdots, N$),如果处理变量为二值变量,即对于任意个体 i 均存在两种干预状态:

$$D_i = \begin{cases} 1 & \text{个体 } i \text{ 接受处理} \\ 0 & \text{个体 } i \text{ 未接受处理} \end{cases}$$

$D_i = 1$ 表示个体 i 接受处理,所有接受处理的个体集合组成处理组;$D_i = 0$ 表示个体未接受处理,所有未接受处理的个体集合组成控制组,那么,在处理状态实现之前,每种处理状态对应于一个潜在结果。个体 i 在事前的潜在结果记为 $\{Y_{0i}, Y_{1i}\}$:

Y_{0i} 表示 $D_i = 0$ 时(个体 i 未接受处理时)潜在结果;

Y_{1i} 表示 $D_i = 1$ 时(个体 i 接受处理时)潜在结果。

在处理状态实现之前,有几个干预状态就有几个潜在结果,而处理状态实现后,我们仅能观测到一个潜在结果,未实现状态下的潜在结果是无法观测的。对个体而言,这两个潜在结果可以看作是确定性的变量,不因个体处理变量的实现状态而改变。用 Y_i 表示个体 i 的观测结果,则观测结果与潜在结果之间的关系为:

$$Y_i = \begin{cases} Y_{1i} & \text{若 } D_i = 1 \\ Y_{0i} & \text{若 } D_i = 0 \end{cases}$$

进一步地,

$$Y_i = D_i Y_{1i} + (1 - D_i) Y_{0i} = Y_{0i} + (Y_{1i} - Y_{0i}) D_i$$

通过潜在结果框架可知,政策处理效应的估计与检验可以被视为存在缺失值的问题,而非统计学中样本推断总体的问题(Imbens & Lemieux,2008;Imbens & Wooldridge,2009)。潜在结果 $\{Y_{0i}, Y_{1i}\}$ 和观测结果 Y_i 之间的区分是现代统计学和现代计量经济学的重要标志，是经济学经验研究"可信性革命"的关键，也是区分描述性研究和因果性研究的标志。

假定观测结果 Y_i 由两部分因素决定：一是感兴趣的处理变量 D_i；二是除 D_i 之外的所有其他因素 u_i。那么，可以用函数 f 表示三者之间的关系：

$$Y_i = f(D_i, u_i)$$

Rubin 因果模型的核心是比较同一个研究个体（unit）在接受处理和不接受处理时的潜在结果差异，即对于个体 i，原因变量 D_i 对结果变量 Y 的因果效应是两种处理状态下潜在结果的比较，即 i 的个体因果效应为：

$$\tau_i = Y_{1i} - Y_{0i}$$

由此可见，在潜在结果框架下，因果效应的定义非常清晰，且不需要对分配机制进行任何内生性或外生性的假设，亦不需要对结果变量的函数形式进行任何假设。然而，因果推断面临的关键问题是同一个个体无法同时观测到 Y_{0i} 和 Y_{1i} 的值，对于观测个体，无法观测到的潜在结果，通常称为反事实结果（counterfactual outcome）。对单个个体而言，总有一个潜在结果是缺失的，所以无法得到个体水平上的因果效应的估计，Holland（1986）称之为"因果推断的基本问题"。另外，由于因果效应的定义仅依赖于潜在结果，研究者仅能观测到一个状态下的潜在结果，因此，如果仅有一个个体是无法得到个体的因果效应的。正因此，估计反事实结果成为因果推断的核心内容。

（2）稳定性假设

稳定个体处理值假设（The Stable Unit Treatment Value Assumption, SUTVA）简称稳定性假设。稳定性假设是潜在结果框架的第二个要件。稳定性假设是经典 Rubin 因果模型的较强的先验假设，在许多实际情景中该假设很可能会被违背，比如教育研究中存在同伴效应问题，劳动力培训的规模的扩大对劳动力市场外溢影响等，此时，可以通过仔细的研究设计来缓解个体间的相互影响（Imbens & Rubin, 2015）。

稳定性假设包含两层含义：

一是，不同个体的潜在结果之间不会有交互影响，即每个个体的潜在结果不依赖于其他个体的处理状态。在社会科学研究中，稳定性假设可能不成立。例如，研究班级规模对学生学习效果的影响，学生之间往往存在一定的外部性，因此，不存在交互影响的假设并不成立。

二是，处理水平对所有个体都是相同的。当考察一项干预政策的影响时，这一干预要对所有个体程度和水平都是一样的。干预越具体，因果效应的测度越精确。但在经济学研究中，往往很难完全满足这一要求。例如，研究大学教育对个人收入的影响，专科、本科、研究生教育可称为大学教育，且不同大学的教育质量也有差别，因此，处理水平相同的假设并不成立。在应用中往往会忽略这种差异，将大学教育看作一种相同程度的干预。因而,稳定性假设是因果推断的一个技术性简化。

值得特别指出的是,根据 Angrist & Kuersteiner(2004,2011)的描述,稳定性假设在时间序列数据的因果模型中未必成立,原因主要是在时间序列数据普遍存在序列相关性,所以经济系统当前的结果变量会部分取决于过去的政策(干预)。综合来讲,时间序列框架下的政策因果效应问题是以过去的政策、协变量和结果变量的滞后期为条件进行解释的。因此,在实践应用中潜在结果是对于给定的历史信息,潜在结果的所有可能状态。

(3) 分配机制

分配机制是潜在结果框架的第三个要件。潜在结果中的哪个结果能够被观察到完全取决于个体所接受的处理分配,因此"分配机制"是潜在结果模型的一个核心内容,它直接决定什么样的结果能够被观察到。

分配机制(Assignment Mechanism)是通过关于处理变量 D_i 的概率模型来描述哪个潜在结果可以被观测到的机制,即:

$$\Pr(D_i | X_i, Y_{1i}, Y_{0i})$$

分配机制是区分不同研究设计的依据,根据分配机制是否已知可将分配机制分为三类:随机实验、依可观测变量选择(Selection on Observable)、依不可观测变量选择(Selection on Unobservable),其中后两类属于观测研究。

第一类分配机制是随机实验。在随机实验中,接受处理的概率仅为可观测协变量的函数,而与潜在结果无关。另外,干预状态可以通过一定的随机机制实现,且研究者知道随机机制和分配概率。Fisher(1935)最早在其著作《实验设计》中提出了"随机化实验"的思想,他指出只要处理状态的分配是随机的,就可以排除其他因素的影响,从而识别因果效应。随机化实验的作用就是平衡处理组和控制组个体其他因素(除处理变量之外的各协变量)的分布,即两组个体的其他影响因素的差异都是偶然性的,在统计上一般是不显著的。因此,两组结果变量的系统性差异只能是由是否接受导致的。在传统的因果推断思想中,尤其是自然科学的研究中,人们往往采用"控制"的思想,即控制影响结果变量的所有其他因素,仅让感兴趣的原因变量随机变化,这种情况下结果变量的变化可归结为原因变量导致。

第二类分配机制为依可观测变量选择,又称为政策分配机制(Regular Assignment Mechanism)、非混杂性(Unconfoundedness)或条件独立性假设(Conditional Independence Assumption,CIA)。具体而言,是指分配概率不依赖于潜在结果,且分配机制的函数形式未知,即在控制观测变量 X_i 之后,个体干预状态的分配不依赖于潜在结果,其形式化表示为:

$$\Pr(D_i | X_i, Y_{1i}, Y_{0i}) = \Pr(D_i | X_i) \text{ 或 } D_i \perp \{Y_{1i}, Y_{0i}\} | X_i$$

即以可观测变量 X_i 为条件，处理变量 D_i 独立于潜在结果 Y_{0i} 和 Y_{1i} 以及潜在结果的任何函数。

在非混杂条件下，估计平均处理效果的文献是非常成熟的，有些估计量采用匹配方法（每个处理个体与具有相似协变量值的控制个体对比），有些估计量对观测值进行加权，以使得加权后处理组和控制组的观测特征相似，另外一些估计量利用倾向得分等，常用的方法有：工具变量法（Imbens & Angrist，1994；Angrist & Krueger，2004）、双重差分法（Ashenfelter，1978；Ashenfelter & Card，1985）、断点回归、合成控制法、回归合成法、机器学习的相关方法以及其他放松非混杂性条件的方法（Manski，2007）等等。

最后，除上述两类分配机制外，将其余所有的分配机制称为依不可观测变量选择，又称为非正则机制（Irregular Assignment Mechanism）。通常这种情况下，分配机制与潜在结果是相关联的，处理组和控制组的差异无法被观测。此时，对可观测特征进行控制并不能有效识别处理效应，在此类研究中还需要进一步地施加其他假设或采用其他方法。

下面看一个简单的例子来了解分配机制的作用。

假定在一个"施肥对番茄产量的影响"研究的实验中，园艺研究员种植了许多块番茄地。随机地选择50%的地块，对其施肥100克/米^2；其余则不施肥。在番茄生长季节末，园艺员称量了每块地上收获的番茄。施肥和未施肥地块的每平方米的平均产量之差即为施肥对番茄产量的效应。

假定共有 n 块地，用 Y_i 表示结果变量，此例为第 i 块地每平方米的番茄产量，用 D_i 表示处理变量，此例为第 i 块地是否施肥，即

$$D_i = \begin{cases} 1 & \text{第 } i \text{ 块地施肥} \\ 0 & \text{第 } i \text{ 块地未施肥} \end{cases}$$

根据施肥与否可以将所有地块分为两组，处理组（所有施肥地块）和控制组（所有未施肥地块）。直接利用两组观测结果进行比较，将发现施肥对番茄产量的影响，即 $E(Y_i | D_i = 1) - E(Y_i | D_i = 0)$。分配机制的说法一般用在实验中，因为实验设计者或研究者可以控制分配机制，让哪些个体进入干预组，哪些个体进入控制组。而在观测研究中，个体往往根据自己的效用选择进入不同的群组。因而，在观测研究中，分配机制也可称为选择机制。观测研究的目的就是想办法将观测数据中未知的分配机制识别出来，从而估计因果效应。

Fisher（1935）提出的随机分配机制是识别因果作用最有效的方法。这一方法的核心在于"随机"二字，根据统计学的原理，如果让随机机制决定个体的处理分配，且确保样本量足够大，则随机分组的结果等同于因果效应。在随机实验中，处理变量既与协变量独立：$X_i \perp D_i$，也与潜在结果独立：$\{Y_{0i}, Y_{1i}\} \perp D_i$。其中，处理变量与协变

量独立可以确保除处理变量之外的其他混杂因素（可观测的和不可观测的）的分布在各组是平衡的，因此结果变量之间的差异可完全归于处理变量；而处理变量与潜在结果独立，摒除了处理分配的自选择性，消除了选择偏差。此时，由 $\{Y_{0i}, Y_{1i}\} \perp D_i$，可得 $E(Y_{0i}|D_i = 0) = E(Y_{0i}|D_i = 1)$，可见因果推断中的反事实可由控制组的结果变量的观测值予以估计，因此在随机分配机制下平均处理效应是可识别的，且不同处理下的结果变量观测值的均值之差即为平均因果效应的无偏估计。

除了完全随机实验之外，常用的随机实验还有分层随机实验，在分层随机实验中有非混杂性条件成立：$\{Y_{1i}, Y_{0i}\} \perp D_i | X_i$，即按照协变量 X_i 分层，层内的个体的潜在结果独立于处理分配，因此层内因果效应可以识别。可见，在随机化实验下，因果效应总是可识别的，这也是其被视为因果推断黄金准则的缘由所在。

鉴于研究成本、伦理约束和实施难度等问题的限制，随机实验在社会科学中的应用相对较少，更为常见的是观察性实验。在此类实验中，个体进入处理组或控制组是非随机分配的，此时 $\{Y_{0i}, Y_{1i}\} \not\perp D$。处理分配的非随机是由协变量的不同导致的，意味着不同组的个体特征在处理分配前可能存在事前差异，因此使用观测性数据进行因果推断的困难之处在于与处理变量及结果变量都相关的混杂因素扭曲了它们之间的关系。此时，若采用简单的前后对比或横向对比的分析方法会忽略这种差异，继而导致处理效应的有偏估计，甚至会造成悖论。为解决观察性实验的因果效应识别所面临的挑战，Rubin（1973，1974，1977，1978）的一系列论文提出了观察性实验中因果效应的识别条件——强非混杂性假设。该假设是对分配机制的假设，其精确形式由 Rosenbaum & Rubin（1983）首次给出：

(i) 非混杂性假设：$\{Y_{0i}, Y_{1i}\} \perp D_i | X_i$；

(ii) 共同区间假设：$0 < \Pr(D_i = 1 | X_i) < 1$

其中，条件（i）意味着按协变量 X 进行分层，在层内进行随机分配；条件（ii）确保每一层内都存在处理组个体和控制组个体，以便在每一层得到该层内的平均因果效应的估计。在非混杂性假定下，当 X_i 是较低维的离散变量时，可以直接按 X_i 分层进而估计各层的平均处理效应，然后加权得到总平均处理效应。当 X_i 是高维的，或者是连续型变量时，按 X_i 的值分层会导致数据稀疏问题，此时通常需要建立参数模型来估计因果效应。

非混杂性假设体现了随机实验和观察性实验的差别。在观察性研究中，处理分配 D_i 不是随机的，若仅仅非混杂性假设成立，但不对混杂因素进行调整必然会导致选择偏差。因此，观察性研究中的因果推断需要对协变量 X 进行调整，典型估计方法包括匹配和分层法等。不可观测混杂因素可能导致个体所受的处理与潜在结果相关，此时分配机制部分依赖于潜在结果。这种情况下的因果效应识别没有普适的研究设计，目前仅对一些特殊的机制开发出针对性的评估方法，如双重差分方法。

（4）三种因果效应参数

由前面的叙述可知，个体因果效应 $\tau_i = Y_{1i} - Y_{0i}?$，$i = 1,\cdots,N$ 是不可观测的。另外，在实证研究中，我们关心的往往不是某一特定个体的因果效应，而是平均因果效应。在实证研究中常用的三个因果效应参数为：控制组的平均因果效应（Average Treatment Effect for the Control，ATC）、处理组的平均因果效应（Average Treatment Effect for the Treated，ATT）和总体平均因果效应（Average Treatment Effect，ATE）。

控制组的平均因果效应（ATC）

假设有 N 个个体，用 $i = 1,\cdots,N$ 表示，D_i 是处理变量并且 $D_i \in \{0,1\}$，则

$$\tau_{ATC} = E(Y_{1i} - Y_{0i} \mid D_i = 0)$$
$$= E(Y_{1i} \mid D_i = 0) - E(Y_{0i} \mid D_i = 0)$$

$$E(Y_{1i} \mid D_i = 1) = E(Y_{1i} \mid D_i = 0) \tag{2.1}$$

当且仅当式（2.1）成立，可以用处理组的观测结果来代替控制组的反事实结果，从而观测到的平均结果差异就是 ATC。

处理组的平均因果效应（ATT）

$$\tau_{ATT} = E(Y_{1i} - Y_{0i} \mid D_i = 1)$$
$$= E(Y_{1i} \mid D_i = 1) - E(Y_{0i} \mid D_i = 1)$$

对于上式，第一项 $E(Y_{1i} \mid D_i = 1)$ 是可以观测到的，第二项 $E(Y_{0i} \mid D_i = 1)$ 是反事实结果观测不到。因此，估计 τ_{ATT} 的关键就是估计处理组的这一反事实结果。在下式成立的条件下

$$E(Y_{0i} \mid D_i = 1) = E(Y_{0i} \mid D_i = 0) \tag{2.2}$$

则有

$$\tau_{ATT} = E(Y_{1i} - Y_{0i} \mid D_i = 1)$$
$$= E(Y_{1i} \mid D_i = 1) - E(Y_{0i} \mid D_i = 1)$$
$$= E(Y_{1i} \mid D_i = 1) - E(Y_{0i} \mid D_i = 0)$$
$$= E(Y_i \mid D_i = 1) - E(Y_i \mid D_i = 0)$$

即用控制组的观测结果来代替处理组的反事实结果，从而两组观测结果的平均差异就是处理组的平均因果效应。式（2.2）反映了处理组和控制组的可比性，即除了接受处理之外，其他特征都相同。如果没有实施干预状态下，两组个体潜在结果就有显著差异，那么在干预状态下两组结果的差别就不完全由干预造成，即用回归结果估计干预组平均因果效应会有偏差，这一偏差通常称为选择偏差（selection bias）：

$$E(Y_{0i} \mid D_i = 1) - E(Y_{0i} \mid D_i = 0)$$

观测到的处理组和控制组之间的平均结果差异为：

$$E(Y_i \mid D_i = 1) - E(Y_i \mid D_i = 0)$$
$$= E(Y_{1i} - Y_{0i} \mid D_i = 1) + E(Y_{0i} \mid D_i = 1) - E(Y_{0i} \mid D_i = 0)$$

可见，观测到的平均结果差异可以分解为两部分：一部分是处理组平均因果效应（$E(Y_{1i} - Y_{0i} \mid D_i = 1)$），另一部分是选择性偏误 $E(Y_{0i} \mid D_i = 1) - E(Y_{0i} \mid D_i = 0)$。若选择性偏误为 0，则观测到的平均结果差异就是处理组的平均因果效应。

总体的平均因果效应（ATE）

$$\tau_{ATE} = E(Y_{1i} - Y_{0i})$$
$$= \tau_{ATT} \cdot p + \tau_{ATC}(1 - p)$$

当且仅当式（2.1）和式（2.2）成立，观测到的平均结果差异就是总体的平均因果效应。

这三个因果效应参数是政策评估中最常用的参数，根据研究的需要还可以定义根据不同协变量分组的平均因果效应参数，不同的因果效应参数回答不同的政策问题。在因果推断中，必须对个体分配机制进行深入分析，才能做出科学的推断。如果处理为二值变量，简单回归系数实际是两组个体的观测结果平均值差异。通常情况下，总体回归系数不能解释为任何因果效应参数。但在一定的假设条件下，回归系数会有因果效应的解释。

2.2 随机化实验

对因果关系的识别是政策评估的首要问题，利用观测性数据估计政策干预的因果效应往往面临着"内生性"问题的困扰。对因果关系的研究历程包含了对内生性问题的解决策略的演进，体现了经验研究"可信性"的路径导向。本节主要回答随机化实验可以消除选择性偏差的原因。

传统计量经济学识别因果关系的一种重要方法是"控制"，该方法的思想来自穆勒的差异法，即保持其他变量不变的条件下，考察某一原因变量的变化所导致的结果变化。回归方法是"控制"方法的典型，但是对于控制变量的选择和函数形式的设定往往依赖于研究者的主观判断，且模型及控制变量选择的随意性会导致结果的脆弱（Leamer，1983）。通常情况下，回归分析得出的是相关关系而非因果关系，并不能得出"可信"的因果效应。而计量经济学所讲的"其他变量保持不变"（ceteris paribus, other things equal）实际就是控制方法。保持其他变量不变，原因变量变化造成的结果变量变化即因果效应。

2.2.1 随机实验的思想及作用

与"控制"法不同，Fisher（1935）提出了"随机实验"思想，不需要控制其他因素，仅要求感兴趣的处理变量（原因变量）的取值是随机的。随机化分配的关键作用是确保处理组和控制组除处理变量之外的其他影响因素的分布是相同的，因此随机实验条件下，因果效应总是可以识别的，基于两组个体的结果变量的观测值的均值之差就是处理变量对结果变量的平均因果效应的估计。

Combell（1969）最早将政策评估和因果推理联系在一起并倡导从实验途径对政策效果进行评估，他和他的合作者系统提出了基于因果推理的政策评估的实验和准实验设计思路。利用随机实验方法评估项目或政策的效果较为典型的如美国的 JTPA 和 NSW 劳动力市场培训项目、1974 年的兰德健康保险实验、1986 年实施的田纳西州小班化教育改革实验 STAR 项目、Perry 于 1962 年实施的针对密歇根伊斯兰堤的黑人儿童实施的早期干预项目。

理想的随机实验是因果推断的黄金准则（Imbens & Wooldridge，2009），一项经验研究能否复制随机实验的结果是其"可信性"的重要依据。Angrist & Pischke（2010）强调利用观察性数据进行经验研究要"关注研究设计"，即通过合理的"研究设计"，使得观察性研究近似于随机实验，这是使经验研究"可信"的基本解决途径。侧重"研究设计"的因果推断的蓬勃发展，主要归功于 Rubin 所做出的一系列巨大贡献。Rubin（1974）提出的潜在结果框架将随机化实验和观察性研究统一在一个框架下。将潜在结果框架应用于观察性研究，意味着将观察性研究视为一种复杂的随机实验，通过研究设计，将观察性实验中隐藏的随机分配机制挖掘出来，从而使得观察性研究中的因果效应可识别。

2.2.2 随机实验的分类

在经典的随机实验中，个体处理状态是随机分配的，分配不依赖于个体的潜在结果，并且分配概率是已知的。根据分配机制的设定不同，可以分成四类：

（1）Bernoulli 实验

在 Bernoulli 实验中，可以利用投硬币方式决定每个个体的处理状态。硬币可以是不均匀的，即每个个体进入处理组的概率为 p。在 Bernoulli 随机实验中，可能会出现所有个体均在处理组或控制组的情况。当所有个体均在处理组或控制组时，就没有办法通过两组个体结果的比较进行因果推断。这是 Bernoulli 实验的一个主要缺点。

（2）完全随机实验

假定共有 N 个个体，随机地选择其中的 N_t 个个体进入处理组，其余 $N_c = N - N_t$ 个个体进入控制组。这种方式的随机实验称为完全随机实验。完全随机实验的分配机制

满足如下两个条件:

独立性假设: 处理状态 D_i 是随机分配的, 即 $\{Y_{0i}, Y_{1i}\} \perp D_i$

共同支撑假设: 既有处理组个体, 又有控制组个体, 即 $0 < P(D_i = 1) < 1$

在完全随机实验中, 处理状态的随机分配意味着, $\{Y_{0i}, Y_{1i}\} \perp D_i$, 即处理变量 D_i 的取值独立于两个潜在结果 $\{Y_{0i}, Y_{1i}\}$。这意味着如下两式成立（均值独立）:

$$E(Y_{0i} \mid D_i = 1) = E(Y_{0i} \mid D_i = 0)$$
$$E(Y_{1i} \mid D_i = 1) = E(Y_{1i} \mid D_i = 0)$$

因而, 随机实验可以消除选择性偏误。此时, 两组观测结果的均值之差就是 ATE。

在线性回归分析中, 通常需要施加零均值或模型正确设定的假设, 要求以解释变量为条件, 误差项的条件期望值为零, 即

$$E[\varepsilon_i \mid D_i] = 0$$

在实际应用中, 这一假设无法检验, 也无法保证, 但是在随机化实验中却可以得到保证。假定观测结果 Y_i 可以利用潜在结果和处理变量表示, 即

$$\begin{aligned} Y_i &= D_i Y_{1i} + (1 - D_i) Y_{0i} \\ &= Y_{0i} + (Y_{1i} - Y_{0i}) D_i \\ &= \alpha + \tau_{ATE} D_i + \varepsilon_i \end{aligned} \quad (2.3)$$

其中, $\alpha = E(Y_{0i})$, $\varepsilon_i = Y_{0i} - \alpha + D_i (Y_{1i} - Y_{0i} - \tau_{ATE})$。误差项可以写作

$$\varepsilon_i = \begin{cases} Y_i - \alpha & \text{如果 } D_i = 0 \\ Y_i - \alpha - \tau_{ATE} & \text{如果 } D_i = 1 \end{cases}$$

则

$$E[\varepsilon_i \mid D_i = 0] = E[Y_i - \alpha \mid D_i = 0] = E[Y_{0i} \mid D_i = 0] - \alpha = 0$$
$$\begin{aligned} E[\varepsilon_i \mid D_i = 1] &= E[Y_i - \alpha - \tau_{ATE} \mid D_i = 1] \\ &= E[Y_{1i} \mid D_i = 1] - \alpha - \tau_{ATE} = 0 \end{aligned}$$

以上推导利用了随机化实验中干预分配独立于潜在结果的结论。因此, 在完全随机化实验中, 回归方程（2.3）满足随机误差条件期望为零的假设。由此, 对于完全随机化实验数据, 且假定所有个体的因果效应都相同, 一元回归模型没有内生性, 则可以利用线性回归进行分析, 构造模型如下:

$$Y_i = \alpha + \tau D_i + u_i \quad (2.4)$$

此时, 我们赋予了回归系数 τ 因果含义。可见, 一元线性回归的最小二乘估计 $\hat{\tau}^{ols}$ 就是平均因果效应参数 τ_{ATE} 的无偏估计。

(1) 分层随机实验

假设在随机实验中, 某些个体特征或变量 X 对潜在结果有重要影响, 这时, 可以首先根据变量 X 进行分层（stratification）, 然后在层内再实施完全随机实验, 这种实验

称为分层随机实验。用 X_i 表示作为分层依据的协变量,那么,分层随机实验的分配机制满足如下两个条件:

条件独立性(CIA):$\{Y_{0i}, Y_{1i}\} \perp D_i \mid X_i$ \hfill (2.5)

共同支撑(common support, overlap):$0 < P(D_i = 1 \mid X_i) < 1$

式(2.5)称非混杂性或条件独立性,即以协变量 X_i 为条件,潜在结果独立于干预分配,或者说,根据协变量 X_i 分层,层内是完全随机化实验,从而相同 X_i 的群体中,潜在结果是独立于处理变量的。此时,有条件均值独立性(CMI)成立:

$$E(Y_{0i} \mid X_i, D_i = 1) = E(Y_{0i} \mid X_i, D_i = 0) \qquad (2.6)$$

$$E(Y_{1i} \mid X_i, D_i = 1) = E(Y_{1i} \mid X_i, D_i = 0) \qquad (2.7)$$

式(1.6)表示,在 X_i 分层内,处理组的反事实结果可以用控制组的观测结果来估计;式(1.7)反之。此时,处理组的平均因果效应可以表示为:

$$\begin{aligned}
\tau_{ATT} &= E(Y_{1i} - Y_{0i} \mid D_i = 1) \\
&= E[E(Y_{1i} - Y_{0i} \mid X_i, D_i = 1) \mid D_i = 1] \\
&= E[E(Y_{1i} \mid X_i, D_i = 1) - E(Y_{0i} \mid X_i, D_i = 1) \mid D_i = 1] \\
&= E[E(Y_{1i} \mid X_i, D_i = 1) - E(Y_{0i} \mid X_i, D_i = 0) \mid D_i = 1] \\
&= E[E(Y_i \mid X_i, D_i = 1) - E(Y_i \mid X_i, D_i = 0) \mid D_i = 1] \\
&= E[\tau_X \mid D_i = 1]
\end{aligned}$$

若 X_i 是离散的,ATT 可以表示为:

$$\tau_{ATT} = E(Y_{1i} - Y_{0i} \mid D_i = 1) = E(\tau_X \mid D_i = 1) = \sum_x \tau_X P(X_i = x \mid D_i = 1)$$

同理,ATE 可以表示为:

$$\tau_{ATE} = E(Y_{1i} - Y_{0i}) = E(\tau_X) = \sum_x \tau_X P(X_i = x)$$

其中,$\tau_X = E(Y_i \mid X_i, D_i = 1) - E(Y_i \mid X_i, D_i = 0)$ 为层内观测结果的差异。

由以上分析可知,如果数据不是来自完全随机实验,则 $E[u_i \mid D_i]$ 不一定为零。

即可能存在内生性,此时一元回归的 OLS 估计是有偏的。但如果数据来自分层随机实验,满足条件独立性假设,则 D_i 与 u_i 相关的唯一原因是 D_i 与 u_i 中可观测变量 X_i 相关。将 u_i 分解为:

$$u_i = X_i' \gamma + \varepsilon_i$$

则一元回归方程(2.4)可写作

$$Y_i = \alpha + \tau D_i + X_i' \gamma + \varepsilon_i \qquad (2.8)$$

此时,有 $E(\varepsilon_i \mid X_i, D_i) = E(\varepsilon_i \mid X_i)$ 成立。如果数据来自分层随机实验,且假定所有个体的因果效应都相同,则多元回归中 τ 的 OLS 估计就是 ATE 的无偏估计量。

(2)配对随机实验

配对随机化实验是一种特殊的分层随机化实验,每层只有两个个体,这两个个体在层内随机化分配，一个进入处理组，一个进入控制组。因而，每层内的平均因果效应可以用处理个体和控制个体观测结果之差进行测度，即

$$\hat{\tau}^{pair} = Y_t(j) - Y_c(j), j = 1, \cdots, N/2$$

总体的平均因果效应可以表示为：

$$\hat{\tau}^{dif} = \frac{1}{N/2}\sum_{j=1}^{N/2}(Y_t(j) - Y_c(j)) = \bar{Y}_t - \bar{Y}_c$$

可以建立回归方程进行分析：

$$\hat{\tau}^{pair}(j) = \tau + \varepsilon_j \tag{2.9}$$

如果引入协变量，可以采用下列回归方程：

$$\hat{\tau}^{pair}(j) = \tau + \beta\Delta_{X,j} + \gamma(\bar{X}_j - \bar{X}) + \varepsilon_j \tag{2.10}$$

方程（2.9）和（2.10）的常数项即为总体平均因果效应的估计。

综之，随机化实验的作用是平衡处理组和控制组个体其他因素的分布，从而使得两组个体具有可比性。随机实验能够解决潜在结果模型中的缺失数据问题，因此理想的随机化实验是自然实验中识别因果关系并实现因果推断的基准。Rubin（1974）将随机实验中的因果效应识别策略推广到了观察性研究，关键之处是思考如何设计分配机制以向随机化实验靠拢。Rubin因果模型为因果效应的定义和因果推断提供了一种基于实验视角的解决途径，推动了因果研究的复兴，现已成为统计学和计量经济学研究中有关因果推断问题的标准分析框架，并为其他各学科的因果研究提供基础性理论和方法论指导。目前，实验学派已经成为经济学因果研究中的新主流（Angrist & Pischke, 2010），Rubin因果模型被广泛应用于经济政策效应的评估研究领域。

2.3　Granger 和 Sims 非因果关系

计量经济学中的 Granger 非因果性（Granger Noncausality）率先由 Granger（1969）提出，随后由 Sims（1972）进行了概念上的推广，并在经济学研究中得到了广泛的应用。Granger 非因果性的思想是，如果时间序列 X 是时间序列 Y 的原因，那么时间序列 X 将"出现"在 Y 之前。因此，可通过建立统计模型，从预测的角度来检验 Granger 因果关系的存在性。

Granger 非因果性的概念：如果由变量 y_t 和变量 x_t 滞后值所决定的变量 y_t 的条件分布与仅由 y_t 滞后值所决定的条件分布相同，即

$$f(y_t \mid y_{t-1}, \cdots, x_{t-1}, \cdots) = f(y_t \mid y_{t-1}, \cdots)$$

则意味着 x_t 滞后值不能为 y_t 的条件分布提供更多的信息，则称 x_t 对 y_t 不存在 Granger 因果关系。

一般可以通过自回归分布滞后模型（ADL）或 VAR 模型来检验 Granger 非因果性，例如

$$y_t = \sum_{i=1}^{p} \alpha_i y_{t-i} + \sum_{j=1}^{q} \beta_j x_{t-j} + u_t$$

显然，欲检验 x_t 对 y_t 是否存在 Granger 非因果性关系，等价于检验如下原假设与备择假设

$H_0: \beta_1 = \beta_2 = \cdots \beta_q = 0$；

$H_1: \beta_1, \beta_2, \cdots, \beta_q$ 中至少有一个不为 0。

其中，原假设成立表示 x_t 不是 y_t 的 Granger 原因。

显然，可以利用 F 检验（Gewekw et al., 1983；Sims, 1980；Stock & Watson, 2007）检验该假设。

F 统计量为

$$F = \frac{(SSR_0 - SSR_1)/q}{SSR_1/(T - 2q - 1)} \sim F(q, T - 2q - 1)$$

其中，T 为样本量，q 表示滞后期，SSR_1 表示不施加约束条件下模型（2.1）的残差平方和，SSR_0 表示施加约束（零假设成立）条件后模型的残差平方和，即原假设成立时的残差平方和。

因此，如果在给定的显著性水平 α 下，上式中的 x_t 的滞后变量的回归参数估计值均不显著，则不能拒绝参数为零的零假设，即 x_t 对 y_t 不存在 Granger 因果关系。Granger 非因果关系检验，可推广到对任意 k 维 VAR 模型或者 SVAR 模型中。另外，Granger 非因果关系中的因果概念更多的是基于统计学意义，而非真正意义上的因果。

Sims（1972）对 Granger 非因果性检验进行了扩展，提出了 Sims 非因果关系检验。假定

$$y_t = c + \sum_{i=1}^{p} \alpha_i x_{t-i} + \gamma x_t + \sum_{j=1}^{q} \beta_j x_{t+j} + e_t$$

检验 x_t 对 y_t 存在 Sims 非因果关系等价于检验如下原假设与备择假设

$H_0: \beta_1 = \beta_2 = \cdots = \beta_q = 0$

$H_1: \beta_1, \beta_2, \cdots, \beta_q$ 中至少有一个为 0

若原假设成立则称 x_t 是 y_t 的 Sims 原因。原假设成立意味着引入未来的 x_t 并不会提高对 y_t 的预测能力。Sims 因果关系不同于

Granger 因果关系，Granger 因果关系可能会混淆动态系统的内生变量与政策干预行为的因果效应，相比之下，Sims 因果关系则表明可能存在因果性。

2.4 两类因果关系的比较

如前文所述，在时间序列计量经济学中，Granger（1969）和 Sims（1972）发展了一种更倾向于预测的"因果关系"检验方法①。在微观计量经济学中，Rubin（1974）因果模型已成为评估经济政策因果效应研究的重要方法。然而，两类因果关系之间的关系尚未得到充分理解（Lechner，2010），部分原因在于，时间序列概念在本质上显然是动态的，而长期以来，微观计量经济学家的工作多是基于静态框架的研究。

目前，对两类因果关系的比较研究相对有限。Holland（1986）最早对比了不同的因果关系概念，简要分析了 Runbin 潜在结果框架定义的因果关系和 Granger 因果关系的区别与联系，并提出在随机性条件下两类因果关系的等价性。但是通过 Granger（1986）和 Holland（1986）的相关讨论，实际上并没有真正阐明两者的区别。Robins 等（1995）同时也注意到动态潜在结果模型中具有预测意义的"因果性"与真正因果性的关系。Heckman（2001）在综述计量经济学因果关系的文章中并没有尝试对这些因果关系的概念进行比较。Angrist & Kuersteiner（2004，2011）讨论了 Granger 和 Sims 非因果关系和动态潜在结果模型的关系，将截面数据中 Rubin 潜在结果框架应用到多元时间序列中，并提出了非因果关系的检验方法。White（2006）、White & Lu（2010）以及 White 和 Pettenuzzo（2014）讨论了 Granger 非因果性以及基于动态结构模型的经济政策因果效应分析问题。在本节简要介绍 Lechner（2010）、White & Lu（2010）和 Angrist 和 Kuersteiner（2011）等关于 Granger 和 Sims 非因果关系和 Rubin 因果关系两类因果关系的比较。

Lechner（2010）对 Granger 及 Sims 非因果关系和 Rubin 因果关系进行了比较，认为在没有进一步假设下这两个概念是不同的。Granger 和 Sims 非因果关系被定义为一组随机变量与可观测变量对应的联合分布的约束，而基于潜在结果框架的因果关系是对部分不可观测变量的分布约束与可观测结果相关的不同识别假设相结合。然而，与可观测变量的顺序选择与识别假设相结合时，基于 Grange 和 Sims 定义的非因果关系就隐含着基于动态潜在结果定义的非因果关系，反之亦然。White & Lu（2010）分析了 Granger 非因果关系与一般不可分递归动态结构系统（General Nonseparable Recursive Dynamic Structural System）产生的结构因果关系概念之间的关系。另外，在经典 Granger 非因果关系的基础上首先引入了弱 Granger 非因果性（Weak Granger Non-Causality）

---

① 由于 Granger 非因果关系和 Sims 非因果关系研究的均为相关关系，因此本节将两类因果关系视为同一类型。

和回溯性弱 Granger 非因果性（Retrospective Weak Granger Non – Causality）的概念，并证明了结构非因果性和确定性外生条件意味着（回溯的）（弱的）Granger 非因果关系，文中还给出了弱 Granger 非因果关系、条件外生性和结构非因果关系的检验方法。

Angrist & Kuersteiner（2011）给出了条件独立性假设，并讨论了 Granger – Sims 非因果关系和动态潜在结果非因果关系。具体而言，对所有的政策选择 d 和政策规则 $\psi \in \psi_t$，有

$$Y_{t,1}^{\psi}(d), Y_{t,1}^{\psi}(d), \cdots \perp D_t \mid z_t$$

其中，$z_t = \Pi_t(\bar{X}_t, \bar{Y}_t, \bar{D}_{t-1})$ 表示可观测协变量 X_t 及其滞后值、政策变量的滞后值和结果变量的滞后值，$\bar{X}_t$ 表示第 t 期及之前期的协变量的集合，$\bar{Y}_t$ 和 $\bar{D}_{t-1}$ 的定义类似。条件独立性假设成立表明在 z_t 的条件下，政策变量和结果变量之间不存在因果关系。Angrist & Kuersteiner（2011）认为在 SVAR 模型中，如果协变量 X_t 可以包含在结果变量 Y_t 中，则上式的检验可视为广义的 Sims 非因果关系检验，此时 Sims 非因果关系可以简化为下式：

$$Y_{t+1}, \cdots, Y_{t+k}, \cdots \perp D_t \mid \bar{Y}_t, \bar{D}_{t-1}$$

当条件独立性假设成立，且 SVAR 模型中协变量 X_t 包含在结果变量 Y_t 中，广义 Sims 因果关系检验便可用于因果推断。另外，上述条件相当于广义 Granger 非因果关系，即

$$Y_{t+1} \perp D_t, \bar{D}_{t-1} \perp \bar{Y}_t$$

但是通常情况下，由于政策变量 D_t 通常与 X_{t-1} 相关，导致 $\bar{X}_t$ 并不能归入 $\bar{Y}_t$。因此，有如下条件成立

$$Y_{t+1} \perp D_t, \bar{D}_{t-1} \perp \bar{X}_t, \bar{Y}_t$$

综上，Sims 和 Granger 非因果关系通常不是等价的（Dufour & Tessier, 1993），必须满足一定的识别条件，它们与基于潜在结果框架的因果关系才是等价的。

2.5 经典政策因果效应识别策略

潜在结果框架的引入使因果的定义更加清晰简洁，而识别策略正是促使经济学经验研究"可信性革命"的主要工具。所有这些策略的共同特点是通过设计使得观测研究近似于随机化实验。

常用的识别策略包括回归或匹配方法、倾向得分匹配（PSM）方法、双重差分方法、合成控制方法、回归合成方法、多重政策评估方法、断点回归设计、中断时间序

列方法等等。回归或匹配方法得到具有因果解释的估计量所要求的基本识别条件是非混杂性（unconfoundedness）或条件独立性假设（CIA），Rosenbaum & Rubin（1983）在条件独立性假设（CIA）下提出了倾向得分匹配（PSM）方法，解决了依协变量匹配的"维度诅咒"问题。但是，如果存在不可观测的混杂因素，CIA 不再成立。于是，Card & Krueger（1994）利用两期面板数据的双重差分方法（DID）对控制组赋予等权重，以构造与处理组具有共同变化趋势的控制组个体来解决不可观测的混杂因素问题。Abadie & Gardeazabal（2003）和 Abadie et al.（2010，2015）放松 DID 的等权重与共同趋势假设提出了合成控制方法，通过加权控制组个体构造一个"合成控制个体"作为处理组个体的反事实估计。Hsiao et al.（2012）又放松了合成控制法权重非负且和为 1 的假设，提出了利用截面个体之间的相关性估计处理组个体反事实结果的回归合成方法。Xu（2017）提出的广义合成控制方法将政策评估方法推广至多处理个体和政策非同期实施的情形。目前部分学者关注单政策多值处理的实证研究，例如，Flores & Mitnik（2009）利用广义倾向得分回归调整法及逆概率加权估计法研究了美国 90 年代"从福利到工作"国家战略（NEWWS）中帮助福利领取者离开公共援助进入劳动力市场的两项策略的效果；Linden et al.（2016）利用基于广义倾向得分的多种估计方法分析了在美国西部实施的一项为充血性心衰患者设计的大型疾病管理健康计划（病患有三种选择：与护理人员定期打电话沟通并自我管理，远程监控，通常的医疗护理）对住院率的影响等。另外，发展了多重政策（多个处理变量）的实证研究（董珍，2020）。在时间序列数据领域，由 Box & Tiao（1975）和 Linden & Adams（2011）提出的中断的时间序列因果推断方法得到推广。Angrist & Kuersteiner（2011）、Angrist et al.（2018）将潜在结果框架拓展至时间序列数据提出了动态潜在结果框架，并采用 SVAR 模型的脉冲响应函数研究政策冲击的动态因果效应。借助机器学习与大数据相结合，进行高维数据下的因果推断（Belloni et al.，2014；Farrell，2015；高华川和白仲林，2019）等等。下面简要介绍几类经典的政策效应识别策略。

2.5.1 回归和匹配方法

（1）线性回归法

广泛应用于经济学经验研究的回归分析方法是一种标准的统计推断方法，普通的回归模型只揭示了解释变量与被解释变量之间的统计相关性，不能反映因果关系。但是，Mill（1974）率先提出了利用回归模型进行因果推断的差异法（Method of Difference），即当变量 X 成立时 Y 的结果与 X 不成立时 Y 的反事实结果的差异在统计上是显著的，则称变量 X 对 Y 是有因果影响的。之后，Holland（1986）指出在其他条件不变时，比较某一现象出现和不出现对结果变量的差异就是这个原因产生的因果效应。因果效应参数被定义为条件期望函数（Conditional Expectation Function，CEF），显然，如果 CEF 揭示了因果效应，那么回归模型就可用于因果推断。

特别地，对于含有二元处理变量 D_i 和可观测控制变量 X_i 的线性回归模型

$$Y_i = \alpha + \tau D_i + X_i' \beta + \varepsilon_i \tag{2.8}$$

其中，$D_i = \begin{cases} 0 & \text{个体 } i \text{ 未受处理} \\ 1 & \text{个体 } i \text{ 接受处理} \end{cases}$，当满足

假设 2.1 条件独立性假设（Conditional Independence Assumption，CIA）

$$\{Y_{0i}, Y_{1i}\} \perp D_i \mid X_i$$

以及

假设 2.2 共同支撑假设（Overlap）

$$0 < P(D_i = 1 \mid X_i) < 1$$

时，则处理变量 D_i 的回归系数

$$\tau_D = E\left[\frac{\text{Var}(D_i \mid X_i)}{E[\text{Var}(D_i \mid X_i)]} \tau_X\right]$$

其中，$\tau_X = E(Y_i \mid X_i, D_i = 1) - E(Y_i \mid X_i, D_i = 0)$ 为条件期望之差。即回归系数 τ_D 是对条件期望之差 τ_X 的加权平均，线性回归模型的系数揭示了处理变量对结果变量的因果效应。

显然，利用线性回归法识别因果效应的关键在于对混杂因素 X_i 的控制，根据赵西亮（2017）和 Angrist & Pischke（2009）的描述，好的控制变量（Good Control）一般是发生在原因变量之前的或者不受原因变量影响的变量，即良好的控制变量是隐含的混杂因素。另外，模型的误设也会导致对处理效应的估计偏误。例如 Cochran & Rubin（1973）和 Rubin（2001）等均发现协变量与结果变量之间非线性关系也会导致对处理效应估计的偏差。为此，Hahn（1998）提出了因果效应的非参数估计方法，Heckman et al.（1998）则利用核估计方法估计因果效应。Angrist & Piscke（2009）、洪永森（2011）和 Morgan & Winship（2015）等文献讨论了回归模型以及因果效应参数之间的关系。

（2）匹配方法和逆概率加权法

①匹配方法

为了解决处理组个体反事实结果的估计问题，Gu & Rosenbaum（1993）、Heckman et al.（1998）、Dehejia & Wahba（1999）和 Abadie & Imbens（2016）等文献提出并研究了因果效应的匹配估计方法。匹配估计方法的基本原理是在条件独立性假设下，对于每个处理组个体从控制组中匹配一个与其具有相似特征的个体——匹配样本，并利用匹配样本的观测结果估计处理组个体的反事实结果。样本匹配方法通常分为协变量匹配法和倾向得分匹配（Propensity Score Matching，PSM）方法，他们依赖于协变量 X_i 的维度，倾向得分匹配法通常适用于高维协变量等的情形。事实上，倾向得分匹配方

法的核心源于 Rosenbaum & Rubin（1983）证明的倾向指数定理，Dehejia & Wahba（1999）等用在了横截面数据的因果推断中。倾向指数定理如下：

如果 $\{Y_{0i}, Y_{1i}\} \perp D_i \mid X_i$ 成立，则有 $\{Y_{0i}, Y_{1i}\} \perp D_i \mid p(X_i)$。

于是，在假设2.1和假设2.2的条件下，根据倾向得分 $p(X_i)$ 匹配的控制组个体的观测结果可以估计处理组个体的反事实结果。并且，估计倾向得分常用 Probit 模型、Logit 模型，或者 Heckman et al.（1998）和 Ichimura & Linton（2003）提出的非参数核估计模型。另外，Abadie & Imbens（2006，2016）分别研究了协变量精确匹配和倾向得分匹配方法估计因果效应的问题。

另外，在倾向得分估计的基础上，Robins et al.（1992）利用逆概率（倾向得分的逆）对样本进行加权调整后估计因果效应，即因果效应的逆概率加权（Inverse Probability of Treatment Weighting, IPW）估计方法；Robins & Rotnitzky（1995）提出了双稳健估计方法。特别，匹配估计方法的应用研究文献较为丰富，例如，Dehejia & Wahba（1999）研究了培训项目对个人收入的影响，Gilligan & Hoddinott（2007）用 PSM 评估了埃塞俄比亚2002年应急食物救援政策的因果效应，陈飞和翟伟娟（2015）研究了农户土地流转决策的福利效应。

匹配法的缺点是只能基于可观测变量进行匹配，不能控制不可观测因素导致的异质性；此外，匹配所得的样本的协变量分布可能与总体的分布不一致，基于匹配样本所估计的因果效应不能推广到整个总体，仅为较小的子总体提供一个现实的估计。且匹配法实施的前提是非混杂性假设，针对该假设的敏感性分析，Heckman（2008）认为当存在不可观测的混杂因素时，倾向得分匹配非但不能消除选择性偏差，反而会带来新的偏差；刘凤芹和马慧（2009）也发现倾向得分匹配方法对非混杂性假设是非常敏感的；Damrongplasit et al.（2010）对比了参数方法和倾向得分匹配方法的结果，进一步验证了倾向得分匹配的实施需要满足非混杂性假定。

具体实施匹配时，除了个体之间的匹配，还可以分层匹配（stratification），对样本进行分层以调整选择偏差（Rosenbaum & Rubin，1983）。根据协变量或者倾向得分分层后，每一层内均类似于完全随机化实验，因此，层内因果效应是可以识别的。通常的做法是根据倾向得分分层，先估计倾向得分的值，然后将样本划分成具有相似倾向得分的层（通常基于倾向得分的分位数进行划分），相同层内的个体具有相似的协变量分布。在每一层内估计各子总体的处理效应，而总体的平均处理效应则由各层的平均处理效应加权得出。其中层的数量取决于数据集的大小，Rosenbaum & Rubin（1984）的研究表明，划分为5个层可以消除超过90%的估计偏差。Hullsiek & Louis（2002）指出，层数的增加可以进一步地减少估计偏差，但可能以方差的增加为代价。

②逆概率加权法

倾向得分作为一种降维工具，除了用于匹配以平衡组间的协变量分布之外，还可以用于样本的加权调整，常用的加权调整法是逆概率加权。IPW 是一种类似于标准化的统计技术，起源于 60 多年前的调查研究，后被 Robin et al. (1992) 引入观察性研究的因果推断中。

首先构造逆概率（倾向得分的倒数）权重，然后利用该权重对观测样本加权，从而构造一个虚拟总体，在该虚拟总体中，协变量分布与分配机制相互独立，达到近似于随机实验的目的，可消除由协变量不平衡引起的估计偏差（Rosenbaum, 1987）。在非混杂性假设下，可以证明：

$$E[Y_d] = E\left[\frac{Y_i \cdot I(D_i = d)}{P(D_i = d | X_i)}\right], d = 0, 1$$

$$E[Y_{1i} - Y_{0i}] = E\left[\frac{(D_i - \pi(X_i; \alpha))Y_i}{\pi(X_i; \alpha)(1 - \pi(X_i; \alpha))}\right]$$

在实际应用中，首先拟合一个处理概率参数模型：

$$\pi(X; \alpha) = \Pr(D = 1 | X, \alpha)$$

倾向得分满足矩方程 $E[Z - \pi(Z; \alpha) | X] = 0$，可用 GMM 来估计未知参数 α，得到 $\hat{\alpha}$ 之后，平均因果效应的逆概率加权估计为：

$$\hat{\tau}_{IPW} = \frac{1}{N}\sum_{i=1}^{N}\frac{Y_i \cdot D_i}{\pi(X_i; \hat{\alpha})} - \frac{1}{N}\sum_{i=1}^{N}\frac{Y_i \cdot (1 - D_i)}{1 - \pi(X_i; \hat{\alpha})}$$

该方法隐含的假设是处理概率模型是正确的，如果是，那么加权后的样本可视为来自随机实验（Hernán & Robins, 2016）。但是在实践中，处理概率模型是否包含了所有关键协变量是不可知的，协变量的选择影响倾向得分进而影响到逆概率加权估计量的稳定性。鉴于此，Robins et al. (2000) 和 Hirano et al. (2003) 分别构造了倾向得分逆概率的替代估计量 $\frac{P_\varphi(D_i)}{\pi(X_i; \hat{\alpha})}$ [$P_\varphi(D_i)$ 是 D 的边际分布] 和 $\frac{1}{\pi(X_i; \hat{\alpha})}\sum_{i=1}^{N}\frac{D_i}{\pi(X_i; \hat{\alpha})}$ 用以减轻不稳定性。

上述回归方法是基于回归调整的估计策略，匹配和逆概率加权方法是基于处理分配概率的估计策略，所得因果效应是否有偏依赖于回归模型和处理概率模型是否正确设定。近年来，将这两种类型的估计策略结合使用以防止由于模型错误设定而产生偏差的方法变得越来越流行。双重建模方法拥有"双稳健性"（double robust），这意味着如果正确设定了这两类模型中的任何一个，估计量将具有一致性（Van der Laan et al., 2003）。

2.5.2 工具变量方法

在条件独立性假设（CIA）下，线性回归模型系数的 OLS 估计和匹配估计均是因果效应估计量。但是，如果结果变量存在不可观测的混杂因素，即 CIA 不再成立时，则无法识别相应的因果效应。实际上,条件独立性假设不成立表示给定协变量 X_i 时,潜在结果与处理变量不再独立,这意味着不可观测的混杂因素产生了一定的选择偏误,即模型内生性问题。而在适当的假设条件下,Imbens & Angrist(1994)利用工具变量方法估计了政策或项目干预的局部平均因果效应(LATE)。用 Z_i 表示处理变量 D_i 的一个同质性工具变量,假设因果效应模型为

$$Y_i = \alpha + \tau D_i + A_i'\gamma + v_i \tag{2.11}$$

其中,Y_i 为结果变量,τ 是因果效应参数且政策对所有个体的影响是相同的,v_i 为误差项,满足 $E[v_i \mid D_i, A_i] = 0$。如果工具变量 Z_i 满足相关性和外生性两个条件,则可以识别出处理变量对结果变量的因果效应。其中,相关性条件是指工具变量 Z_i 必须与处理变量 D_i 相关即 $Cov(D_i, Z_i) \neq 0$;外生性条件是指工具变量 Z_i 外生于经济系统,工具变量的分配类似于随机试验,令 $\eta_i = A_i'\gamma + v_i$,则有 $Cov(D_i, Z_i) \neq 0$。基于此,可以得到工具变量估计值

$$\tau_{IV} = \frac{Cov(Y_i, Z_i)}{Cov(D_i, Z_i)} \tag{2.12}$$

对应样本形式的工具变量估计量为

$$\hat{\tau}_{IV} = \frac{\sum_{i=1}^{N}(Z_i - \bar{Z})(Y_i - \bar{Y}_i)}{\sum_{i=1}^{N}(Z_i - \bar{Z})(D_i - \bar{D}_i)} \tag{2.13}$$

目前在基于结构计量学模型的动态因果推断文献中,工具变量方法也得到了一定应用(Stock & Watson,2018)。但是,工具变量的选择是非常困难的,通常把工具变量称为"自然的礼物"(Rosenzweig & Wolpin,2000)。

2.5.3 双重差分方法

双重差分方法最早由 Ashenfelter(1978)引入经济学研究。DID 方法要求处理个体与控制个体结果变量的两期面板数据满足共同趋势假设、共同支撑假设、外生性假设和无交互影响假设等条件。

假设 2.3:共同趋势假设(common trend assumption)

处理组个体如果没有接受处理,其结果的变动趋势将与控制组的变动趋势相同,即

$$E(Y_{0it} - Y_{0it-1} \mid D_i = 1) = E(Y_{0it} - Y_{0it-1} \mid D_i = 0)$$

或写为

$$E(\Delta Y_{0it} \mid D_i = 1) = E(\Delta Y_{0it} \mid D_i = 0)$$

相当于增量上的独立性。共同趋势假设也可以写成另一种形式,即

$$E(Y_{0it} \mid D_i = 1) - E(Y_{0it} \mid D_i = 0) = E(Y_{0it-1} \mid D_i = 1) - E(Y_{0it-1} \mid D_i = 0)$$

即如果没有政策干预，事后两组结果的差异与事前两组结果的差异应该是相同的。因而，共同趋势假设也称为不变偏差假设（constant bias assumption）。然而，这一要求在总体上不一定满足，一个更弱的共同趋势假设是要求控制可观测变量 X_{it} 后满足共同趋势假设，即

$$E(\Delta Y_{0it} \mid X_{it}, D_i = 1) = E(\Delta Y_{0it} \mid X_{it}, D_i = 0)$$

共同趋势假设是说如果没有政策干预，两组结果的变化趋势相同。处理组结果的变化包括政策的影响和共同趋势两部分。因而，在处理组两期结果变化中扣除控制组两期结果变化（共同趋势）后，剩余的部分就是政策的影响。

$$\begin{aligned}\tau_{ATT}^{DID} &= E(Y_{1it} - Y_{0it} \mid D_i = 1) \\ &= [E(Y_{it} \mid D_i = 1) - E(Y_{it-1} \mid D_i = 1)] \\ &\quad - [E(Y_{it} \mid D_i = 0) - E(Y_{it-1} \mid D_i = 0)]\end{aligned}$$

假设 2.4：无交互影响假设（稳定性假设）

政策干预只影响处理组，不会对控制组产生交互影响，或政策干预不会有溢出效应。如果政策对处理组的影响会对控制组个体产生外溢效应，从而使政策干预也会对控制组产生一定程度的影响，那么控制组的趋势变化中也包含了政策的部分影响，从而不能用控制组的变化趋势估计处理组反事实变化趋势。

相对于线性回归模型与匹配方法而言，双重差分方法的共同趋势假设允许存在不可观测的因素，但这些因素的影响必须是非时变的。另外，在共同趋势假设、不变偏差假设和条件期望函数的线性假设下，可通过建立回归模型推断平均处理效应，即回归 DID 方法。在应用中，如果假设条件期望函数为线性函数或者利用线性函数去近似我们关心的条件期望函数，那么，可以利用回归方法估计 DID 估计量。

如果没有协变量，可以利用下面的回归方程得到 DID 估计量：

$$Y_{it} = \alpha + \beta D_i + \gamma T_t + \tau(D_i \times T_t) + \varepsilon_{it}$$

其中，$T_t = \begin{cases} 0 & t = 0,\text{即事前} \\ 1 & t = 1,\text{即事后} \end{cases}$，$E(\varepsilon_{it} \mid D_i, T_t) = 0$。

从而，

$$E(Y_{it} \mid D_i, T_t) = \alpha + \beta D_i + \gamma T_t + \tau(D_i \times T_t)$$

$$E(Y_{it} \mid D_i = 0, T_t = 0) = \alpha,\ E(Y_{it} \mid D_i = 1, T_t = 0) = \alpha + \beta$$

$$E(Y_{it} \mid D_i = 0, T_t = 1) = \alpha + \gamma,\ E(Y_{it} \mid D_i = 1, T_t = 1) = \alpha + \beta + \gamma + \tau$$

则控制组事前事后平均结果变化为 γ，处理组事前事后平均结果变化为 $\gamma + \tau$。

如果共同趋势假设必须在控制协变量 X_{it} 后才成立，那么，相应的回归 DID 模型可以写为：

$$Y_{it} = \alpha + \beta D_i + \gamma T_t + \tau(D_i \times T_t) + X_{it}^{'}\delta + \varepsilon_{it}$$

如果协变量受到政策干预的影响，控制它将可能产生过度控制偏差。因而，协变

量 X_{it} 应该是发生在政策干预实施之前或者不随政策干预而变化的变量。

对于短（微观）面板观测数据，Ashenfelter & Card（1985）使用双重差分方法对社会项目的实施效果进行评估。Card & Krueger（1994）使用两期面板数据的双重差分方法估计平均处理效应，研究了美国最低工资调整对就业的影响。另外，通过放松假设条件，学者们发展了多种扩展的 DID 方法，例如，倾向得分匹配的双重差分法（PSM – DID）、三重差分模型、非线性 DID 方法（Athey & Imbens, 2006）和分位数 DID 等等。

2.5.4 合成控制方法

为了解决因果推断中随时间变化的未观测混杂因素造成的内生性问题，进一步优化因果推断分析方法，根据处理个体和多个控制个体结果变量在政策实施前后的多期面板数据，Abadie et al.（2010，2015）等提出了合成控制法（Synthetic Control Method，SCM），并将其应用于研究美国加州 1988 年第 99 号控烟法的效果和 1990 年两德合并对西德人均 GDP 的影响。合成控制方法根据政策干预前处理组和合成控制组的特征，赋予控制组个体相应的权重，从而期望政策干预后的处理组如果没有受到政策干预，其行为仍然与合成控制组非常相似，即合成控制组事后的观测结果可以作为处理组个体的反事实结果的估计。因此，处理组和合成控制组事后观测结果之差就是对政策干预因果效应的估计。

假设有 $N+1$ 个地区共 T 个时期的面板数据，$Y_{1,it}$ 表示个体 i 在 t 期受到政策干预时的潜在结果，$Y_{0,it}$ 表示个体 i 在 t 期没有受到政策干预时的潜在结果。从而个体因果效应为：

$$\tau_{it} = Y_{1,it} - Y_{0,it}$$

D_{it} 表示个体 i 在 t 期的处理状态，若个体 i 在 t 期受到政策干预，则 $D_{it}=1$，其他取 0。则个体 i 在 t 期的观测结果为：

$$Y_{it} = D_{it}Y_{1,it} + (1-D_{it})Y_{0,it} = Y_{0,it} + \tau_{it}D_{it}$$

假设第 1 个个体在 T_0（$1 < T_0 < T$）期后受到政策干预（处理组），其他 N 个个体所有时期均没有受到政策影响（控制组），即

$$D_{it} = \begin{cases} 1 & i=1, t>T_0 \\ 0 & 其他 \end{cases}$$

由于个体 1 是处理组，因此对于 $t > T_0$，有 $\tau_{1t} = Y_{1,1t} - Y_{0,1t} = Y_{1t} - Y_{0,1t}$。对于 $t > T_0$ 期，我们可以观测到潜在结果 $Y_{1,1t} = Y_{1t}$，但无法观测到反事实结果 $Y_{0,1t}$。因而，政策评价的关键是如何估计出个体 1 在 T_0 期后的反事实结果 $Y_{0,1t}$。为估计个体 1 的反事实结果，假设潜在结果 $Y_{0,1t}$ 可以用下列模型表示：

$$Y_{0,it} = \delta_t + \theta_t Z_i + \lambda_t \mu_i + \varepsilon_{it}, i=1,\ldots,N+1, t=1,\ldots,T \tag{2.14}$$

其中，δ_t 是一未知的共同因子，对所有个体具有相同的影响；Z_i 是 $r \times 1$ 维可观测协变量向量，θ_t 是 $1 \times r$ 维未知系数向量；μ_i 是 $K \times 1$ 维未观测协变量向量，λ_t 是 $K \times 1$ 维未知系数向量；ε_{it} 是未观测的暂时性冲击，假设其在地区层面满足零均值。考虑 $N \times 1$ 维权重向量 $W = (\omega_2, \cdots, \omega_{N+1})'$，满足

$$\omega_j \geq 0, j = 2, \cdots, N+1, \text{ 且 } \omega_2 + \cdots + \omega_{N+1} = 1$$

每个特定的权重向量 W 代表一个特定的合成控制，对于权重 W，合成控制模型为：

$$\sum_{j=2}^{N+1} \omega_j Y_{jt} = \delta_t + \theta_t \sum_{j=2}^{N+1} \omega_j Z_j + \lambda_t \sum_{j=2}^{N+1} \omega_j \mu_j + \sum_{j=2}^{N+1} \omega_j \varepsilon_{jt}$$

假设存在权重向量 $W^* = (\omega_1^*, \cdots, \omega_{N+1}^*)'$，使得

$$\sum_{j=2}^{N+1} \omega_j^* Y_{j1} = Y_{11}, \ldots, \sum_{j=2}^{N+1} \omega_j^* Y_{jT_0} = Y_{1T_0}, \sum_{j=2}^{N+1} \omega_j^* Z_j = Z_1 \tag{2.15}$$

Abadie et al.（2010）在其附录 B 中证明，如果 $\sum_{t=1}^{T_0} \lambda_t' \lambda_t$ 是非奇异的，则有

$$Y_{0,1t} - \sum_{j=2}^{N+1} \omega_j^* Y_{jt} = \sum_{j=2}^{N+1} \omega_j^* \sum_{s=1}^{T_0} \lambda_t \left(\sum_{n=1}^{T_0} \lambda_n' \lambda_n \right)^{-1} \lambda_s' (\varepsilon_{js} - \varepsilon_{1s}) - \sum_{j=2}^{N+1} \omega_j^* (\varepsilon_{jt} - \varepsilon_{1t})$$

可以证明，如果干预之前时期足够长（$T_0 \to \infty$），则上式趋近于 0，从而处理组个体 1 的反事实结果近似可以用合成控制组来进行表示，即

$$\hat{Y}_{0,1t} = \sum_{j=2}^{N+1} \omega_j^* Y_{jt}$$

因而处理组个体 1 的政策干预效应可以表示为：

$$\hat{\tau}_{1t} = Y_{1t} - \hat{Y}_{0,1t} = Y_{1t} - \sum_{j=2}^{N+1} \omega_j^* Y_{jt}, t = T_0 + 1, \cdots, T$$

如果条件（2.15）成立，存在权重向量 W^*，使得事前各期合成控制组与处理组的观测结果 Y 相等且所有可观测特征 Z 相同，从而，合成控制组与处理组的未观测因素 μ 也会相同，即 $\sum_{j=2}^{N+1} \omega_j^* \mu_j = \mu_1$。这意味着合成控制组和处理组非常相似，从而可以将合成控制组的行为模式作为处理组个体反事实结果的估计。

事实上，条件（2.15）中的等式一般不会完全相等，除非 $(Y_{11}, \cdots, Y_{1T_0}, Z_1')$ 在 $\{(Y_{21}, \cdots, Y_{2T_0}, Z_2'), \cdots, (Y_{N+1,1}, \cdots, Y_{N+1,T_0}, Z_{N+1}')\}$ 的凸包内。在应用中，很难保证条件（2.15）等号恰好成立，一般是保证等号近似成立。如果处理组向量 $(Y_{11}, \cdots, Y_{1T_0}, Z_1')$ 在控制组凸包之外，可能无法找到合适的权重向量。这时，将无法找到合适的合成控制组，需要使用其他的方法，比如允许权重为负的回归合成方法（Hsiao et al., 2012）等。

实际如何求解权重向量 W^* 呢？令 X_1 表示处理组个体的事前特征，为 $M \times 1$ 维向量，包括可观测协变量 Z_1 和事前结果 Y_{1t} 的若干线性组合。令 X_0 表示控制组的事前特

征，为 $M \times N$ 维矩阵。由于实际应用中，X_1 通常在 X_0 的凸包之外，因此，合成控制权重 $W^* = (\omega_1^*, \cdots, \omega_{N+1}^*)'$ 最小化下面的距离

$$\| X_1 - X_0 W \| = \sqrt{(X_1 - X_0 W)' V (X_1 - X_0 W)} = \sqrt{\sum_{m=1}^{M} v_m (X_{1m} - X_{0m} W)^2}$$

其中，X_{jm} 是个体 j 的第 m 个协变量，V 是一个 $M \times M$ 的对称正定矩阵，通常是对角阵，对角元素为 v_m。权重 v_m 反映了不同协变量的相对重要性，权重 ω_j 反映了控制组个体的相对重要性。V 的选择很重要，合成控制 W^* 将依赖于 V 的选择，不同的 V 将得到不同的合成控制组 W^*。$v_1, \cdots, v_m$ 的选择目前有三种方法，参见（Abadie et al.，2010；2015）。

在利用合成控制方法进行比较研究时，一般个体数不会太多，因而，基于大样本的假设检验方法往往不适合。为了检验合成控制法得到的参数估计是否显著，即给定原假设政策效应不显著（假设政策干预对个体没有因果效应）。目前存在两种类型的安慰剂检验（placebo test），也称为证伪检验（falsification test）：时间安慰剂检验和个体安慰剂检验。

时间安慰剂检验

如果事前时期较长，可以构造一种时间安慰剂检验。仅利用政策干预前的数据，并设定一个假想的政策干预时间，运用合成控制法估计政策效应。因为所使用的数据都是政策干预之前的信息，所有个体都没有受到真正的处理，利用同样的合成控制方法，如果得到显著的政策效应，则说明，前面的估计可能存在着问题。相反，如果发现没有显著的政策效应，则证明，前面的合成控制方法可能是有效的。

个体安慰剂检验

原假设是政策干预对个体没有因果影响，将处理组个体放入控制组中。从控制组抽出一个个体，利用合成控制方法，估计出相应的政策效应。对应于 N 个控制组个体，会得到 N 个相应的政策效应的估计，从而可以得到政策效应估计的一个具体分布（exact distribution）。然后检测估计的处理组个体因果效应在整个分布中所处的位置。如果处于分布尾部的 5%，则说明如果原假设成立，那么观测到估计的政策效应的可能性低于 5%。则可以拒绝没有政策影响的原假设，从而说明估计是显著的。

2.5.5 广义合成控制方法

广义合成控制法（Xu，2017）是基于包含不可观测时变的混杂因素的面板数据固定效应回归模型的因果推断方法，它不仅放松了共同趋势假设，而且使用线性固定效应面板模型统一了双重差分法和合成控制法。该方法借鉴了合成控制法的核心思想，根据处理前个体之间的截面关系为控制组个体选择合成处理组的权重，预测处理组的"反事实"结果，并利用潜在的共同因子控制了不可观测时变的混杂因素对个体处理效

应的影响。白仲林等（2019，2020）利用广义合成控制法分别研究了我国商品房限购政策的实体经济发展效应和自贸区设立政策的经济效应。

（1）基本框架

假设 Y_{it} 是个体 i 在第 t 期的结果变量，T 和 C 分别表示处理组和控制组的集合，N_{tr} 和 N_{co} 分别表示处理组个体数和控制组个体数，所有的个体均有 T 期观测值。设 T_{0i} 为个体 i 接受处理的时期，控制组在观测期内不接受处理。为简化符号，假设所有的处理个体第一次接受处理的时期相同，即 $T_{0i} = T_0$。首先假设 Y_{it} 由线性因子模型给定，函数形式如下：

$$Y_{it} = \delta_{it} D_{it} + X_{it}'\beta + \lambda_i' f_t + \varepsilon_{it} \tag{2.16}$$

$$\begin{cases} D_{it} = 1, \text{个体} i \text{ 处于处理期}(t > T_0) \\ D_{it} = 0, \text{其他情况} \end{cases}$$

其中，δ_{it} 为个体 i 在第 t 期的异质性处理效应；X_{it} 为 k 维可观测控制变量，$\beta = (\beta_1,\cdots,\beta_k)'$ 为 k 维待估系数向量；$f_t = (f_{1t},\cdots,f_{rt})'$ 为影响所有个体的 r 维不可观测时变共同因子向量，控制了不同个体之间的空间相关性；$\lambda_i = (\lambda_{i1},\cdots,\lambda_{ir})'$ 为 r 维未知因子载荷向量；ε_{it} 为个体 i 在第 t 期的异质性冲击，具有零均值。

令 $Y_{it}(1)$ 和 $Y_{it}(0)$ 分别表示个体 i 在第 t 期如果接受处理和如果未接受处理的潜在结果，即

$$Y_{it}(0) = X_{it}'\beta + \lambda_i' f_t + \varepsilon_{it} \tag{2.17}$$

$$Y_{it}(1) = \delta_{it} + X_{it}'\beta + \lambda_i' f_t + \varepsilon_{it} \tag{2.18}$$

于是，处理组个体 i 在第 t 期的个体处理效应 $\delta_{it} = Y_{it}(1) - Y_{it}(0)$（$i \in T, t > T_0$），每一个个体的数据生成过程可重新写作：

$$Y_i = D_i \circ \delta_i + X_i\beta + F\lambda_i + \varepsilon_i \quad i \in 1,2,\cdots N_{co},N_{co}+1,\cdots,N$$

其中，$Y_i = (Y_{i1},Y_{i2},\cdots,Y_{iT})'$；$D_i = (D_{i1},D_{i2},\cdots,D_{iT})'$；$\delta_i = (\delta_{i1},\delta_{i2},\cdots,\delta_{iT})'$（符号"∘"代表逐点运算（point-wise product）和 $\varepsilon_i = (\varepsilon_{i1},\varepsilon_{i2},\cdots,\varepsilon_{iT})'$ 均是 $(T\times 1)$ 维向量；$X_i = (x_{i1},x_{i2},\cdots,x_{iT})'$ 是 $(T\times k)$ 阶矩；$F = (f_1,f_1,\cdots,f_1)'$ 是 $(T\times r)$ 阶矩阵。则处理组在 t（$t > T_0$）期的平均处理效应为（average treatment effect on the treated，ATT）：

$$ATT_{t>T_0} = \frac{1}{N_{tr}} \sum_{i \in T} [Y_{it}(1) - Y_{it}(0)] = \frac{1}{N_{tr}} \delta_{it}$$

（2）基本假设

为了得到有效的政策评估结果，广义合成控制法还需要做出如下假设。

假设 2.5：处理组和控制组受相同共同因子的冲击影响，并且观测期内因子个数保持不变，即模型结构保持一致。

假设 2.6：强外生性假设，$\varepsilon_{it} \perp D_{js}, x_{js}, \lambda_j, f_s$（$\forall i,j,t,s$），表示误差项独立于所有个

体任意期的处理变量 D_{js}、协变量 x_{js} 以及不可观测的横截面和时间的异质性。

假设 2.7：误差项允许存在弱序列相关和满足一定的正则条件。该假设下可以保证得到参数 β 的一致估计量。具体可参 Bai（2009）、Moon 和 Weidner（2015）中关于弱相关性的假设。

假设 2.8：残差项截面独立且同方差。一是对所有的 $i \neq j, (t,s)$，有 $\varepsilon_{it} \perp \varepsilon_{js}$；二是对所有的 (t,s)，有 $E(\varepsilon_{it}\varepsilon_{is}) = \sigma_{ts} \leq M$。

（3）未知参数的估计方法

模型的估计首先假定因子个数 r 是已知的，根据控制组样本 $\{Y_i, X_i\}_{i \in C}$ 利用主成分法估计式（2.17），得到估计值 $(\hat{\beta}, \hat{F}, \hat{\Lambda}_{co})$，即

$$(\hat{\beta}, \hat{F}, \hat{\Lambda}_{co}) = \underset{\beta, F, \Lambda_{co}}{\mathrm{argmin}} \sum_{i \in C} (Y_i - X_i\beta - F\lambda_i)'(Y_i - X_i\beta - F\lambda_i)$$

$$s.t. \quad F'F/T = I_r, \Lambda_{co}'\Lambda_{co} = D$$

其中，D 为对角阵。然后，基于 $(\hat{\beta}, \hat{F})$ 与处理组在干预前的样本 $\{Y_i, X_i\}_{i \in T, t < T_0}$ 得到处理组的因子载荷 $\hat{\lambda}_i$，即

$$\hat{\lambda}_i = \underset{\lambda_i}{\mathrm{argmin}} (Y_i^0 - X_i^0\hat{\beta} - \hat{F}^0\lambda_i)'(Y_i^0 - X_i^0\hat{\beta} - \hat{F}^0\lambda_i)$$

其次，基于 $(\hat{\beta}, \hat{F}, \hat{\lambda}_i)$ 估计处理组的反事实结果

$$\hat{Y}_{it}(0) = X_{it}'\hat{\beta} + \hat{\lambda}_i'\hat{f}_t \quad i \in T, t > T_0$$

从而，处理组在 t 期的平均处理效应估计为

$$\widehat{ATT}_t = (1/N_{tr}) \sum_{i \in T} [Y_{it}(1) - \hat{Y}_{it}(0)]$$

另外，因真实因子个数 r 是未知的，而因子个数的确定实际上是模型选择问题，可通过标准的交叉验证方法得到。

（4）因子个数的估计方法

在上述求解处理组平均因果效应的过程中，要求因子个数是已知的。关于模型共同因子个数的选择，本书使用交叉验证法（cross-validation）进行估计。步骤如下：

步骤 1：给定初始因子个数 r_0，利用控制组数据 $\{Y_i, X_i\}_{i \in C}$ 估计式（2.16），得到 $\hat{\beta}$ 和 $\hat{F}$；

步骤 2：对干预前的 T_0 期进行交叉验证。

①令 $s \in \{1, \cdots, T_0\}$，除去处理组个体的第 s 期数据，对剩余的 T_0 期之前的处理组数据进行 OLS 估计得到每个处理组个体的因子载荷：

$$\hat{\lambda}_{i,-s} = (\hat{F}_{-s}^{0'}\hat{F}_{-s}^0)^{-1}\hat{F}_{-s}^{0'}(Y_{i,-s}^0 - X_{i,-s}^0\hat{\beta}) \quad \forall i \in T$$

②预测处理组在第 s 期的结果 $\hat{Y}_{is}(0) = X_{is}'\hat{\beta} + \hat{\lambda}_{i,-s}'\hat{f}_s$，保存预测误差 $e_{is} = Y_{is}(0) - $

$\hat{Y}_{is}(0)$ $i \in T$。

循环 T_0 次,结束交叉验证过程;

步骤3:计算因子个数为 r 时对应的均方预测误差(MSPE):

$$MSPE(r) = \sum_{s=1}^{T_0} \sum_{i \in T} e_{is}^2 / T_0$$

步骤4:重复上述步骤,得到不同的因子个数 r 对应的 $MSPE(r)$。

步骤5:选择使得 $MSPE$ 取得最小值的因子个数 r^*。

(5)置信区间的估计方法

Xu(2017)通过参数自举方法得到广义合成控制估计量的方差估计。根据可观测的协变量以及估计所得的不可观测的共同因子和因子载荷,通过对残差的重复抽样得到不确定的条件估计,即处理组平均处理效应 $\widehat{ATT}_t$ 的条件方差 $Var_\varepsilon(\widehat{ATT}_t \mid D, X, \Lambda, F)$,进而可以根据传统的百分位数法构造平均处理效应的置信区间估计。

2.5.6 回归合成方法

Hsiao et al.(2012)提出了一种面板数据政策评估方法。与 Abadie et al.(2010)的合成控制方法类似,也是利用未受到政策干预的控制组个体的信息来估计处理组个体的反事实结果。为了叙述方便,Hsiao et al.(2012)提出的面板数据政策评估方法简称为"回归合成方法"。回归合成方法的基本思想是:利用截面个体之间的相关性估计处理组个体事后的反事实结果,这种相关性归因于驱动截面个体的共同因子。

假设有 $N+1$ 个地区共 T 个时期的面板数据,$Y_{1,it}$ 表示个体 i 在 t 期受到政策干预时的潜在结果,$Y_{0,it}$ 表示个体 i 在 t 期没有受到政策干预时的潜在结果,从而个体因果效应为:

$$\tau_{it} = Y_{1,it} - Y_{0,it}, i = 1, \ldots, N+1, t = 1, \ldots, T$$

D_{it} 表示个体 i 在 t 期的处理状态:若个体 i 在 t 期受到政策干预,则 $D_i = 1$;其他取0。个体 i 在 t 期的观测结果为:$Y_{it} = D_{it}Y_{1,it} + (1-D_{it})Y_{0,it} = Y_{0,it} + \tau_{it}D_{it}$。假设所有个体的潜在结果服从下列共同因子模型:

$$Y_{0,it} = \alpha_i + b_i'f_t + \varepsilon_{it}$$

其中,α_i 为个体固定效应,f_t 为 $K \times 1$ 维未观测时变共同因子,b_i 为因子载荷,ε_{it} 为误差项,满足 $E(\varepsilon_{it}) = 0$。

可见,f_t 是所有 $Y_{0,it}$ 的共同原因,因此所有 $Y_{0,it}$ 之间是相关的。假定所有 $Y_{0,it}$ 存在如下预测关系:

$$Y_{0,1t} = \beta_1 + \beta_2 Y_{0,2t} + \beta_3 Y_{0,3t} + \ldots + \beta_{N+1} Y_{0,N+1,t} + v_{1t}$$

令 $Y_t = (Y_{0,2t}, Y_{0,3t}, \ldots, Y_{0,N+1,t})' = (Y_{2t}, Y_{3t}, \ldots, Y_{N+1,t})'$,$\beta = (\beta_2, \beta_3, \ldots, \beta_{N+1})'$

则

$$Y_{0,1t} = \beta_1 + \beta' Y_t + v_{1t} \tag{2.19}$$

利用事前数据 ($t = 1, \cdots, T_0, Y_{1t} = Y_{0,1t}$) 估计模型 (2.19), 得到 $\hat{\beta}_1$ 和 $\hat{\beta}$。假定如果没有政策干预, 所有个体依然保持模型 (2.19) 的关系。因此, 可以利用如下预测模型得到处理组个体事后 ($t = T_0 + 1, \cdots, T$) 的反事实结果估计:

$$\hat{Y}_{0,1t} = \hat{\beta}_1 + \hat{\beta}' Y_t \tag{2.20}$$

因而, 相应的政策效应为

$$\hat{\tau}_{1t} = Y_{1t} - \hat{Y}_{0,1t}, t = T_0 + 1, \ldots, T$$

由此可见, 回归合成方法直接利用控制组观测结果作为处理组个体潜在结果的预测变量。

当事前时期远远大于控制组个体数时, 即 $T_0 \gg N, T_0/N \to \infty$, 可以利用所有控制组个体作为潜在的合成控制。但是在应用中 T_0 往往是有限的, 进入模型的控制组个体越多, 回归合成模型的自由度损失越多, 估计精度会降低。因而, 在模型拟合时存在着拟合程度与估计精度之间的权衡。Hsiao et al. (2012) 提出了一种两步法用于控制组的选择。

(1) 分别引入 1 个控制组个体作为协变量进行回归, 共需要进行 C_N^1 个回归, 然后从中取 R^2 或似然值最大的模型作为 M (1);

同理, 引入 2 个控制组个体, 进行 C_N^2 个回归, 选出 M (2);

以此类推, 直到得到模型 M (N)。

(2) 从 M (1), $\cdots$, M (N) 中选择 AIC 或 AICC 最小的模型 M (m), M (m) 对应的权重就是最优的合成控制组权重。

2.5.7 多重经济政策因果效应识别策略

在现实问题中, 个体同时受多种政策干预的情况更为常见, 在多项政策同时实施时评价某项政策, 需将同期实施的其他政策的影响剔除。现有多重政策因果效应评估的经验研究, 由于不能有效地分离其他政策和混杂因素的影响, 研究结论难免偏颇。政策实践需要多重政策下的因果推断方法予以支持, 但现有因果推断理论多集中于单政策处理的情况, 多重政策处理的相关研究偏少, 且现有研究有一定的局限性。如 Fujiki & Hsiao (2015) 的方法不能用于多项政策同时实施的处理效应估计, Imai & Van Dyk (2004) 的基于 P – 函数的分层法以及 Gu (2016) 基于所定义的距离函数的多种匹配算法, 均无法突破多处理变量情况下采用针对高维协变量的分层法及匹配法的诸多缺陷。白仲林和董珍 (2019) 在理论研究层面, 设定了双重和多重政策因果效应计量模型, 提出了双重和多重政策因果效应的两种识别条件和三类估计方法, 拓展了现有政策因果效应评估的理论研究。以下以双重政策因果效应的评估方法为例进行简单说明。

首先,假设有两项同时实施的且相互独立的政策 I 和 II,分别对应着两个处理变量 D_1 和 D_2,并假设每个处理变量都是二值的,即:

$$D_1 = \begin{cases} 1, \text{受政策 I 的影响} \\ 0, \text{不受政策 I 的影响} \end{cases}, D_2 = \begin{cases} 1, \text{受政策 II 的影响} \\ 0, \text{不受政策 II 的影响} \end{cases}$$

记 $D = (D_1, D_2)$ 为个体所受的处理,一般情况下,每个个体可能接受的处理状态为互斥的四种,如下图所示。所有可能处理状态所组成的集合记为:

$$\Gamma = \left\{ \begin{pmatrix} 0 \\ 0 \end{pmatrix}, \begin{pmatrix} 1 \\ 0 \end{pmatrix}, \begin{pmatrix} 0 \\ 1 \end{pmatrix}, \begin{pmatrix} 1 \\ 1 \end{pmatrix} \right\}$$

设定

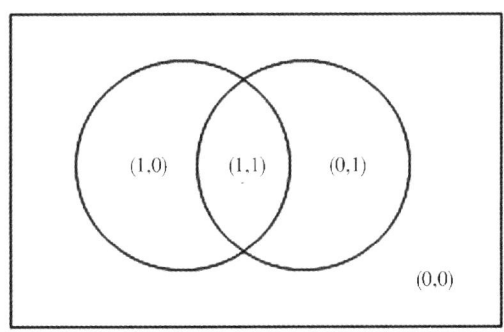

以下在上述设定的一般情形下进行讨论。令 Y 表示结果变量,与四种处理状态相对应,Y 有四个潜在结果,潜在结果集合记为 $\{Y^{(0,0)}, Y^{(1,0)}, Y^{(0,1)}, Y^{(1,1)}\}$。政策实施之后,就每个个体而言,在特定的时间点上只能接受其中一种处理,因此只有其中一个潜在结果被观察到,不能观察到的潜在结果均为反事实。用 $Y_i(D_1, D_2)$ 表示个体 i 的观测结果,其与潜在结果 $Y_i^{(1,1)}$、$Y_i^{(1,0)}$、$Y_i^{(0,1)}$、$Y_i^{(0,0)}$ 之间的关系,可以用如下公式表示:

$$Y_i(D_1, D_2) = (D_{1i} \times D_{2i}) Y_i^{(1,1)} + [D_{1i} \times (1 - D_{2i})] Y_i^{(1,0)} + [(1 - D_{1i}) \times D_{2i}] Y_i^{(0,1)}$$

$$+ [(1 - D_{1i}) \times (1 - D_{2i})] Y_i^{(0,0)} = \begin{cases} Y_i^{(1,1)}, D_{1i} = 1, D_{2i} = 1 \\ Y_i^{(1,0)}, D_{1i} = 1, D_{2i} = 0 \\ Y_i^{(0,1)}, D_{1i} = 0, D_{2i} = 1 \\ Y_i^{(0,0)}, D_{1i} = 0, D_{2i} = 0 \end{cases}$$

在不引起混淆的情况下 $Y_i(D_1, D_2)$ 简记为 Y_i。

定义：政策 I 处理组的平均处理效应（不存在协变量情形）为

$ATT_{D_1} \underline{\Delta} E[Y^{(1,\cdot)} - Y^{(0,\cdot)} | D_1 = 1]$

$= \{E[Y^{(1,1)} | D_1 = 1, D_2 = 1] - E[Y^{(0,1)} | D_1 = 1, D_2 = 1]\} \cdot \Pr(D_2 = 1 | D_1 = 1)$

$+ \{E[Y^{(1,0)} | D_1 = 1, D_2 = 0] - E[Y^{(0,0)} | D_1 = 1, D_2 = 0]\} \cdot \Pr(D_2 = 0 | D_1 = 1)$

定义：政策 II 处理组的平均处理效应为

$ATT_{D_2} \underline{\Delta} E[Y^{(\cdot,1)} - Y^{(\cdot,0)} | D_2 = 1]$

$= \{E[Y^{(1,1)} | D_1 = 1, D_2 = 1] - E[Y^{(1,0)} | D_1 = 1, D_2 = 1]\} \cdot \Pr(D_1 = 1 | D_2 = 1)$

$+ \{E[Y^{(1,0)} | D_1 = 0, D_2 = 1] - E[Y^{(0,0)} | D_1 = 0, D_2 = 1]\} \cdot \Pr(D_1 = 0 | D_2 = 1)$

另外，同时受政策 I 和政策 II 影响的处理组的平均处理效应，此时处理组的平均处理效应本质上是单政策二值情况的处理效应，记

$D_3 = \begin{cases} 1, \text{当 } D_1 = 1 \text{ 且 } D_2 = 1 \text{ 时}, \\ 0, \text{当 } D_1 = 0 \text{ 且 } D_2 = 0 \text{ 时}. \end{cases}$

则同时受政策 I 和政策 II 影响的处理组的平均处理效应为

$ATT_{(D_1,D_2)} = ATT_{D_3} \underline{\Delta} E[Y^{(1,1)} | D_3 = 1] - E[Y^{(0,0)} | D_3 = 0]$

董珍（2019）给出了双重政策因果效应的识别条件：非混杂性假设和条件非混杂性假设，并给出了因果效应的三类估计方法，即匹配法、双重差分法和基于广义倾向得分的估计法。

2.5.8 断点回归设计

断点回归设计（Regression Discontinuity Design，RDD）最早是由 Thistlethwait and Campbell（1960）在研究奖学金对学生未来成绩影响的时候提出的。当成绩达到特定的门槛时，学生将获得奖学金，低于该门槛时将得不到奖学金，成绩在门槛附近两边的学生具有很好的可比性，因而可以利用该门槛形成的断点作为一种自然实验来识别奖学金对学生未来成绩的因果影响。由于断点回归的适用场景有限，直到 Hahn et al.（2001）对 RDD 策略的识别条件、估计和推断方法进行了理论推导以后，RDD 方法开始大量应用于经济学、政治学及社会学等领域。

（1）断点回归的基本思想

断点回归设计的基本思想是一个原因变量或处理变量 D 依赖于一个分配变量 X

(running variable, forcing variable, assignment variable)。分配变量 X 本身可以对结果 Y 有影响，也可以没有影响。如果有影响，假设结果变量 Y 与分配变量 X 之间的关系是连续的。其他可能影响结果的因素在临界点处也是连续的。那么，结果变量 Y 在临界点处的跳跃可以归因于处理变量 D 的影响。根据处理的分配规则可分为两类：精确断点回归与模糊断点回归。

(2) 精确断点回归

精确断点回归（Sharp RDD, SRDD）是指处理变量 D 的分配完全由分配变量 X 是否超过某一临界值决定，用公式表示：$D = 1(X \geq c)$，其中，$1(\cdot)$ 为示性函数，条件成立取 1，条件不成立取 0；c 是临界值，分配变量 X 大于等于临界值 c，则个体接受处理（$D = 1$）；X 小于临界值，则个体没有被处理（$D = 0$）。即对于 SRDD 有：

$$P(D_i = 1 \mid X_i \geq c) = 1, P(D_i = 1 \mid X_i < c) = 0$$

(3) 模糊断点回归

模糊断点回归（Fuzzy RDD, FRDD）是指在临界值 c 附近，接受处理的概率有一个跳跃，即

$$\lim_{x \to c^+} P(D_i = 1 \mid X_i = x) \neq \lim_{x \to c^-} P(D_i = 1 \mid X_i = x)$$

或者说，在 FRDD 中，处理变量 $D = D(T, \varepsilon)$，其中 $T = 1(X \geq c)$，ε 是影响处理的其他未观测因素，并且

$$P(D = 1 \mid T = 1) \neq P(D = 1 \mid T = 0)$$

即在断点左右个体接受处理的可能性不同。如果个体不能精确地控制 X，在临界点附近近似于完全随机试验，即 T 近似于随机分配的，从而使得 T 成为 D 天然的工具变量。

(4) 识别条件

下面讨论断点回归设计的基本识别条件。

假设 2.9（断点假设）

假设极限

$$P^+ = \lim_{x \to c^+} p(D_i = 1 \mid X_i = x), P^- = \lim_{x \to c^-} p(D_i = 1 \mid X_i = x)$$

存在，并且 $P^+ \neq P^-$。其中，$D_i = D(T_i, \varepsilon)$，$T_i = 1(X_i \geq x_0)$ 为示性函数，如果是精确断点，则 $D_i = T_i$；$p(x) \equiv E[D_i \mid X_i = x] = \Pr[D_i = 1 \mid X_i = x]$ 为倾向指数，表示参考变量为 x 的个体进入干预组的概率，如果是精确断点，则 $P^+ = 1, P^- = 0$，即断点右侧的个体都进入干预组，左侧个体进入控制组。

假设 2.10（连续性假设）

$E(Y_{0i} \mid X_i = x), E(Y_{1i} \mid X_i = x)$ 是 x 的连续函数。

连续性假设要求影响结果 Y 变化的其他因素（观测和未观测变量）关于 X 平滑的

变化，尤其是在临界点不能有跳跃。如前所述，在 SRDD 情况下，共同支撑假设不成立。而连续性假设使我们能够用临界点左边一个小区域内的平均结果作为临界点右边一个小区域内的平均结果的反事实估计。

假设 2.11（局部随机化假设）

假设在临界点附近近似于完全随机试验，即

$$\{Y_{0i}, Y_{1i}\} \perp X_i, X_i \in \delta(c)$$

其中，$\delta(c) = (c - \delta, c + \delta)$ 为 c 的 δ 领域，$\delta > 0$ 为任意小的正数。如果个体不能精确地控制或者操纵分配变量 X 使之超过临界值，这一假设自动满足。在这一假设下，$T_i = T(X \geq c)$ 是随机分配的。

定理 2.1：SRDD 因果效应参数的识别

如果断点假设，连续性假设，局部随机化假设成立，则有：

$$E(Y_{1i} - Y_{0i} \mid X_i = c) = \frac{\mu^+ - \mu^-}{p^+ - p^-}$$

其中，$\mu(x) = E(Y_i \mid X_i = x)$，$\mu^+ = \lim_{x \to c^+} \mu(x)$，$\mu^- = \lim_{x \to c^-} \mu(x)$，如果是 SRDD，在临界点处平均结果的跳跃可以解释为处理的影响。

假设 2.12（独立性假设）

假设潜在结果 $Y_{0i}, Y_{1i}, D_{0i}(x), D_{1i}(x)$ 在断点附近独立于分配变量 X，即

$$\{Y_{0i}, Y_{1i}\}, \{D_{0i}(x), D_{1i}(x)\} \perp X_i, X_i \in \delta(c)$$

假设 2.13（单调性假设）

假设 T 对所有个体的影响方向是相同的，通常假设正向单调性成立，即存在 $\delta > 0$ 使得对于任意 $x \in \delta(c)$，有 $D_{1i}(x) \geq D_{0i}(x)$。单调性假设排除了叛逆者（defiers）。

定理 2.2：FRDD 的因果效应参数的识别

如果断点假设，连续性假设，独立性假设和单调性假设成立，则有：

$$\lim_{x \to c} E[Y_{1i} - Y_{0i} \mid D_{1i}(x) > D_{0i}(x)] = \frac{\mu^+ - \mu^-}{p^+ - p^-}$$

在独立性假设成立的条件下，T 是 D 的工具变量，断点假设保证了第一阶段存在，FRDD 识别出的是临界点处服从者的平均因果效应，以上定理是 LATE 在 RDD 情形下的应用。

综上，RDD 的基本识别条件是：

①处理分配概率在临界点会有跳跃；

②结果变量在临界点也会有跳跃；

③而其他影响结果的变量在临界点没有跳跃。

从而，可以将结果变量的跳跃归因为处理变量的影响。

（5）RDD 的估计方法

RDD 的估计方法主要有边界非参数回归（nonparametric regression at the boundary）、局部线性回归（Local Linear Regress，LLR）和局部多项式回归（Local Polynomial Regression，LPR）。由于非参数回归在边界上收敛速度比较慢，在临界点处的估计并不理想。Hahn et al.（2001）、Imbens & Lemieux（2008）、Lee & Lemieux（2010）等建议采用非参数局部线性回归方法。

（6）稳健性检验

协变量连续性检验也称为伪结果检验（pseudo outcome）：以协变量 W 作为伪结果，利用与前面相同的方法，检验相应的 RDD 估计量是否显著。如果显著，说明这些协变量不符合连续性假设，RDD 估计量可能存在问题。

分配变量分布连续性检验

如果分配变量分布连续，意味着在断点处个体没有精确操纵分配变量的能力，局部随机化假设成立，从而保证临界点附近左右样本能够代表临界点处的总体。可以采用 McCrary（2008）提出的密度检验统计量进行检验。

伪断点检验

在分配变量的其他位置，比如临界点左右两侧中间点的位置作为伪临界点，利用同样的方法估计 RDD 估计量。

带宽选择的敏感性检验

选择不同的带宽对 RDD 估计量进行重新估计，检验估计结果是否有较大的差异，如果差异较大，尤其是影响方向有变化，则说明 RDD 可能有问题。

近年来，利用机器学习方法来实现控制大量协变量，或者通过寻找权重以直接平衡处理组和控制组之间的协变量（协变量的函数）等方法来识别因果效应的方法得到迅速发展。McCaffrey et al.（2004）和 Wyss et al.（2014）等采用 LASSO 和随机森林等机器学习方法来估计倾向得分。Belloni et al.（2013）提出了基于 LASSO 的双选择方法（Double – Selection Method）。高华川和白仲林（2019）提出了一种估计政策因果效应的反事实机器学习算法—时变 LASSO 面板数据政策评估方法，通过模拟研究发现时变 LASSO 方法能够更加准确地估计反事实结果，这一方法更适用于样本时期数较长、政策干预时间点相对较晚的情形。

潜在结果框架下的静态因果效应评估方法均以未接受政策处理的个体构造对照对象，在一定的假设条件下，运用平稳数据统计方法估计结果变量的反事实结果。计量经济学的主要挑战在于，基于观测数据识别变量间的因果效应。非实验环境下的因果效应识别主要依赖于条件独立性假设，这一条件在评估平均处理效应中起着核心作用。然而，基于截面数据和短（微观）面板数据的因果推断方法也存在一定的局限，比如控制组个体的异质性难以控制、无法有效识别动态因果效应以及政策或干预的长短期效应等。这也就产生了对基于时间序列和长（宏观）面板数据的动态因果效应方法的需求，当前动态因果效应的评估方法的研究文献可分为根据单方程时间序列模型、高维时间序列模型的动态因果效应评价方法，以及根据结构计量经济学模型的统计推断方法三个研究方向。

2.5.9 案例：商品房限购政策的实体经济发展效应研究

白仲林等（2019）依据 2014 年 10 月至 2017 年 11 月 16 个 "非同期" 限购城市和 29 个非限购城市的面板数据，利用广义合成控制法研究房地产市场限购政策调控商品房价格、防止资金 "脱实向虚" 的政策效应。

（1）研究背景

房地产行业的发展会带动上下游产业发展，房地产业也一直被视为我国国民经济发展的重要支柱产业（许宪春等，2015；孟宪春等，2018）。但是，发展房地产业必须权衡商品房价格持续飙升所带动的 "财富效应" 和房地产业过度发展对其他产业、其他消费的抑制性作用。国内外的相关研究表明尽管房地产市场在一定程度上促进了经济增长，但是其波动会给经济系统带来巨大的风险，同时货币市场的传导效应会扩大这种冲击（张勇，2015）。尤其是，对于进入高质量发展的中国经济，商品房市场调控政策的选择必须 "把发展经济的着力点放在实体经济上"。因此，实务界和学术界开始重新审视房地产市场及其调控政策与实体经济发展的关系。

事实上，近年来因乡村城镇化、城市改善居住需求和流动性过剩扩大等原因，房地产市场异常繁荣。商品房价格高企使传统制造业等实体经济行业与房地产行业的收益率之差加剧，一些实体经济部门开始热衷于投资收益率更高、回报周期更短的房地产行业（王永钦等，2015）；尤其是，2008 年国际金融危机之后，我国经济增长下行压力加大，国内出现了通过资产价格上涨来促进中国经济增长的呼声。例如，马理和古振宇（2015）等认为中国可以借鉴 "将推动资产价格上涨作为提振经济的重要举措"（Bernanke，2012）的西方经济经验。因此，房地产市场受乐观预期的驱使导致更多资金 "脱实向虚"。然而，一些研究也质疑资产价格上涨对中国经济增长的促进作用，认为资金的 "脱实向虚" 严重威胁到金融和宏观经济的稳定发展（孟宪春等，2018）。特别是，张勇（2015）认为房地产市场会直接或者通过扩大货币传导效应的间接途径对经济增长产生严重冲击。并且，为了有效遏制房地产市场的资产泡沫化、满足消费者对商品房的刚性需求和防范系统性金融风险，以及保持房地产市场平稳健康发展，各级政府运用多种限购政策（如限制购买数量、限制户籍和限制贷款等）调控房地产市场。2010 年 4 月北京市率先出台了房地产市场的限购政策，随后上海、深圳等先后跟进，然而到了 2014 年大部分城市取消了房地产限购政策，但是随着房价的持续上涨，2016 年部分城市又重启了房地产限购政策。在同年年底的中央经济工作会议上首次提出了"房子是用来住的,不是用来炒的"定位。最近中央再次重申"落实房地产长效管理机制,不将房地产作为短期刺激经济的手段"。因此,有必要探究和评估房地产市场限购政策调控商品房价格、防止资金"脱实向虚"的政策效应,以厘清房地产限制政策与实体经济发展的关联性。

有关中国房地产市场价格调控政策的相关文献重点侧重于商品房限购政策有效性问题的研究。例如,王松涛(2011)通过建立住房存流量一致模型对住房市场政府干预的政策目标和工具选择进行理论分析,并以北京、上海和广州等6个重点城市为样本的实证检验发现,全国性的住房市场干预政策对住房价格产生了显著的长短期效应。刘江涛等(2012)通过建立住房市场模型,发现限购政策的作用大小与市场对政策不确定性的预期紧密相关。并且,由于限购政策的非同期性及限购城市的复杂性,这类实证研究文献或者建立传统的计量经济学模型进行统计推断,或者以相近时期实施限购政策的城市设计自然实验进行因果推断。

但是,鲜有关于房地产市场限购政策防止资金"脱实向虚"的政策效应研究文献,与此相关的文献主要是有关商品房价格(资产价格)上涨与经济增长的理论研究文献。一些学者认为资产价格上涨可以作为经济提振的重要措施(Iacoviello and Neri, 2010),商品房价格等资产价格上涨会增加消费者的预期财富,从而提升消费预期,拉动经济增长。而另一些学者认为,商品房价格等资产价格上涨的负效应大于正效应(Hirano and Yanagawa, 2016;彭俊华等,2017;陈志刚等,2018;曹清峰,2018)。这类文献多数为建立DSGE模型从理论上讨论资产价格与实体经济发展间的关系,且研究结论尚存争议。

可见,针对房地产市场限购政策有效性及其经济发展效应评估的两类研究均尚待深化。首先,传统统计推断方法因随机试验假设而制约了自然实验活动的准确评价,建立在平行性假设基础上的DID方法面临着政策实施的非同期性、自然实验固有的不可观测时变混杂因素(confounders)及其所引致的内生性和结果变量的空间相关性(Gobillon等,2016)等问题的挑战。并且,鉴于限购政策多处理个体的特征,应扩大经验研究的样本代表性,以提高限购政策效果评价的可靠性。其次,完善房地产市场限购政策的实体经济发展效应及其传导机制的实证检验。为此,本节拟采用Xu(2017)提出的广义合成控制方法(Generalized Synthesis Control Method, GSC)对我国商品房市场限购政策的因果效应开展细化研究,评估新建与二手商品房、不同建筑面积与所在城市规模不同的各类商品房价格增长率的平均因果效应。

(2)商品房市场限购政策的有效性分析

①模型设定

为了对多个体处理、非同期干预的商品房市场限购政策进行因果效应分析,本书运用Xu(2017)提出的GSC方法进行实证分析。

假设 Y_{it} 是城市 i 在第 t 期的商品房价格月度环比增长率。T 和 C 分别表示实施和未实施限购政策的城市集合，分别简称为处理组和控制组，N_{tr} 和 N_{co} 分别表示相应的城市个数，所有的城市均有 T 期观测值。假定处理组城市 i 的限购政策发生在 $T_{0i}+1$ 期，即 T_{0i} 为处理组城市 i 实施限购前的时期数，而控制组城市在观测期内不实施限购。为了简化表述，不妨假设所有的处理组城市实施限购的时期相同，即 $T_{0i}=T_0$。并且，为了控制城市的异质性和空间相关性，假设反映房价的结果变量 Y_{it} 由如下线性因子模型生成，即

$$Y_{it} = \delta_{it}D_{it} + X_{it}'\beta + \lambda_i'f_t + \varepsilon_{it} \tag{2.21}$$

其中，D_{it} 为各城市颁布限购政策的虚拟变量，$D_{it}=1$ 表示第 i 个城市在 t（$t>T_0$）期实施了限购政策，否则取 0；δ_{it} 为本书关心的核心参数，为城市 i 在第 t 时期的异质性政策处理效应；X_{it} 为 k 维可观测控制变量，$\beta=(\beta_1,\cdots,\beta_k)'$ 为 k 维待估系数向量；$f_t=(f_{1t},\cdots,f_{rt})'$ 表示驱动不同城市商品房价格增长率的 r 维不可观测时变共同因子向量，控制了不同城市间的空间相关性；$\lambda_i=(\lambda_{i1},\cdots,\lambda_{ir})'$ 为城市 i 的 r 维未知因子载荷向量；ε_{it} 为个体 i 在第 t 时期具有零均值的不可观测冲击。显然，$\lambda_i'f_t$ 反映了城市间相关的不可观测时变混杂因素，而 ε_{it} 反映了城市间相互独立的随机扰动因素。

显然，非限购城市的数据生成过程可表达为如下向量形式

$$Y_i = X_i\beta + F\lambda_i + \varepsilon_i \quad (i \in C)$$

其中，$Y_i=(Y_{i1},Y_{i2},\cdots,Y_{iT})'$，$X_i$ 与 ε_i 类似定义，$F=(f_1,\cdots,f_T)'$。更进一步地，可用如下矩阵形式表示

$$Y_{co} = X_{co}\beta + F\Lambda_{co}' + \varepsilon_{co} \tag{2.22}$$

其中，$Y_{co}=(Y_1,Y_2,\cdots,Y_{N_{co}})'$，$X_{co}$ 与 ε_{co} 类似定义。

令 $Y_{it}(1)$ 和 $Y_{it}(0)$ 分别表示城市 i 在第 t 期如果实施限购和如果未实施限购的潜在结果，于是，限购城市 i 在第 t 期的个体处理效应为 $\delta_{it}=Y_{it}(1)-Y_{it}(0)$（$i \in T, t>T_0$），限购政策在第 t 期的平均处理效应为（average treatment effect on the treated，ATT）：

$$ATT_t = (1/N_{tr})\sum_{i \in T}[Y_{it}(1)-Y_{it}(0)] = (1/N_{tr})\sum_{i \in T}\delta_{it} \quad (t>T_0)$$

②模型估计

首先假定因子个数 r 是已知的，根据非限购城市样本 $\{Y_i,X_i\}_{i \in C}$，利用主成分法估计式（2.22），得到估计值 $(\hat{\beta},\hat{F},\hat{\Lambda}_{co})$，即

$$(\hat{\beta},\hat{F},\hat{\Lambda}_{co}) = \mathop{\arg\min}\limits_{\beta,F,\Lambda_{co}}\sum_{i \in C}(Y_i-X_i\beta-F\lambda_i)'(Y_i-X_i\beta-F\lambda_i)$$

$$\text{s.t.} \quad F'F/T = I_r, \quad \Lambda_{co}'\Lambda_{co} = D$$

其中，D 为对角阵。然后，基于 $(\hat{\beta},\hat{F})$ 与限购城市在干预前的样本 $\{Y_i,X_i\}_{i \in T, t<T_0}$ 得到处理组的因子载荷 $\hat{\lambda}_i$，即

$$\hat{\lambda}_i = \operatorname*{argmin}_{\lambda_i} (Y_i^0 - X_i^0 \hat{\beta} - \hat{F}^0 \lambda_i)' (Y_i^0 - X_i^0 \hat{\beta} - \hat{F}^0 \lambda_i)$$

其次，基于 $(\hat{\beta}, \hat{F}, \hat{\lambda}_i)$ 估计限购城市的反事实结果

$$\hat{Y}_{it}(0) = X'_{it} \hat{\beta} + \tilde{\lambda}'_i \hat{f}_t \quad i \in T, t > T_0$$

从而，限购城市在 t 期的平均处理效应估计为

$$\hat{ATT}_t = (1/N_{tr}) \sum_{i \in T} [Y_{it}(1) - \hat{Y}_{it}(0)]$$

另外，因真实因子个数 r 是未知的，而因子个数的确定实际上是模型选择问题，可通过标准的交叉验证方法得到。最后，模型参数估计量的标准误可通过参数 Bootstrap 方法估计。在一些正则假定条件下，如上估计方法能够得到参数的一致估计量，具体细节见 Xu（2017）。

③数据与变量选择

鉴于 2014 年之后我国房地产市场限购政策逐步放松，截止到 2014 年 10 月，70 个大中城市中近 30 个城市一度取消了限购政策，房地产市场出现了阶段性的平稳发展。因此，本书剔除了在 2017 年实施限购政策的 12 个城市①和 2011 年实施房产税试点的上海、重庆以及数据缺失的 11 个城市②，重点研究了在 2016 年 3 月到 2016 年 12 月之间实施限购政策的 16 个城市③，将上述城市作为处理组。其余 29 个未实施限购政策的城市④作为控制组。本书研究的时间跨度为 2014 年 10 月至 2017 年 11 月，数据来源于 wind 数据库、国研网以及部分省市统计局网站。以处理组城市出台限购政策的下一期（月）为干预后第 1 期，16 个限购城市出台限购政策的时间如表 2.1 所示。

（3）分析变量

①商品房价格增长率

设 Y_{it} 表示商品房价格的月度环比增长率，考虑到限购政策对新建商品房与二手商品房的影响可能不同，本书采用的房地产价格数据分别包括新建和二手商品房价格月度环比增长率。

---

① 2017 年实施限购的城市：石家庄、宁波、青岛、长沙、海口、兰州、唐山、秦皇岛、扬州、九江、赣州、三亚。
② 数据缺失的城市：丹东、锦州、吉林、牡丹江、烟台、洛阳、平顶山、泸州、南充、遵义、大理。
③ 限购城市包括：北京、天津、南京、杭州、合肥、福州、厦门、南昌、郑州、武汉、广州、深圳、成都、西安、无锡、济南。
④ 未实施限购政策的城市包括：太原、呼和浩特、沈阳、大连、长春、哈尔滨、南宁、贵阳、昆明、西宁、银川、乌鲁木齐、包头、徐州、温州、金华、蚌埠、安庆、泉州、济宁、宜昌、襄阳、岳阳、常德、惠州、湛江、韶关、桂林、北海。

表2.1　　　　　　　　16个大中城市实施限购政策的时间

序号	城市名称	限购起始日期	序号	城市名称	限购起始日期
1	深圳	2016年3月	9	天津	2016年10月
2	北京	2016年5月	10	南昌	2016年10月
3	厦门	2016年8月	11	郑州	2016年10月
4	杭州	2016年9月	12	武汉	2016年10月
5	福州	2016年9月	13	广州	2016年10月
6	南京	2016年10月	14	成都	2016年10月
7	无锡	2016年10月	15	合肥	2016年11月
8	济南	2016年10月	16	西安	2016年12月

资料来源：各市政府官方网站发布的限购政策文件。

②控制变量

除限购政策变量D_{it}之外，为了避免遗漏变量问题，借鉴乔坤元（2012）、邓柏峻（2014）选择如下控制变量：①居民消费价格指数（CPI）：反映地区物价水平；②样本城市所在省份的城镇居民人均可支配收入：反映居民购买能力；③固定资产投资完成额：表征财政政策，反映各城市房地产投资和经济发展水平。另外，考虑到货币政策及地方土地财政政策对商品房价格的影响，本书选择各城市所在省份的社会融资规模作为货币政策的代理变量①，住宅类供应土地面积与住宅用地供应土地挂牌均价的乘积作为地方"土地财政"②政策的代理变量。其中，CPI为累计同比数据，城镇居民人均可支配收入、固定资产投资完成额、社会融资规模和地方土地财政政策代理变量均取对数。

③不可观测的共同因素

鉴于各城市商品房价格变化受我国经济环境、房产认知和宏观经济政策等共同因素的影响，如产业政策、货币政策和财政政策等，并且各城市对共同因素的响应因地缘特征而存在差异性，交互固定效应$\lambda_i' f_t$可以控制这些不可观测因素造成的遗漏变量和空间相关性问题（Pesaran，2006）。

④限购政策对商品房价格增长率的平均因果效应

利用Xu（2017）提供的估计方法估计式（2.21），模型估计结果如表2.2所示。在表2.2中，第（1）和（4）列报告了不含协变量的基准模型估计结果，第（3）和

---

① 因无法获得城市层面的M2等数据，故使用社会融资规模作为M2的代理变量。
② 我国"土地财政"主要是依靠增量土地创造财政收入，也就是说通过国有土地使用权出让金来满足财政需求。

(6) 列报告了包含所有控制变量的估计结果，第（2）和（5）列报告了不含两类代理变量的估计结果。事实上，在表 2.2 中，相对于第（2）和（5）列对应的模型，第（3）和（6）列中货币政策与土地财政的代理变量均不显著，核心参数的估计值变化甚微，而标准误增大。这不仅说明第（2）和（5）列对应的模型中并不存在遗漏货币政策变量和土地财政政策变量问题，而且也支持了模型包含交互固定效应的合理性。因此，根据第（2）列的估计结果，限购政策对限购城市新建商品房价格增长率产生的平均因果效应是 -1.553 个百分点，即经过 20 个月的政策调控，限购政策使得 16 个限购城市的新建商品房价格增长率平均下降了 1.553 个百分点。同样，由第（5）列的估计结果可知，限购使限购城市二手商品房价格增长率平均下降了 1.306 个百分点。平均来看，限购政策对抑制新建商品房价格的作用要大于二手商品房。

表 2.2　　　　　　　　　限购政策对两类商品房价格增长率的影响

结果变量	新建商品房价格增长率			二手商品房价格增长率		
	(1)	(2)	(3)	(4)	(5)	(6)
限购政策	-1.488 *** (0.406)	-1.553 *** (0.340)	-1.467 *** (0.435)	-1.311 *** (0.333)	-1.306 *** (0.329)	-1.307 *** (0.342)
居民消费价格指数		-0.034 (0.031)	-0.036 (0.326)		-0.015 (0.029)	-0.015 (0.029)
固定资产投资额		0.049 *** (0.019)	0.050 ** (0.020)		-0.023 (0.020)	-0.024 (0.020)
城镇居民人均可支配收入		-0.982 ** (0.427)	-1.10 ** (0.444)		-0.283 (0.455)	-0.274 (0.455)
社会融资规模			0.111 (0.098)			-0.007 (0.087)
住宅类供应土地面积×挂牌均价			0.005 (0.023)			-0.000 (0.002)
95% 的置信区间	(-2.448, -0.929)	(-2.464, -0.940)	(-2.599, -0.863)	(-2.066, -0.755)	(-2.030, -0.780)	(-2.046, -0.752)
个体固定效应	是	是	是	是	是	是
时间固定效应	是	是	是	是	是	是
因子个数	2	2	2	3	3	3
处理组城市数	16	16	16	16	16	16
控制组城市数	29	29	29	29	29	29

注：括号内为稳健标准误，"*"、"**"和"***"分别表示在 10%、5% 和 1% 的显著性水平下显著。

限购城市与合成限购城市新建和二手商品房价格增长率的反事实结果[①]如图 2.1 所示。并且，图 2.2 中（a）和（b）分别表示限购城市新建商品房和二手商品房价格增长率的平均政策处理效应。

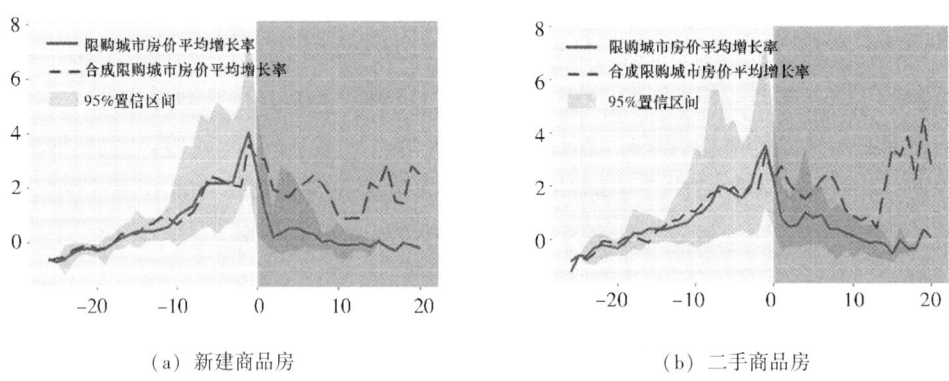

（a）新建商品房　　　　　　　　（b）二手商品房

图 2.1　合成限购城市两类商品房价格平均增长率反事实结果

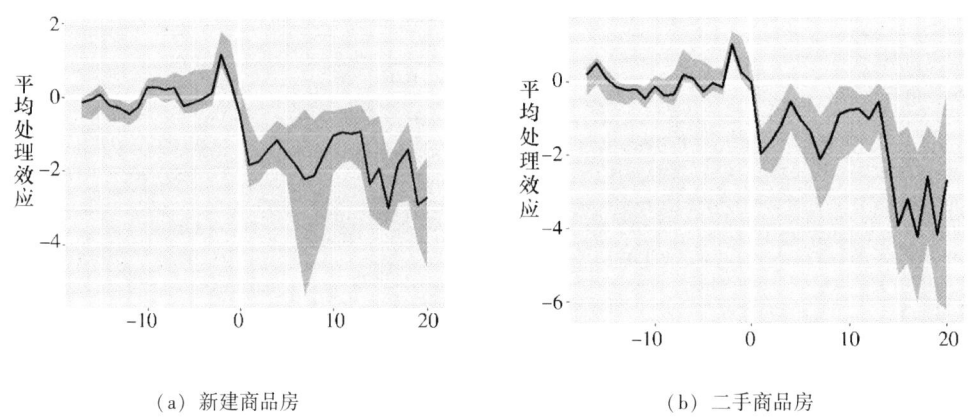

（a）新建商品房　　　　　　　　（b）二手商品房

图 2.2　政策效应：两类商品房房地产价格限购政策的平均处理效应

由图 2.1 和图 2.2 可见，限购政策实施前，合成限购城市的新建商品房价格月度环比增长率较理想地拟合了限购城市的实际增长率。之后，政策的平均处理效应显著为负。所以，限购政策对新建商品房和二手商品房价格增长具有显著的抑制作用。

⑤细化的稳健性分析

（3）限购政策效应分析

为了说明上述政策因果效应分析结果的稳健性和异质性，本书分别按照商品房的

---

① 注：图 2.1—图 2.3 中横轴表示相对时间，以个体限购政策出台时间为相对零点。

新旧、建筑面积和所在城市规模等特征细化限购政策效应分析。

①不同建筑面积商品房的限购政策效应分析

2016 年国土资源部[①]表示,将进一步从严土地管理,重申全国各地停止审批别墅类等大套型高档商品房的土地供应,调控商品房供应结构。而且,按照现行的契税政策,个人购买商品房按照建筑面积实行差别化的税率。因此,本书依据建筑面积分类比较限购政策效应的差异性。

从表 2.3[②]可见,限购对不同建筑面积商品房价格的抑制作用从大到小依次为 144 平方米及以上、90 平方米及以下和 90—144 平方米。这一结果与 Du 和 Zhang（2015）的研究发现相一致。

表 2.3　　　　　　限购对两类商品房不同建筑面积商品房价格的影响

	新建商品房			二手商品房		
	90 平方米及以下	90-144 平方米	144 平方米及以上	90 平方米及以下	90-144 平方米	144 平方米及以上
因果效应 ATT	-1.22*** (0.306)	-1.096** (0.517)	-1.287*** (0.248)	-1.614*** (0.308)	-0.831*** (0.315)	-1.666*** (0.216)
95% 置信区间	(-1.934, -0.748)	(-2.395, -0.532)	(-1.931, -0.977)	(-2.013, -0.780)	(-1.816, -0.562)	(-1.831, -0.968)

注：括号内为稳健标准误,"*"、"**"和"***"分别表示在 10%、5% 和 1% 的显著性水平下显著。

②不同规模城市商品房的限购政策效应分析

根据国家统计局对 70 个大中城市的划分标准,在 16 个限购城市中,一线城市共有 3 个,二线城市 12 个,三线城市 1 个[③]。图 2.3 分别给出了限购城市中一线城市和二线城市两类商品房价格的平均处理效应估值的趋势图。

显然,房地产限购政策对一、二线城市商品房价格的增长率产生了不同的影响。限购对一线城市新建商品房和二手商品房价格增长的抑制作用基本一致,但下降幅度不及二线城市。对二线城市二手商品房来说,限购政策实施后,即刻推高了二手商品房房价,其主要原因在于居民预期限购政策的收紧会进一步影响房地产投资,大量的资金进入二手房市场。另外,在限购政策实施 10 期左右,房价增速出现缓慢回升,这时二手商品房增长率也出现了快速的增长。综上,房地产市场的投机性需求主要集中

---

① 2018 年 3 月,根据第十三届全国人民代表大会第一次会议批准的国务院机构改革方案,将国土资源部的职责整合,组建中华人民共和国自然资源部。

② 控制变量系数的估计值与表 2.2 变化不大,为简洁起见,表 2.3 只报告了核心参数的估计值与标准误。

③ 样本中限购的三线城市仅有 1 个,不具代表性,因此,图 2.3 未列示三线城市两类商品房价格的平均处理效应估计值。

在二手房市场；平均来看，限购对二线城市商品房价格的抑制作用明显强于一线城市。

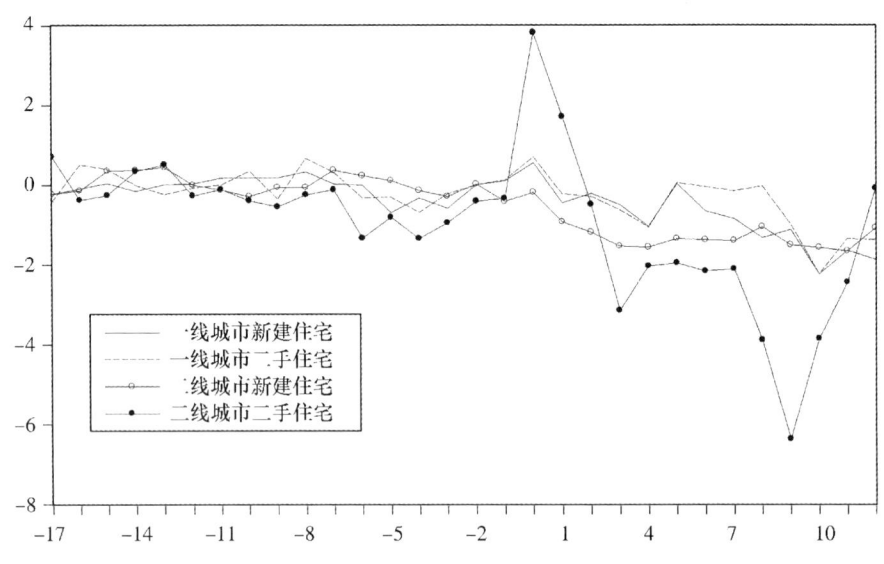

图2.3　不同规模城市两类商品房价格增长率的政策效应

③限购政策影响实体经济发展的典型事实

从限购政策的视角，通过剖析式（2.21）中影响各城市商品房价格波动的共同因子，以发现限购政策影响实体经济发展的典型事实。显然，式（2.21）的交互项 $\lambda'_i f_t$ 反映了对所有城市商品房价格产生影响的不可观测的时变共同冲击效应，一线、二线和全部限购城市相对时间上共同冲击效应的平均值如图2.4所示。限购后，共同冲击效应出现了持续下降，约6期后呈现负向影响。所以，该效应反映了房地产市场供需两侧资金逐步流出市场的事实。于是，为了诠释该共同冲击，本书考察了中国制造业采购经理指数PMI（月）[①] 与第1个共同冲击效应的动态行为，如图2.5所示。可见，PMI指数与第1个共同因子发展趋势近似[②]。

不难发现限购政策影响实体经济发展的典型事实，限购使房地产市场的资金分别因房地产供给和需求锐减而转移向实体经济，从而推动了限购后的制造业采购经理人指数PMI上升。可见，式（2.21）中的共同冲击测度了房地产市场的资金流向。从图2.5可见，实体经济走势与导致房地产市场价格变化的共同冲击变动趋势几乎一致，并呈现一定规律。限购政策出台（2016年1月）前，第1个共同因子在水平线以上，而

[①]　PMI的调查范围为制造业法人单位以及视同法人的制造业产业活动单位（资料来源：国家统计局，http://www.stats.gov.cn/tjsj/tjzd/gjtjzd/201701/t20170109_1451329.html）。

[②]　对共同因子和宏观经济序列进行趋势比较前，对各序列分别进行了标准化处理，下同。

PMI 指数则在水平线以下，限购后 PMI 指数走势超过共同因子。总的来说，商品房价格上涨，实体经济收缩；商品房价格下降，实体经济扩张。这与陈彦斌等（2017）关于推动资产价格上涨不仅难以促进反而会抑制中国经济增长的研究结果相一致。限购政策出台后，PMI 指数开始增长，直至维持在水平线上方。

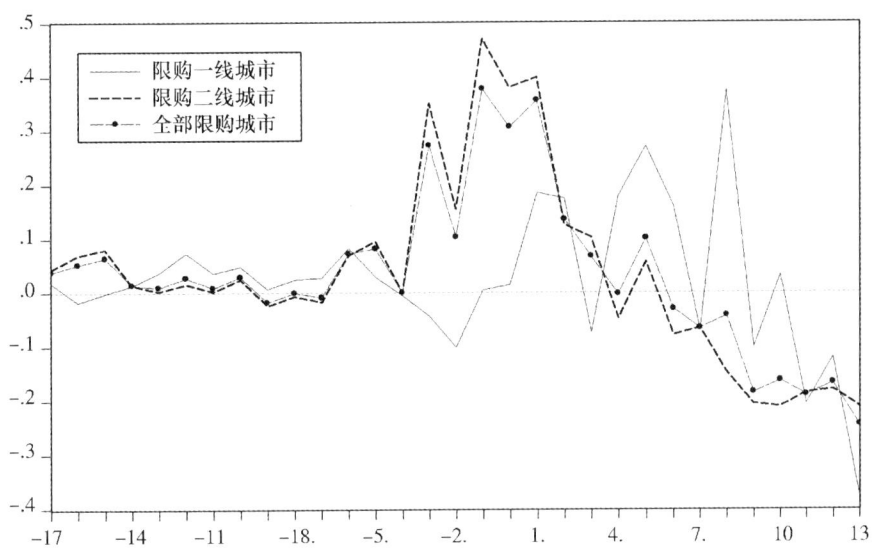

图 2.4　各类限购城市共同冲击效应平均值

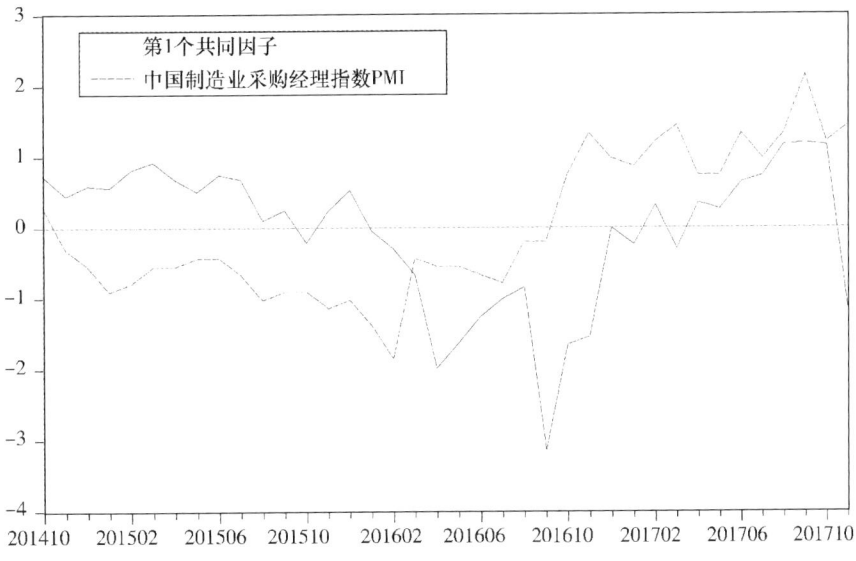

图 2.5　第 1 个共同因子和月度 PMI 指数

④限购政策对实体经济发展的因果效应分析

限购政策在一定程度上抑制了商品房价格的过快上涨，推动了房地产市场投资资金的流出。也就是说，受限于限购政策的金融机构、投资商以及对商品房有投机性需求的个人会转移投资。为研究限购政策通过房地产市场资金流入而对实体经济的产出影响，选取衡量实体经济发展的指标——工业增加值，估计限购的政策效应。根据2014年10月至2017年11月样本城市的工业增加值累计同比增长率数据，利用GSC方法得到反事实结果，如图2.6所示。

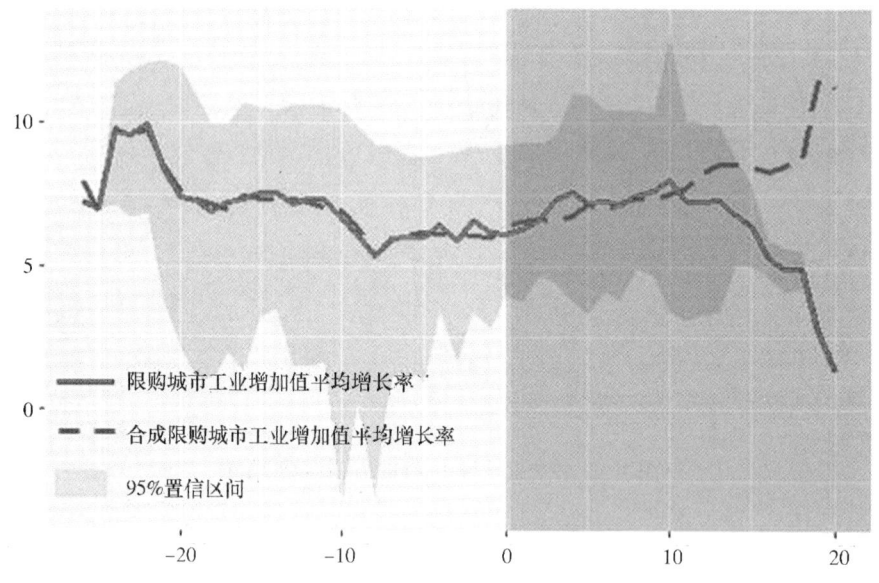

图2.6 合成限购城市工业增加值平均增长率的反事实结果

由图2.6可见，限购后，反事实的工业增加值增长率一直保持上升态势，而实际工业增加值增长率在前10期与反事实保持一致，而在10期之后大幅下降。由此可知，限购政策对工业增加值影响存在明显的滞后性。事实上，滞后期主要源于投资的技术时滞、经济特征和建设时间等。综上所述，因限购政策从房地产市场转移至实体经济的投资资金对实体经济的影响存在约10个月的滞后期。

第 3 章　基于单方程平稳时间序列模型的因果效应评估方法

宏观经济计量分析主要是基于时间序列数据，通过预测未来的经济环境和解释相关变量之间的动态关系，发现经济系统或特定市场的发展规律。近年来，基于时间序列数据的动态因果推断方法及其在宏观经济学中的应用才初现端倪，并得到学术界和实务部门的高度关注。尤其，对于大规模干预或者覆盖全部个体的政策和医学研究试验，往往难以寻找有效的控制组个体。因此，利用时间序列数据中的确定性趋势和随机性趋势信息来推断反事实结果的动态因果效应评估方法得到了广泛应用。

本章主要介绍一种基于平稳时间序列单方程模型的经济政策因果效应评估方法即中断时间序列分析方法。

3.1　中断时间序列分析方法

中断时间序列（Interrupted Time Series，ITS）是指产生于干预前和干预后的观测数据，这些数据被已知或推测受到干预（受控的外部影响）的影响，使得时间序列的水平值或趋势值发生一定的变化，中断时间序列方法也被称为准实验时间序列分析方法。

Box & Tiao（1975）最早提出了 ITS 的分析方法，Linden et al.（2003）以及 Linden & Adams（2011）等应用 ITS 方法估计结果变量在处理前后的确定性趋势，并根据确定性趋势是否存在结构突变以评价政策处理效应，该方法在环境政策、金融经济学、医疗政策和药效评价等领域得到了广泛应用。例如，Fretheim et al.（2013）等文献应用 ITS 分析方法评价了疾病治疗项目的因果效应；Linden & Adams（2011）应用倾向得分的中断时间序列方法研究了美国加州第 99 号控烟法的因果效果，并得到了与合成控制方法相一致的结果。并且，无论是否存在对照组时间序列，中断时间序列分析方法提供了一种内部有效性较高的准实验研究设计（Linden & Mi，2015；Bernal et al.，2017）。Wagner（2002）等认为，在缺少有效对照的情况下，采用中断时间序列分析方法可以得到稳健的估计结果。根据是否存在控制组，ITS 分析方法被分为单组分析（Single – group Analysis）方法和多组分析（Multiple – group Analysis）方法。

3.1.1 单组 ITS 模型

$$\beta_5 E[E[1(y_t \leq v_1)(D_t - p(z_t))|z_t]] = E[1(y_t \leq v_1)(D_t - P(z_t))] = 0$$

单组 ITS 分析仅仅设计了一个接受处理的时间序列，利用时间序列模型

$$Y_t = \beta_0 + \beta_1 t + D_t(\beta_2 + \beta_3 t) + \varepsilon_t \tag{3.1}$$

推断水平处理效应 β_2 或者趋势处理效应 β_3 是否显著为零。其中，D_t 表示是否接受处理的虚拟变量（处理前取 0，处理后取 1）；β_0 表示干预前的截距项；β_1 表示干预前的斜率；β_2 表示引入干预后截距项的变化；β_3 表示引入干预后斜率的变化。图 3.1 给出了单组时间序列分析的图示。

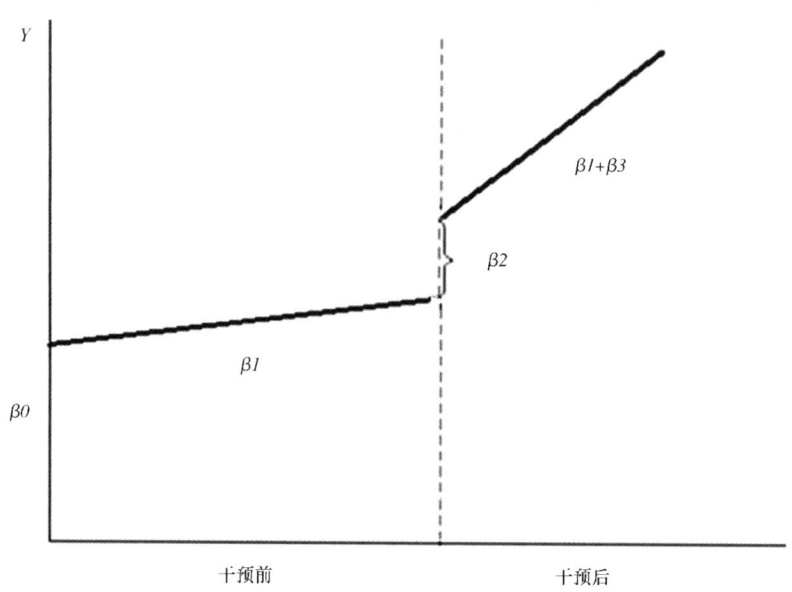

图 3.1 单组中断时间序列分析图示

当随机误差项服从一阶自回归 AR（1）过程时，即

$$\varepsilon_t = \rho \varepsilon_{t-1} + \mu_t \tag{3.2}$$

其中，ρ 是指的是相邻误差项之间的相关系数，干扰项 μ_t 独立同分布于 $N(0, \sigma^2)$。

ITS 方法通过将模型的预测值和反事实结果进行对比，来衡量政策的实施效果。例如，若某样本数据的时间长度为 t_1，政策干预的时间点为 t_0，利用模型（3.1）计算第 t_1 时间点的政策效果：

$$\hat{Y}_{t_1(with\ policy)} = \beta_0 + \beta_1 \times t_0 + \beta_2 \times 1 + \beta_3 \times (t_1 - t_0) + \varepsilon_t \tag{3.3}$$

反事实结果为：

$$\hat{Y}_{t_1(without\ policy)} = \beta_0 + \beta_1 \times t_1 \tag{3.4}$$

则估计的政策因果效应为：

$$\hat{\tau}_{ITS} = [\hat{Y}_{t_1(with\ policy)} - \hat{Y}_{t_1(without\ policy)}]$$

单组和多组模型的识别均由 ITS 模型的函数形式驱动。按照实验设计，单组 ITS 没有可比的对照组，将政策干预前的趋势投射到政策实施期间，作为它的反事实。单组 ITS 假设任何时变的不可测混杂因素都是相对缓慢变化的，这样就能与处理指标（政策实施）的急剧变化区别开来。因此，在单组 ITS 中，如果政策干预前的趋势平稳，在施加政策干预后结果变量立即发生显著变化并持续一段时间，那么进行因果推断所必需的假设似乎是可信的。需要强调的是，如果在政策干预实施前后的时间窗口中有多个政策变化，抑或在政策干预之前的时间序列中已经存在一种趋势，则需要谨慎使用这一方法。

在 Imbens & Lemieux（2008）对中断时间序列分析的稳健性研究中，研究者使用干预前时期的中位数时间点来检验是否存在中断。在一个足够长的时间序列中，选择干预前阶段的中位数时间点作为处理的伪时间点，最大限度地提高检测显著性跳跃的能力。对于较短的时间序列，可以使用每个干预前的时间点作为处理的起始时间点，通过一个简单的迭代过程进行检验。在使用这种稳健性检验时，如果在干预真正开始之前的其他时间点发现结果变量的水平或趋势出现中断，那么单组 ITS 的基本假设可能会受到挑战，需要设置对照组来排除干预前其他中断因素的干扰。

3.1.2 多组 ITS 模型

当然，处理组的结果也可以与一个或多个控制组的结果进行比较，即多组 ITS 分析。其实验设计包括了一个控制组时间序列和一个处理组的时间序列，并基于时间序列模型：

$$Y_t = \beta_0 + \beta_1 t + \beta_2 D_t + \beta_3 D_t t + Z(\beta_4 + \beta_5 t + \beta_6 D_t + \beta_7 D_t t) + \varepsilon_t \tag{3.5}$$

评估政策干预效应，即检验水平处理效应 β_6 或者趋势处理效应 β_7 是否显著为零；其中，β_0 到 β_3 表示控制组的参数；β_4 到 β_7 表示处理组的参数；β_4 表示处理组和控制组干预前水平值的变化；β_5 表示处理组和控制组干预前斜率的变化；β_6 表示处理组和控制组接受干预后水平值的变化；β_7 表示处理组和控制组接受干预后斜率的变化。变量 Z 和 D_t 分别是表示组和处理的二元虚拟变量，

$$Z = \begin{cases} 1 & 处理组 \\ 0 & 控制组 \end{cases}, D_t = \begin{cases} 1 & t > t_0 \\ 0 & t \leq t_0 \end{cases}$$

其中，t_0 是接受处理时间。

例如，Linden & Mi（2015）和 Linden & Adams（2011）分别应用多组 ITS 和倾向得分的多组 ITS 分析方法研究了美国加州第 99 号控烟法案的因果效应，并得到了与合

成控制法（Abadie et al.，2010）相一致的结论。图 3.2 给出了多组中断时间序列分析的图示，可见多组中断时间序列分析方法的关键假设是如果处理个体未受干预，两组的结果变量同时发生截距或斜率变化。

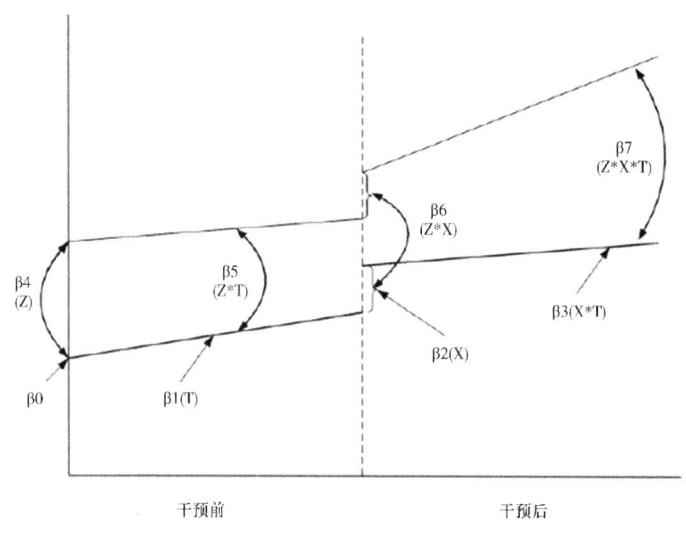

图 3.2　多组中断时间序列分析图示

事实上，多组 ITS 分析的核心是分别析取出两组时间序列的线性时间趋势项，通过推断政策干预前后线性时间趋势项、漂移项和趋势项系数的差异性识别政策因果效应。当存在影响所有个体的外生政策冲击时，多组 ITS 比单组 ITS 分析结果更可靠。显然，该方法隐含着两方面的假设，一方面假设时间序列是（二阶矩）平稳的，另一方面因允许两个时间序列存在同期干预效应，只能推断政策干预效应的存在性，不能估计政策干预的平均因果效应；同时只能推断政策干预对（非线性）趋势平稳过程的长期趋势效应，不能区分政策效应的暂时性和持续性。

3.2　案例：自贸区设立政策对产业结构升级的因果效应分析

3.2.1　研究背景

自 2013 年 9 月以来，国务院先后分五批共设立了 18 个自贸区，初步形成了以东南沿海"自由贸易经济带"、环渤海"自由贸易经济圈"和中西部内陆"自由贸易经济带"为主的贯穿南北、从东部到西部腹地的新雁阵布局。自贸区主要是制度创新和新贸易规则的试验田，其设立目的是通过不断的改革创新，推进地区服务业升级、促进产业结构调整和优化，目前已向全国复制推广了170余项改革试点经验。自由贸易试验区是促进贸易平衡和产业结构升级、探索我国制度型开放的重要战略，高准则高质量建设自贸区是新时代形成全方位开放新布局和经济转型升级的重大举措。

随着区域经济改革和开放的深化，未来我国可能将批准建立更多的自贸区。且这种区域开放政策将会长期存在，从政策"试点"到政策"普及"，将在多个重点城市全面推广。通过已有建设实践深入探索我国自贸区设立对产业结构升级的影响，总结自贸区通过不断的制度创新，推进服务业发展、扩大开放水平、促进区域产业结构优化和调整，为我国产业结构升级提供可复制可推行的经验。朱哲（2020）利用30个省（市、自治区）的季度数据，运用中断时间序列分析方法，探讨了自贸区设立政策对我国产业结构升级的政策效应。

3.2.2 数据来源和研究结果

研究的时间跨度为2010年第1季度至2018年第4季度共36期。考虑到自贸区的设立时间和数据的可得性，选取2013年到2016年设立自贸区的10个省份为处理组。由于海南和新设立的6个自贸区处于研究时间的区间之外，因此均列为对照组个体，综上，合计共20个省份组成对照组样本。在反事实分析中，对照组样本为上述20个省份，数据主要来源于wind数据库，以处理组省份设立自贸区时间的下一期（季度）为干预后第1期。

利用进行平稳性处理的第三产业产值与第二产业产值之比的对数作为模型的结果变量Y，分别进行中断时间序列单组和多组分析，即分别对式（3.1）、式（3.5）进行参数估计。

当只有处理组时，模型（3.1）中自变量和系数分别为：时间取值t为1，2，……，36的数据；D为当季度政策变量，自贸区设立政策实施前赋值为0，政策实施后赋值为1；D_t为长期政策变量，表示自贸区设立政策实施的累计期数；β_1为自贸区设立政策实施前每季度产业结构的变化趋势；β_2估计了自贸区设立政策对产业结构升级影响的当季度瞬间政策效果；β_3反映了自贸区设立政策实施后每季度产业结构的变化趋势，如果与自贸区设立前的变化趋势（β_1）不同，则说明自贸区的设立政策实施效果是长期的持续的；β_0为时间序列最开始时刻的产业结构升级水平；ε为误差项，表示自变量所不能解释的部分。因此，β_2表示自贸区设立政策对产业结构升级的短期影响，$(\beta_3-\beta_1)$表示自贸区设立政策对产业结构升级长期效应。

当有一个或多个对照组可供比较时，模型（3.5）中，Z为组别变量，其中$Z=1$表示处理组（10个自贸区省份），$Z=0$表示对照组（20个非自贸区省份）；ZT、ZD、ZDT均为上述变量之间的交互项。β_4代表政策实施前自贸区与非自贸区省份之间的结果变量（截距）的差，β_5代表了政策实施自贸区与非自贸区省份的因变量在时间发展趋势上的差异，β_6 表示引入干预时自贸区与非自贸区省份之间的结果变量的差（自贸区设立政策引起产业结构升级的水平变化效应，瞬间效应），β_7 代表引入干预后处理组与对照组之间的斜率（趋势）的差（自贸区设立政策引起产业结构升级的趋势变化效应，反映政策实施对自贸区省份的效应是否具有持久性）。因此，本书寻找 p 值显著的 β_6 来估自贸区设立政策对产业结构升级的短期影响，用 p 值显著的 β_7 来估自贸区设立政策对产业结构升级的长期效应。

（1）单组 ITS 结果

表 3.1 产业结构升级单组回归模型参数

	上海	福建	广东	辽宁	重庆
β_0	3.0720 *** (0.0404)	0.6343 *** (0.0113)	0.5976 *** (0.0808)	0.5868 *** (0.0442)	1.1942 *** (0.0732)
β_1	0.0355 *** (0.0050)	0.0045 *** (0.0011)	0.0163 ** (0.0068)	0.0104 *** (0.0029)	0.0437 *** (0.0051)
β_2	0.0647 (0.1003)	0.0463 * (0.0242)	0.2925 ** (0.1295)	0.2030 (0.1873)	−0.0501 (0.0740)
β_3	0.0057 (0.0079)	0.0154 *** (0.0042)	−0.0077 (0.0144)	0.0291 (0.0321)	−0.0369 ** (0.0148)
样本量	36	36	36	36	36
滞后阶数	4	1	1	6	8
F 统计量	105.61 ***	61.89 ***	14.83 ***	19.25 ***	14.83 ***
	河南	湖北	浙江	四川	陕西
β_0	0.6268 *** (0.0369)	0.5783 *** (0.0858)	0.5828 *** (0.0635)	0.7418 *** (0.04200)	0.7906 *** (0.0120)
β_1	0.0058 ** (0.0028)	0.0456 *** (0.0065)	0.0196 *** (0.0046)	0.0152 *** (0.0026)	0.0137 *** (0.0010)
β_2	0.0394 (0.0407)	0.1735 (0.1519)	0.1459 ** (0.0707)	−0.0231 (0.0335)	−0.0345 (0.0375)
β_3	0.0462 *** (0.0100)	0.0133 (0.0140)	−0.0082 (0.0115)	−0.0124 *** (0.0039)	0.0154 *** (0.0042)
样本量	36	36	36	36	36
滞后阶数	7	3	1	2	1
F 统计量	70.08 ***	97.57 ***	50.56 ***	40.30 ***	134.80 ***

注：*、** 和 *** 分别表示 10%、5% 和 1% 的显著性水平下拒绝原假设，下同。

综合来看，在自贸区设立前，各个自贸区的产业结构升级指标均呈显著上升趋势。自贸区设立当季，福建、广东、浙江产业结构有比较明显的升级；上海、辽宁、河南、湖北产业结构升级不明显；而重庆、四川、陕西产业结构升级指标有不显著的下降趋势。在自贸区设立之后，福建、河南、陕西有明显的产业结构升级趋势；而四川产业结构升级指标有明显的下降。

（2）多组 ITS 结果

为了减少混杂因素的影响，可以尝试通过可观测数据来模拟随机化过程，方法是通过观察干预前的变量特征来发现与处理组特征相似的对照组。通过一个迭代过程从一组潜在候选对象（20 个非自贸区省份样本）中寻找出可比较的对照组。即利用多组 ITS 模型（3.5），将每个对照组与选定的处理组分别进行比较，选择那些模型参数 β_4 和 β_5 的 p 值大于 0.05（或更高的阈值）的组，作为对照组。

表3.2　　　　　　　　　　　产业结构升级多组回归模型参数

	上海	福建	广东	辽宁	重庆	
β_0	1.1478 *** (0.2710)	1.0683 *** (0.1381)	0.9665 *** (0.1171)	0.6798 *** (0.0769)	0.6798 *** (0.0824)	
β_1	−0.0061 (0.0283)	0.0027 (0.0123)	0.0033 (0.0103)	0.0178 *** (0.0068)	0.0178 ** (0.0072)	
β_2	1.9243 *** (0.2738)	−0.4306 *** (0.1391)	−0.3774 *** (0.1235)	−0.0930 (0.0880)	0.5145 *** (0.1088)	
β_3	0.0416 (0.0287)	0.0016 (0.0124)	0.0106 (0.0108)	−0.0074 (0.0074)	0.0259 *** (0.0088)	
β_4	0.3931 (0.3607)	0.5758 (0.5617)	0.5943 (0.5950)	−0.0360 (0.1850)	0.0450 (0.1825)	0.0450 (0.1705)
β_5	−0.0050 (0.0343)	−0.0440 (0.0480)	−0.0696 (0.0866)	0.0718 (0.0865)	−0.0005 (0.0294)	−0.0005 (0.0279)
β_6	−0.3285 (0.3736)	−0.5246 (0.5626)	−0.3781 (0.5974)	−0.2029 (0.2140)	0.1580 (0.2575)	−0.0951 (0.1850)
β_7	0.0107 (0.0352)	0.0589 (0.0484)	0.1337 * (0.0884)	−0.1702 * (0.0891)	0.0296 (0.0428)	−0.0364 (0.0314)
样本量	144	144	144	144	144	
滞后阶数	4	1	1	6	8	
对照组个数	3	3	3	3	3	
F 统计量	211.13 ***	30.04 ***	41.29 ***	11.72 ***	129.84 ***	

续表

	河南	湖北	浙江	四川	陕西	
β_0	0.6798*** (0.0799)	0.7300*** (0.0447)	0.5313*** (0.0293)		0.7300*** (0.0408)	0.7347*** (0.0542)
β_1	0.0178** (0.0071)	0.0180*** (0.0043)	0.0118*** (0.0021)		0.0180*** (0.0039)	0.0095** (0.0040)
β_2	-0.0529 (0.0875)	-0.1518 (0.0944)	0.0531 (0.0603)		0.0118 (0.0576)	0.0777 (0.0681)
β_3	-0.0120 (0.0076)	0.0275*** (0.0077)	0.0071 (0.0045)		-0.0029 (0.0046)	0.0030 (0.0060)
β_4	0.0237 (0.1125)	0.0372 (0.1347)	0.0115 (0.0504)	0.0138 (0.0625)	0.0372 (0.1269)	0.0593 (0.0415)
β_5	-0.0009 (0.0191)	-0.0010 (0.0225)	-0.0013 (0.0199)	-0.0044 (0.0264)	-0.0010 (0.0213)	-0.0032 (0.0150)
β_6	0.1792 (0.2218)	0.1362 (0.1997)	0.0973 (0.0664)	-0.1210* (0.0644)	-0.0603 (0.1310)	-0.0828 (0.0579)
β_7	0.0300 (0.0362)	0.0143 (0.0263)	0.0480** (0.0227)	-0.0696** (0.0285)	-0.0114 (0.0217)	0.0206 (0.0300)
样本量	144	144	144		144	144
滞后阶数	7	3	1		2	1
对照组个数	3	3	3		3	3
F 统计量	33.99***	89.43***	216.06***		34.93***	4.47***

表 3.2 中，根据模型 (3.5) 回归的结果，在控制了其他影响因素的情况下，通过模型参数 β_2 的显著性可以看出，自贸区设立政策实施后，上海（p=0.000）、重庆（p=0.000）2 个省份在自贸区设立当季均产生了显著的正向即时效果，福建（p=0.002）、广东（p=0.003）两个省份均在自贸区设立当季产生了显著的负向即时效应。

设立自贸区的省份和对照组省份产业结构升级效应的对比结果如图 3.3 所示。图 3.3 显示了设立自贸区省份（处理组）和非自贸区省份（选择的对照组）在自贸区设立政策实施前后产业结构升级指标的实际和预测值的变化趋势。其中，实心点表示各个设立自贸区省份（处理组）的产业结构升级指标的实际值，空心点表示对照组省份产业结构升级指标的均值，实线为由实际值预测的处理组产业结构升级指标的线性变化，虚线为由实际值预测的对照组省份产业结构升级指标均值的线性变化。

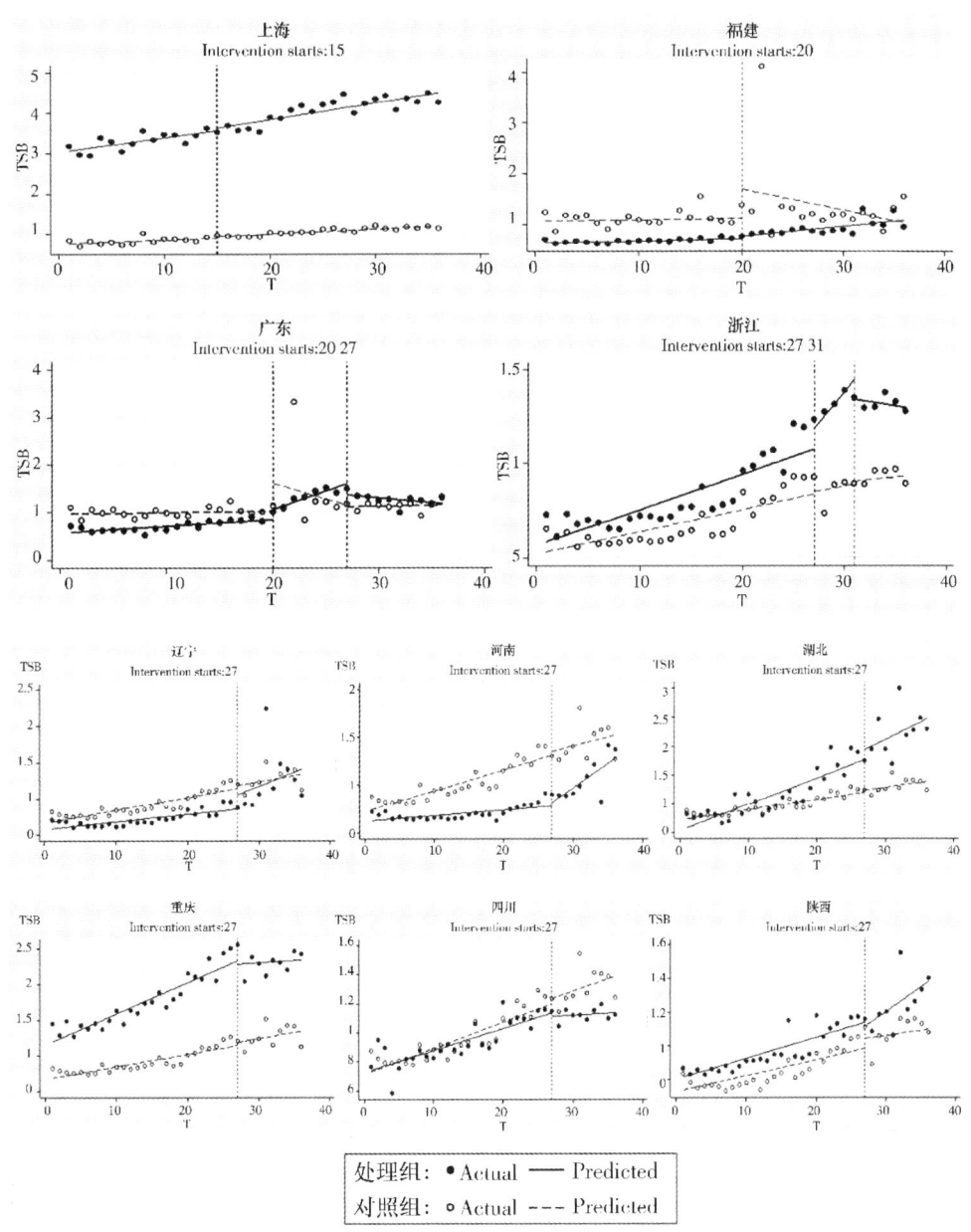

图 3.3 自贸区政策产业结构升级效应的对比结果

可以直观看出，政策实施后，重庆和四川自贸区的产业结构升级效果不明显，其余自贸区省份增长变化较明显。从图中的虚线可以看出，在各个断点前后虚线的变化趋势基本没有太大的改变，且与各个实线相比断点前的变化趋势基本平行，说明各个自贸区设立之前，对照组省份产业结构升级数据的均值（反事实）可有效作为设立自贸区省份数据的对比。通过实线与虚线中断之后斜率和水平值的对比，可以发现大多数自贸区省份的实线和虚线不再平行,失去了中断前两条线变化的同步性,说明其产业结构都发生了一定的变化。

表 3.3 为利用多组 ITS 模型估计的自贸区设立政策平均因果效果结果。

表 3.3　　　　　　　　　　　政策效果估计值汇总

	断点设置	处理组	对照组	政策效果
上海	15	0.0412*** (0.0061)	−0.0111 (0.0058)	0.0523*** (0.0084)
福建	20	0.0192*** (0.0060)	−0.0413 (0.0463)	0.0605 (0.0466)
广东	20 27	0.0779*** (0.0171) −0.0205 (0.0125)	−0.0664 (0.0853) 0.0055 (0.0158)	0.1443* (0.0870) −0.0259 (0.0201)
辽宁	27	0.0395 (0.0318)	0.0173 (0.0271)	0.0222 (0.0418)
重庆	27	0.0069 (0.0116)	0.0173 (0.0247)	−0.0104 (0.0273)
河南	27	0.0520*** (0.0085)	0.0173 (0.0261)	0.0346 (0.0274)
湖北	27	0.0589*** (0.0135)	0.0171 (0.0216)	0.0419 (0.0255)
浙江	27 31	0.0656*** (0.0074) −0.0085 (0.0069)	0.0104 (0.0195) 0.0060 (0.0139)	0.0551*** (0.0208) −0.0145 (0.0156)
四川	27	0.0028 (0.0027)	0.0171 (0.0207)	−0.0143 (0.0208)
陕西	27	0.0299*** (0.0248)	0.0063 (0.0131)	0.0236 (0.0280)

注:* 表示 $p<0.1$,** 表示 $p<0.05$,*** 表示 $p<0.01$。

由表 3.3 的估计结果可知,只有上海自贸区的设立对其产业结构升级产生了持续的正效应,除去对照组的因素后政策效应仍为正。福建省、辽宁省、河南省、湖北省、陕西省的自贸区设立均对产业结构升级产生了不显著的正效应。重庆市、四川省在自贸区设立后,产生了负的产业结构升级效应,对区域产业结构调整存在一定的负向影响。广东省设置了两个断点，发现自贸区设立 6 个季度内对产业结构升级产生了显著的正效应；设立自贸区 7 期之后，产业结构升级指标出现了一定的降低。浙江省在自贸区设立 4 个季度内对产业结构升级产生了显著的正效应，设立自贸区 5 期之后，产业结构升级指标出现了下降态势但不显著，说明设立浙江自贸区初对产业结构升级具有显著的推动作用，且一段时间之后促进效应逐渐减弱。

第 4 章　基于单方程时间序列协整模型的因果效应评估方法

现代经济以及金融活动表现出高度的复杂性，大量的时间序列数据表现出非平稳的特性，在这种情况下，对回归模型直接使用最小二乘方法存在伪回归（Spurious Regression）的风险。协整理论对应用计量分析产生了巨大的影响，如果一系列变量之间具有共同的随机趋势，此时便可以利用支持协整结构分析的特定参数化模型，即向量误差修正模型（Lütkepohl，2004）进行分析。而已有的时间序列因果推断研究均未考虑实际数据生成过程中存在的非平稳结构变化特征。汪寿阳等（2019）提出当前时间序列计量经济学一个重要的研究方向是要提出新的更加广义的非平稳序列模型来描述这些复杂动态特征。理论与实证研究均提出了考虑非平稳时间序列反事实分析中经济关系动态特征的政策评估方法的需求。

为了规避合成控制方法中政策干预样本异质性和中断时间序列方法"伪回归"性引起的因果效应评价偏倚，以及放松对结果变量"二阶矩平稳"的限制，实现利用非平稳时间序列数据估计和推断动态因果效应，本章主要介绍如何借助时间序列的协整理论，基于误差修正模型和结构突变检验进行时间序列的动态因果效应推断。这一方法不仅可以推断政策干预效应的存在性，而且能够有效识别出政策干预对结果变量的长期效应和短期波动效应。另外，本章应用单方程时间序列协整模型的动态因果效应推断方法研究我国房产税试点政策的因果效应的实例。具体地，以上海市和重庆市为例，研究了 2011 年试点的房产税政策对商品房价格的长、短期效应。研究发现，房产税试点政策对于抑制商品房价格上涨具有显著的长期效应；而且两市的政策效应因制度设计呈现一定的差异性，重庆市九城区实施的房产税试点政策挤出的需求显著推高了小户型住房的价格，产生结构效应，使得政策力度较小、时滞较长；而上海市全区域实施的房产税试点政策对抑制房价上涨的力度大、时效迅速。

4.1 协整理论

在进行时间序列计量分析时要将变量的特征作为建模的重要标准,并根据数据生成过程构建一个好的动态经济计量模型并进行参数估计。早期传统的建模方法均假设经济数据为平稳时间序列,然而经济金融等领域大多数的时间序列数据是非平稳的,利用非平稳的时间序列建立回归模型会导致"伪回归"的问题。直至 Granger 提出的协整理论进一步发展了非平稳时间序列分析方法。协整理论可以用来描述时间序列间的长期均衡关系,即如果经济系统不存在破坏均衡的内在机制,即便是在某一时期受到干扰而偏离长期均衡点,也会通过均衡机制的调整而迅速回到均衡状态。

协整关系检验可以利用 Engle – Granger (1987) 两步协整检验法和 Johansen 协整检验法等。并且,如果变量之间具有协整关系,对变量进行差分后建模,可能出现误差项序列相关以及忽略变量间长期关系等的问题,因此,实际中可以基于自回归分布滞后模型 (Autocorrelation Distributed Lag, ADL) 建立误差修正模型 (Error Correction Model, ECM) 进行分析 (Hendry & Anderson, 1977; Davidson et al., 1978)。误差修正模型在参数估计和经济解释上具有较多的优势:由于模型中包含的差分变量和非均衡误差项都具有平稳性,因此可以直接应用 OLS 方法估计回归系数且不存在伪回归问题,系数估计量具有优良的渐近性质;如果 ADL 模型的误差项存在自相关,通过在模型中添加差分变量的滞后项即可缓解自相关问题;ECM 模型中的变量不存在多重共线性问题;ECM 模型中存在长期系数和短期调整系数两类,使其可以较好地揭示变量之间的长期表现和短期效应 (张晓峒, 2017)。

4.1.1 非平稳随机过程

从 1974 年开始计量经济学工作者渐渐意识到当用含有单位根的时间序列建立经典计量经济模型时会出现一些问题,这就是虚假回归。通过经济数据了解经济变量的变化规律有时是存在相当大的局限性的,所以在建立模型时,必须依靠经济理论,同时对参数进行假设检验。实际上,有时只依靠经济理论仍然不行。比如处于调整中的经济变量,哪些是它的外生变量,哪些是它的无关变量,单凭经济理论就很难判别清楚。所以当研究经济变量参数变化规律时,常常采用另外一种方法,即统计理论方法,通过设计具有某种特征的能生成数据的随机过程或数据生成系统研究经济问题。

若一个随机过程 $\{x_t\}$ 必须经过 d 次差分之后才能变换成一个平稳的可逆的 ARMA 过程,则称 $\{x_t\}$ 具有 d 阶单整性。用 $x_t \sim I(d)$ 表示。并且,平稳过程记为 $I(0)$。

对于 $I(d)$ 过程 x_t

$$\varphi(L)(1-L)^d x_t = \Theta(L) u_t$$

因含有 d 个单位根,所以常把时间序列单整阶数的检验称为单位根检验(unit root test)。

若 $x_t \sim I(d)$,$y_t \sim I(c)$,则

$$z_t = (ax_t + by_t) \sim I(max[d,c])$$

$$\Delta z_t = \Delta(ax_t + by_t) = (ax_t + by_t) - (ax_{t-1} + by_{t-1}) = (a\Delta x_t + b\Delta y_t)$$

当 $c > d$ 时,z_t 只有差分 c 次才能平稳。一般来说,若 $x_t \sim I(c)$,$y_t \sim I(c)$,则

$$z_t = (ax_t + by_t) \sim I(c)$$

但也有 z_t 的单整阶数小于 c 的情形。当 z_t 的单整阶数小于 c 时,则称 x_t 与 y_t 存在协整关系。它的经济意义在于:两个变量,虽然它们具有各自的长期波动规律,但是如果它们是 (c,c) 阶协整的,则它们之间存在着一个长期稳定的比例关系。这也解释了尽管这两时间序列是非稳定的,但却可以用经典的回归分析方法建立回归模型的原因。

4.1.2 动态分布滞后模型

如果回归模型中不仅包括解释变量的当期项,而且包括解释变量的滞后项和被解释变量的若干个滞后变量,则这种回归模型称为动态分布滞后模型或自回归分布滞后模型:

$$y_t = \alpha_0 + \sum_{i=1}^{m} \alpha_i y_{t-i} + \sum_{j=1}^{n} \sum_{i=0}^{p} \beta_{ji} x_{jt-i} + u_t, E(x_{jt} u_{t-s})$$
$$= 0, u_t \sim IID(0, \sigma^2) \tag{4.1}$$

动态分布之后模型用 ADL(m,n,p) 表示,其中,m 是自回归阶数,p 是分布滞后阶数,n 是外生变量 x_{jt} 的个数。动态分布滞后模型不仅用于研究外生变量对内生变量动态行为的影响,而且,可以讨论外生变量对内生变量影响的滞后期。例如,研究宏观经济波动对农业产出 y_t 变化的影响,农业产出的宏观经济效应由模型系数 β_{ji} 所反映。

对 ADL(m,n,p) 模型可采用 OLS 法估计,尽管参数估计量是有偏的(因解释变量与误差项之间的相关性),但是,它们是参数的一致估计。

4.1.3 误差修正模型

误差修正模型由 Sargan(1964)提出,最初用于库存管理问题建模。1977 年由 Hendry、Anderson 和 Davidson 完善,误差修正模型由 ADL(m,n,p) 模型变换而来。下面通过 ADL$(1,1,1)$ 模型推导简单的 ECM 模型。对于 ADL$(1,1,1)$ 模型

$$y_t = \alpha_0 + \alpha_1 y_{t-1} + \beta_0 x_t + \beta_1 x_{t-1} + u_t, \quad |\alpha_1| < 1, u_t \sim IID(0, \sigma^2) \tag{4.2}$$

对上式两侧同时减 y_{t-1},在右侧同时加减 $\beta_0 x_{t-1}$ 得,

$$\Delta y_t = \alpha_0 + \beta_0 \Delta x_t + (\alpha_1 - 1) y_{t-1} + (\beta_0 + \beta_1) x_{t-1} + u_t \tag{4.3}$$

上式右侧第三、四项合并

$$\Delta y_t = \alpha_0 + \beta_0 \Delta x_t + (\alpha_1 - 1)(y_{t-1} - k_1 x_{t-1}) + u_t \tag{4.4}$$

则称式（4.4）为误差修正模型，$(\alpha_1 - 1)(y_{t-1} - k_1 x_{t-1})$ 称为误差修正项，$(y_{t-1} - k_1 x_{t-1})$ 表示前一期得非均衡误差，其中，$k_1 = (\beta_0 + \beta_1)/(\alpha_1 - 1)$ 是 y_t 相对于 x_t 得长期均衡系数。

显然，在上述变换中没有破坏恒等关系，所以不会影响模型对样本数据的解释能力，也不会改变 OLS 估计量的性质。由式（4.2）知，若 y_t 平稳，必有 $|\alpha_1| < 1$，所以非均衡误差的系数 $(\alpha_1 - 1)$ 必为负。说明误差修正项对 Δy_t 有一个反向修正作用。当前一期 y_t，即 y_{t-1} 相对于均衡点取值过高（低）时，通过误差修正项的反向修正作用，使本期 Δy_t 减小（增加），y_t 向均衡位置移动。其中，$(\alpha_1 - 1)$ 表示误差修正项对 Δy_t 的调节速度。

进一步变换式（4.4）

$$\Delta y_t = \beta_0 \Delta x_t + (\alpha_1 - 1)(y_{t-1} - k_0 - k_1 x_{t-1}) + u_t \tag{4.5}$$

其中，$k_0 = \alpha_0/(1 - \alpha_1)$，$(y_{t-1} - k_0 - k_1 x_{t-1})$ 是 x_t 和 y_t 的长期关系，

$\Delta y_t = \beta_0 \Delta x_t + (\alpha_1 - 1)(\cdot)$ 是 x_t 和 y_t 的短期关系。

由于在 ECM 模型中的 k_0，k_1 未知，所以不能直接被估计。对 ECM 模型的估计方法有两种：第一种方法是对于平稳变量，或者，对于存在长期均衡关系的非平稳变量，可以把误差修正项的括号打开，对模型直接用 OLS 法估计。第二种方法是先估计长期均衡关系，然后把估计的非均衡误差作为误差修正项代入 ECM 模型，再估计该模型。即，对于 ECM 模型（4.5），首先利用 OLS 法估计下列模型

$$y_t = k_0 + k_1 x_t + u_t$$

用残差

$$\hat{u}_{t-1} = y_{t-1} - \hat{k}_0 - \hat{k}_1 x_{t-1}$$

代替模型（4.5）中的非均衡误差，再利用 OLS 法估计模型

$$\Delta y_t = \beta_0 \Delta x_t + (\alpha_1 - 1)\hat{u}_{t-1} + v_t$$

在误差修正模型中 Δy_t，Δx_t 和非均衡误差项都是平稳的。应用最小二乘法估计模型时，参数估计量都具有优良的渐近特性。误差修正模型中既有描述变量长期关系的参数，又有描述变量短期关系的参数，既可研究经济问题的静态（长期）特征又可研究其动态（短期）特征。

4.2 基本假设与识别条件

当经济时间序列为非平稳数据且两变量之间存在协整关系时，假定能够观测到某

个体直到 T 期的数据 $\{Y_t, D_t, X_t\}_{t=1}^T$。其中，$Y_t$ 为感兴趣的结果变量，D_t 为表示政策干预的二元变量，若政策干预发生在 t 时期，则

$$D_t = \begin{cases} 1 & t = 1, \cdots, t_0 \\ 0 & t = t_0 + 1, \cdots, T \end{cases}$$

X_t 为不受政策影响的协变量。另外，令 Y_{0t} 和 Y_{1t} 分别表示个体如果未接受处理和如果接受处理时的潜在结果，因此

$$Y_t = \begin{cases} Y_{0t} & D_t = 0 \\ Y_{1t} & D_t = 1 \end{cases}$$

显然，政策干预的动态因果效应为

$$\tau_t = Y_{1t} - Y_{0t}, t > t_0$$

政策干预的平均因果效应为

$$\tau = \frac{1}{T - t_0} \sum_{t=t_0+1}^{T} \tau_t, t > t_0$$

由于在政策干预期，观测结果 $Y_t = Y_{1t}$，因此，估计政策干预的动态因果效应与平均因果效应的关键在于估计反事实结果 $Y_{0t}(t > t_0)$。为得到因果效应的估计，本文提出如下识别条件：

假设 4.1（外生性条件）

协变量 X_t 不受处理变量 D_t 的影响，即

$$X_{1t} = X_{0t} = X_t$$

其中，X_{1t} 和 X_{0t} 类似于潜在结果的符号，表示可观测的协变量外生于政策干预，不受政策干预的影响。

假设 4.2：结果变量 Y_t 和协变量 X_t 均未接受其他政策处理。

鉴于时间序列数据的特殊性（序列相关），政策处理将时间序列自然区分为处理前和处理后两部分，如果时间序列在处理前和处理后结果变量的长期趋势（确定性趋势、随机趋势）或者偏离长期趋势的短期修正机制存在显著性差异，那么政策处理就是有效的；并且，如果政策处理使长期趋势（确定性趋势、随机趋势）改变，则政策处理效应是长期的；如果政策处理不改变结果变量的长期趋势（确定性趋势、随机趋势）、仅仅引起短期修正机制改变，则政策处理效应是暂时的；否则，政策处理不存在因果效应。

不妨设结果变量 Y_t 和协变量 X_t 均为 $I(1)$ 过程[①]。并且，假设两个变量具有长期均衡关系

[①] 当时间序列的单整阶数不相同或为高阶单整时，均可通过差分变换为 $I(1)$ 过程。

$$Y_t = \begin{cases} \delta_0 + \delta_1 X_t + v_t, & t \leq t_0 \\ \delta_0' + \delta_1' X_t + v_t', & t > t_0 \end{cases}, \quad v_t \sim I.I.D.(0, \sigma_v^2) \quad \begin{array}{c}(4.6)\\(4.7)\end{array}$$

并且，满足如下假设 4.3。

假设 4.3：在政策处理期 t_0 之后，政策处理变量 D_t 与结果变量 Y_t 的外生（随机性）冲击独立，即 $E(v_t \mid D_{t_0} = 1) = 0$。

假设 4.4：如果结果变量 Y_t 没有接受政策处理 D_t，结果变量 Y_t 和协变量 X_t 保持了处理期前的线性协整关系，即

$$E[Y_{0t} \mid X_t, D_t = 1] = E[Y_{0t} \mid X_t, D_t = 0]$$

显然，假设 4.4 不仅类似于双重差分法（DID）的平行性假设，即将平行关系拓展为结果变量 Y_t 和协变量 X_t 之间的协整关系，而且也类似于合成控制方法的假设（如果没有接受政策处理，处理个体的可观测特征与控制组个体特征的线性组合在处理前后未发生显著变化）。

在假设 4.1 – 4.4 下，结果变量的平均因果效应可重新表示为：

$$\begin{aligned}\tau_{IC}^{ATT} &= E[Y_{1t} - Y_{0t} \mid D_t = 1, X_t] \\ &= E[Y_{1t} \mid D_t = 1, X_t] - E[Y_{0t} \mid D_t = 1, X_t] \\ &= E[Y_{1t} \mid D_t = 1, X_t] - E[Y_{0t} \mid D_t = 0, X_t] \\ &= E[Y_{1t} - Y_{0t}]\end{aligned}$$

上式第三行第一项为可观测值，第二项可通过下文的递归预测方法得到，则在保持协变量不受处理变量影响的情况下，个体的平均因果效应可识别。

下文中我们借助协整理论，将多组 ITS 分析拓展到随机趋势过程，不仅研究政策干预效应存在性的推断方法，而且提出了政策干预的平均因果效应 ATT 的估计方法，同时，期望解决政策效应的暂时性和持续性识别问题。

4.3 协整时间序列模型的因果效应评估方法

4.3.1 模型设定和参数估计

（1）模型设定及检验

在假设 4.1 – 4.4 下，设定结果变量 Y_t、政策处理变量 D_t 和协变量 X_t 服从 ADL（1，1，1）模型，如下

$$Y_t = \alpha_0 + \alpha_1 Y_{t-1} + \beta_0 X_t + \beta_1 X_{t-1} + (\alpha_2 + \alpha_3 Y_{t-1} + \beta_2 X_t + \beta_3 X_{t-1})D_t + \varepsilon_t \quad (4.8)$$

其中，α_0、α_1、β_0 和 β_1 表示政策处理前的短期参数，α_2、α_3、β_2 和 β_3 表示政策处理后相应参数的增量；并且，误差项 $\varepsilon_t \sim I.I.D.(0,\sigma_\varepsilon^2)$，$E(\varepsilon_t | D_{t_0} = 1) = 0$。

由于自回归分布滞后模型的最小二乘估计量存在偏倚问题（张晓峒，2017），根据 Engle & Granger（1987）的 Granger 表示定理，将 ADL（1，1）模型（4.8）进行适当变形得到一阶误差修正模型

$$\Delta Y_t = \begin{cases} \beta_0 \Delta X_t + (\alpha_1 - 1)\left(Y_{t-1} - \dfrac{\alpha_0}{1-\alpha_1} - \dfrac{\beta_0 + \beta_1}{1-\alpha_1} X_{t-1}\right) + \varepsilon_t & D_t = 0 \quad (4.9)\\[2ex] (\beta_0 + \beta_2)\Delta X_t + (\alpha_1 + \alpha_3 - 1)\left(Y_{t-1} - \dfrac{\alpha_0 + \alpha_2}{1-\alpha_1-\alpha_3} - \dfrac{\beta_0+\beta_1+\beta_2+\beta_3}{1-\alpha_1-\alpha_3} X_{t-1}\right) + \varepsilon_t' & D_t = 1 \quad (4.10)\end{cases}$$

即式（4.9）为政策处理前两变量的误差修正模型、式（4.10）为政策处理后两变量的误差修正模型。

令 $\dfrac{\alpha_0}{1-\alpha_1} = \delta_0$，$\beta_0 + \beta_2 = \beta_0'$，$\dfrac{\alpha_0+\alpha_2}{1-\alpha_1-\alpha_3} = \delta_0'$，$\dfrac{\beta_0+\beta_1+\beta_2+\beta_3}{1-\alpha_1-\alpha_3} = \delta_1'$，$(\alpha_1 - 1) = \gamma$，$(\alpha_1 + \alpha_3 - 1) = \gamma'$，则式（4.9）和（4.10）可分别化简为

$$\Delta Y_t = \begin{cases} \Delta X_t \beta_0 + \gamma(Y_{t-1} - \delta_0 - X_{t-1}\delta_1) + \varepsilon_t & D_t = 0 \quad (4.11)\\ \Delta X_t \beta_0' + \gamma'(Y_{t-1} - \delta_0' - X_{t-1}\delta_1') + \varepsilon_t' & D_t = 1 \quad (4.12)\end{cases}$$

其中，δ_0、δ_1、δ_0' 和 δ_1' 分别表示政策处理前后模型的长期系数；β_0 和 β_0' 是协变量的同期调整系数；γ 和 γ' 分别表示政策处理前后的误差修正（机制）系数。

显然，在第 t_0 期进行政策处理后，如果误差修正模型的三类系数发生变化，则结果变量分别存在长期或者短期处理效应。

然而，在模型估计前必须检验结果变量 Y_t 和协变量 X_t 在政策处理前后是否存在协整关系，即是否存在结构突变的协整关系。如果政策处理前存在协整关系，处理后不具有协整关系，则一定存在着因果效应，即政策处理改变了结果变量的动态行为；如果处理后结果变量 Y_t 和协变量 X_t 间仍存在协整关系，则需进行进一步的检验。但是，在协整向量存在突变的情况下，基于残差的 ADF 协整检验可能过度接受零假设，即拒绝零假设（不存在协整关系）的概率显著下降（Gregory & Hansen，1996；Gregory et al.，1996）。因此，在进行因果推断分析前，除分别对处理前后变量的平稳性和协整性的检验外，本文建议使用 Gregory-Hansen 检验推断零假设

H_0：结果变量 Y_t 和协变量 X_t 不存在结构突变的协整关系。

并且，如果拒绝了上述零假设，则在结构突变点前后，分别建立结果变量 Y_t 关于

协变量 X_t 的误差修正模型,借助检验误差修正模型的三种参数是否发生显著性变化以推断政策处理的动态因果效应。

另外,如果结构突变点在政策处理 t_0 期之后,则说明政策效应存在时滞;反之,若结构突变点在政策处理 t_0 期之前,则反映了政策效应存在事前反应。

为了简化表述,本书着重讨论政策处理后结果变量和协变量仍存在协整关系的情形,即结果变量和协变量在政策处理 t_0 期存在结构突变协整关系的情形,否则只须将结构突变设定为"实际的"政策处理期即可。

(2) 参数估计

如果结果变量 Y_t 和协变量 X_t 在政策处理 t_0 期存在结构突变协整关系,可以采用 Engle 和 Granger (1987) 提出的 EG 两步法,或者 Phillips & Loretan (1991) 的分布滞后模型直接估计方法,或者 Saikkonen (1992) 及 Stock & Watson (1993) 的动态 OLS (DOLS) 方法估计误差修正模型式 (4.11) 和式 (4.12)。并且,当时间序列存在唯一协整关系时,EG 两步法是非常有效的一致估计(张世英等,2014),故这里只介绍 EG 两步法和 Phillips – Loretan 直接估计法。

①Engle – Granger 两步法

首先,利用最小二乘法分别估计政策处理前后的长期协整回归模型,得到协整参数的最小二乘估计量,并分别得到残差序列 $\{\hat{e}_t^0 \mid D_t = 0\}$ 和 $\{\hat{e}_t^1 \mid D_t = 1\}$;然后,将第一步求得的残差值 $\hat{e}_t^0$ 和 $\hat{e}_t^1$ 分别作为误差修正项的估计值替换模型 (4.11) 和 (4.12) 中的非均衡误差项 $(Y_{t-1} - \delta_0 - \delta_1 X_{t-1})$ 和 $(Y_{t-1} - \delta_0' - \delta_1' X_{t-1})$,并利用最小二乘法估计模型

$$\Delta Y_t = \begin{cases} \Delta X_t \beta_0 + \hat{e}_{t-1}^0 \gamma + \varepsilon_t & D_t = 0 \quad (4.13) \\ \Delta X_t \beta_0' + \hat{e}_{t-1}^1 \gamma' + \varepsilon_t' & D_t = 1 \quad (4.14) \end{cases}$$

得到相应短期系数的估计,EG 两步法得到的系数估计量都具有一致性。

②Phillips – Loretan 直接估计法

利用 Phillips – Loretan (1991) 建议的动态分布滞后模型估计长期均衡关系,用长期均衡关系的残差检验变量之间是否存在协整关系。当变量 Y_t 和 X_t 通过协整检验并建立了误差修正模型以后,打开式 (4.11) 和 (4.12) 中误差修正项括号,直接利用最小二乘法估计模型

$$\Delta Y_t = \begin{cases} \alpha_0 + \Delta X_t \beta_0 + Y_{t-1} \gamma - X_{t-1} \gamma \delta + \varepsilon_t & D_t = 0 \quad (4.15) \\ \alpha_0' + \Delta X_t \beta_0' + Y_{t-1} \gamma' - X_{t-1} \gamma' \delta' + \varepsilon_t' & D_t = 1 \quad (4.16) \end{cases}$$

然后,再将估计的模型表示成误差修正模型。

4.3.2 长短期因果效应的识别

为了借助误差修正模型的三类系数在政策处理 t_0 前后的变化推断政策处理对结果

变量的长短期处理效应，本书利用 Chow 检验（Chow, 1960）和 Wald 检验（Wald, 1943）对政策处理前后误差修正模型的对应系数进行显著差异性的检验。

（1）模型结构检验——Chow 检验

假设政策处理前后时间序列的样本观测期分别为 t_0 和 t_1，即 $T = t_0 + t_1$，分别对前后子样本利用 EG 两步法估计误差修正模型（4.13）和（4.14）为对应的检验模型形式，并根据全样本 T 分别估计协整回归模型和误差修正模型

$$Y_t = \delta_0'' + \delta_1'' X_t + v_t'' \quad t = 1, 2, \cdots, T \tag{4.17}$$

$$\Delta Y_t = \Delta X_t \beta_0'' + \hat{e}_{t-1}^2 \gamma'' + \varepsilon_t'' \quad t = 1, 2, \cdots, T \tag{4.18}$$

并且，基于协整回归模型（4.5）、（4.6）和（4.17）的系数估计值构造 Chow 统计量

$$F^1 = \frac{[RSS_T^1 - (RSS_0^1 + RSS_1^1)]/k}{(RSS_0^1 + RSS_1^1)/(T - 2k)} \sim F(k, T - 2k)$$

检验零假设

$H_0^1 : \delta_0 = \delta_0' = \delta_0''; \quad \delta_1 = \delta_1' = \delta_1''$

备择假设

$H_1^1 : \delta_0', \delta_0'', \delta_0'''$ 不全相等或 $\delta_1', \delta_1'', \delta_1'''$ 不全相等

其中，RSS_T^1、RSS_0^1 和 RSS_1^1 分别表示全样本、处理前样本 t_0 和处理后样本 t_1 所对应协整回归模型的残差平方和，k 表示待估参数的个数。

再根据误差修正模型（4.13）、（4.14）和（4.18）的系数估计值构造 Chow 统计量

$$F^2 = \frac{[RSS_T^2 - (RSS_0^2 + RSS_1^2)]/k}{(RSS_0^2 + RSS_1^2)/(T - 2k)} \sim F(k, T - 2k)$$

检验零假设

$H_0^2 : \beta_0 = \beta_0' = \beta_0''; \gamma = \gamma' = \gamma''$

备择假设

$H_1^2 : \beta_0 、\beta_0' 、\beta_0''$ 不全相等或 $\gamma 、\gamma' 、\gamma''$ 不全相等

其中，RSS_T^2、RSS_0^2 和 RSS_1^2 分别表示全样本、处理前样本 t_0 和处理后样本 t_1 所对应误差修正模型的残差平方和，k 表示待估参数的个数。

于是，若检验统计量 $F^i \leq F_\alpha(k, T - 2k)$，则接受回归系数无显著性变化的零假设 H_0^i，即政策处理没有改变模型的结构；若检验统计量 $F^i > F_\alpha(k, T - 2k)$，则拒绝回归系数无显著性变化的零假设，即政策处理改变了模型的结构（$i = 1, 2$）。

（2）干预前后对应回归系数显著性检验——Wald 检验

类似地，也可以使用 Wald 统计量检验政策处理对结果变量与协变量间长期均衡机

制是否平行以及短期修正系数的显著差异性。

首先给出 Wald 检验的具体步骤：

令 $f(\omega)$ 表示由约束条件组成的列向量，$\dot{\omega}$ 表示无约束估计量，则零假设可以表示为 $f(\omega) = 0$，定义多个约束条件下的 W 统计量如下：

$$W = f(\dot{\omega})'_{(1\times m)} \text{Var}(f(\dot{\omega}))^{-1}_{m\times m} f(\dot{\omega})_{(m\times 1)}$$

其中，m 表示无约束方程中参数的个数；$\text{Var}(f(\dot{\omega}))$ 是 $f(\dot{\omega})$ 估计的方差协方差矩阵，计算公式为，

$$\text{Var}(f(\dot{\omega})) = \left[\frac{\partial f(\dot{\omega})}{\partial \dot{\omega}}\right]_{(m\times k)} [\text{Var}(\dot{\omega})]_{(k\times k)} \left[\frac{\partial f(\dot{\omega})}{\partial \dot{\omega}}\right]'_{(k\times m)}$$

其中，$\partial f(\dot{\omega})/\partial \dot{\omega}$ 表示 $f(\omega)$ 用无约束估计量 $\dot{\omega}$ 代替后的偏导数矩阵；$\text{Var}(\dot{\omega})$ 是 $\dot{\omega}$ 的估计的方差协方差矩阵；k 表示被检验的约束条件的个数。

在约束条件成立的条件下，

$$W = f(\dot{\omega})'_{(1\times m)} \text{Var}(f(\dot{\omega}))^{-1}_{m\times m} f(\dot{\omega})_{(m\times 1)} \sim \chi^2(m)$$

若样本统计量 $W \leq \chi^2_\alpha(m)$，则接受原假设，认为约束条件成立。

若样本统计量 $W > \chi^2_\alpha(m)$，则拒绝原假设，认为约束条件不成立。

以下为政策干预前后模型均衡机制、短期修正系数以及修正速度和短期调整系数的显著性检验：

检验 4.1：均衡机制的显著性检验

首先将结果变量与协变量的长期协整回归模型（4.5）和（4.6）设定为

$$Y_t = (\delta_0 + \delta_1 X_t)(1 - D_t) + (\delta_0' + \delta_1' X_t)D_t + v_t \tag{4.19}$$

上式为无约束模型，再利用 Wald 统计量检验零假设

$$H_0^3: \delta_1 - \delta_1' = 0$$

即处理前后，变量之间的长期协整关系并未发生显著变化。

备择假设

$$H_1^3: \delta_1 - \delta_1' \neq 0$$

根据检验结果即可推断政策处理前后的长期均衡机制是否保持不变。若样本统计量 $W^3 \leq \chi^2_\alpha(1)$，则接受原假设，认为约束条件成立，即处理前后变量之间的长期协整关系没有发生显著的变化；若样本统计量 $W^3 > \chi^2_\alpha(1)$，则拒绝原假设，认为约束条件不成立，即处理前后变量之间的长期协整关系发生了显著的变化，均衡机制改变。

检验 4.2：短期修正系数的显著性检验

为了检验政策处理前后结果变量与协变量间的短期修正系数是否存在显著差异性，将无约束模型设定为

$$\Delta Y_t = [\beta_0 \Delta X_t + \gamma e_{t-1}^0](1 - D_t) + [\beta_0' \Delta X_t + \gamma' e_{t-1}^1]D_t + \varepsilon_t' \tag{4.20}$$

其中，$e_{t-1}^0 = Y_{t-1} - \hat{\delta}_0 - \hat{\delta}_1 X_{t-1} (t \leq t_0)$、$e_{t-1}^1 = Y_{t-1} - \hat{\delta}_0' - \hat{\delta}_1' X_{t-1}(t_0 < t \leq T)$，均通过最

小二乘估计得到相应的参数估计值。

并且，使用 Wald 统计量检验零假设

$H_0^4: \beta_0 - \beta_0' = 0; \gamma_0 - \gamma_0' = 0$

备择假设

$H_1^4: \beta_0 - \beta_0' \neq 0$ 或者 $\gamma_0 - \gamma_0' \neq 0$

根据检验结果判断政策处理对结果变量与协变量短期修正系数的影响。若样本统计量 $W^4 \leq \chi_\alpha^2(2)$，则接受原假设，认为约束条件成立，即处理前后变量之间的短期修正系数没有发生显著的变化；若样本统计量 $W^4 > \chi_\alpha^2(2)$，则拒绝原假设，认为约束条件不成立，即处理前后变量之间的短期修正系数发生了显著的变化。

检验 4.3：修正速度的显著性检验

在检验 2 的基础上，也可单独检验政策处理前后的修正强度（速度）是否发生显著性变化，即依据无约束模型 (4.20)，构造 Wald 统计量检验零假设

$H_0^5: \gamma - \gamma' = 0$

备择假设

$H_1^5: \gamma - \gamma' \neq 0$

若样本统计量 $W^5 \leq \chi_\alpha^2(1)$，则接受原假设，认为约束条件成立，即处理前后修正速度没有发生显著的变化；若样本统计量 $W^5 > \chi_\alpha^2(1)$，则拒绝原假设，认为约束条件不成立，即处理前后修正速度发生了显著的变化。

同理，也可以对政策处理前后的短期调整系数 β_0 和 β_0' 的显著性差异进行检验。

（3）模拟分析

鉴于结果变量和协变量的非平稳性，必须说明使用 Chow 检验和 Wald 检验的合理性[①]，为此，本书分别对长期关系的 Chow 检验和 Wald 检验进行了模拟分析。同时，考虑到样本量（时期数）T 和政策处理前时期数 T_0 对实验结果的影响，设定样本量分别为 30、100 和 200，$T_0/T = 0.3, 0.5, 0.8$。

模拟试验的数据生成过程如下：

设协变量 X_t 服从随机游走过程

$X_t = X_{t-1} + \varepsilon_t$

处理变量 D_t，在 T_0 期之后取值为 1，否则取 0，即

$D_t = \begin{cases} 0, t = 1, \cdots, T_0 \\ 1, t = T_0 + 1, \cdots, T \end{cases}$

另外，假定模型的误差项 $\varepsilon_t, \nu_t \sim i.i.d. N(0,1)$，为简化数据生成过程，在 Chow

---

① 实际上，经典的 Chow 检验和 Wald 检验并未明确约束模型变量的平稳性。

检验原假设下可设定式 (4.5)、(4.6)、(4.17) 的参数 $\delta_0 = \delta_0' = \delta_0'' = 1$，$\delta_1 = \delta_1' = \delta_1'' = 1$；在 Wald 检验的原假设下可设定式 (4.19) 的参数 $\delta_0 = \delta_0' = 0$，$\delta_1 = \delta_1' = 1$。

对于重复 1000 次的模拟实验的 F 值和 Wald 值，使用单样本的 Kolmogorov-Smirnov 检验（KS 检验）分别推断 F 值和 Wald 值是否为 F 分布和 $\chi^2(1)$ 分布的随机样本。KS 检验是基于累计分布函数的，用于检验一个分布是否符合某种理论分布或比较两个经验分布是否有显著差异[①]。结果见表4.1。

表4.1　　　　　　　　　　检验统计量分布模拟结果和 KS 检验结果

T	T_0/T	F 值的 KS 检验	95% 的置信区间	Wald 值的 KS 检验	95% 的置信区间
30	0.3	0.9153	(0.0391, 3.8296)	0.1172	(0.0059, 4.3698)
30	0.5	0.7953	(0.0538, 3.4395)	0.5713	(0.0036, 4.3909)
30	0.8	0.4833	(0.0598, 3.0786)	0.6758	(0.0041, 3.7503)
100	0.3	0.3207	(0.0520, 2.9437)	0.6567	(0.0049, 3.6798)
100	0.5	0.8619	(0.0438, 3.0503)	0.7865	(0.0045, 3.8095)
100	0.8	0.6658	(0.0597, 3.0826)	0.5816	(0.0042, 3.8346)
200	0.3	0.5554	(0.0654, 2.8907)	0.6110	(0.0038, 3.8707)
200	0.5	0.1410	(0.0448, 3.0949)	0.4294	(0.0032, 3.7993)
200	0.8	0.8931	(0.0618, 2.9887)	0.8763	(0.0042, 4.0000)

注：KS 检验给出的是 P 值。

从表4.1可知，对于各种设定，F 分布和 $\chi^2(1)$ 分布的 KS 检验均不能拒绝原假设，即检验统计量的分布分别服从 F 分布和 χ^2 分布。另外，由重复模拟的 Chow 值和 Wald 值得到相应的概率密度分布图如图4.1和图4.2所示。

在图4.1中实线表示模拟的 F 检验统计量的概率密度图，虚线表示对应自由度下的标准 F 分布的概率密度图。由此可见，模拟的 Chow 统计量分布的概率密度曲线与对应标准分布近乎一致。

[①] 单样本 KS 检验是检验一个数据的观测经验分布是否符合已知的理论分布。由于对两样本的经验分布函数的位置和形状参数的差异都敏感，所以两样本 KS 检验成为比较两样本的最有用且最常用的非参数方法之一。

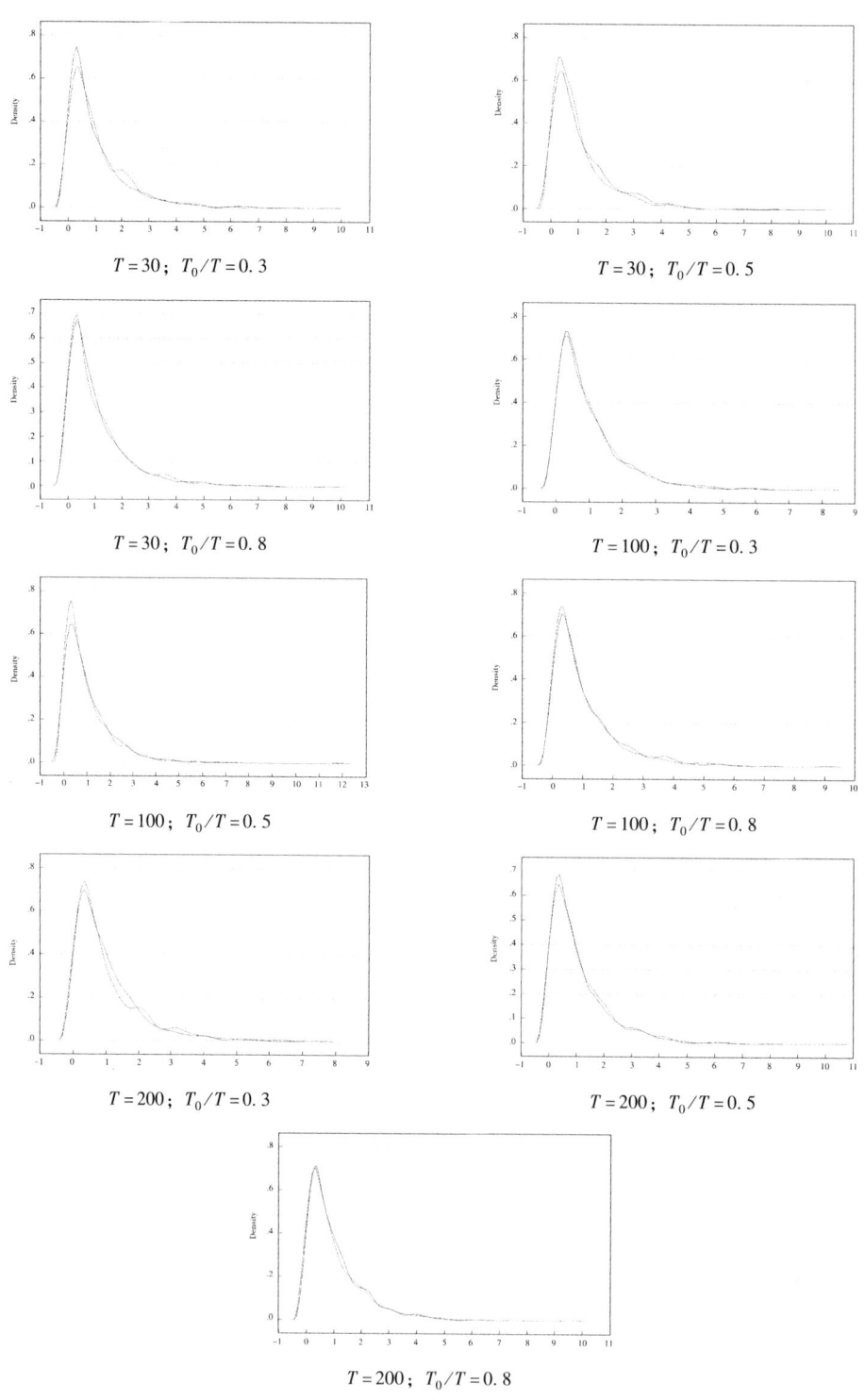

图 4.1　F 检验统计量的模拟概率密度分布图

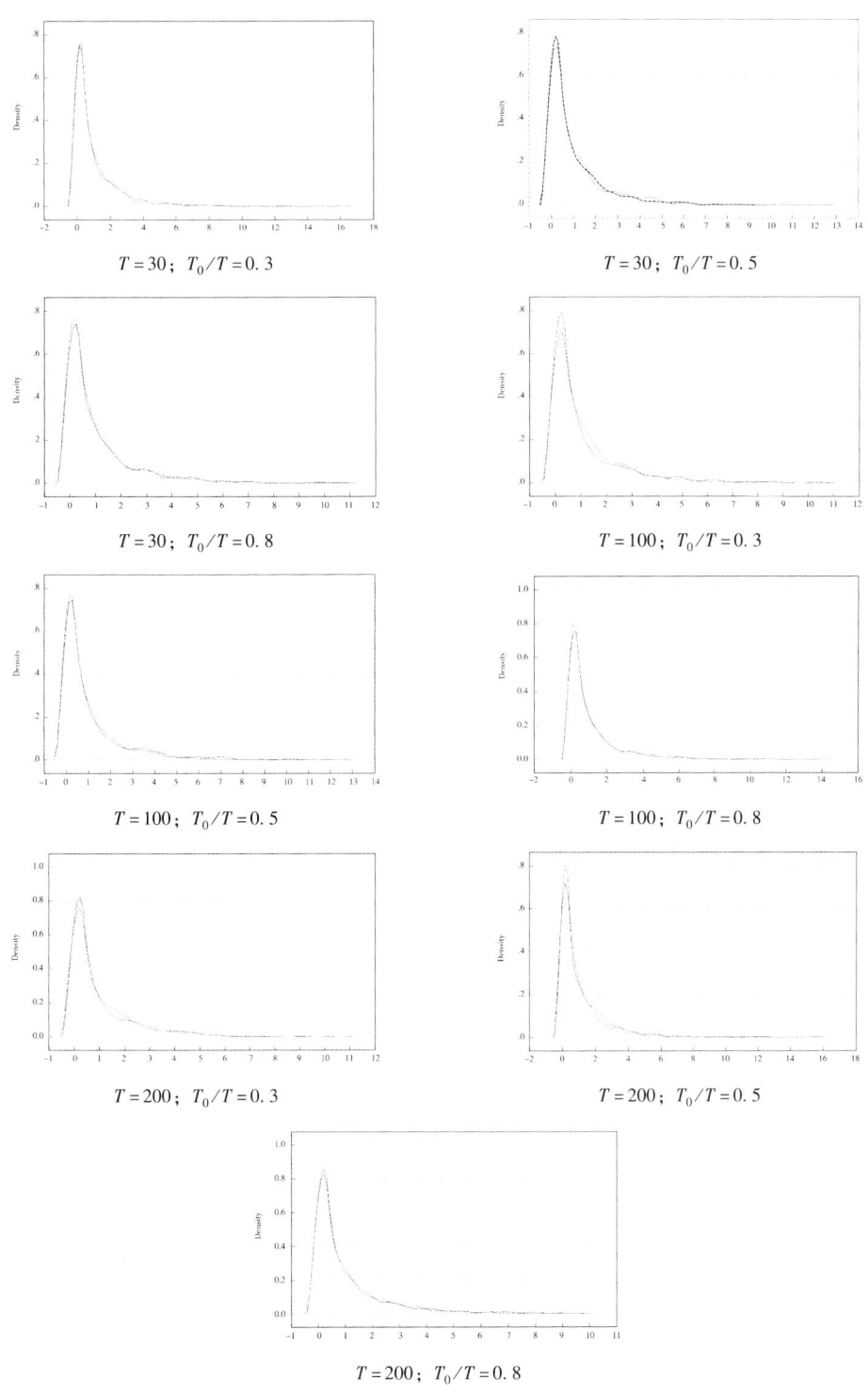

图4.2 卡方检验统计量的模拟概率密度分布图

在图 4.2 中实线表示模拟的 Wald 检验统计量的概率密度图，虚线表示对应自由度下的标准 χ^2 分布密度图。由此可见，模拟的 Wald 统计量分布的概率密度曲线与对应标准分布近乎一致。因此，本书对结果变量和协变量非平稳的设定，并不影响 Chow 检验和 Wald 检验的合理使用。

4.3.3 平均因果效应的估计

如果依据 Chow 检验或者 Wald 检验推断政策处理存在因果效应，则在假设 4.2 下可以利用政策处理前结果变量与协变量之间的协整关系预测政策处理后的反事实结果，并估计政策处理的平均因果效应。为了体现短期预测的准确性、充分考虑非均衡误差项的修正效应，本书采用递归预测方法估计反事实结果，具体步骤如下：

第一步，利用处理前样本 $\{Y_t, X_t | t \leq t_0\}$ 估计协整回归模型（4.6）和误差修正模型（4.13），并计算 t_0 期非均衡误差的估计值 $\hat{e}_{t_0}^0$；再将 $\hat{e}_{t_0}^0$ 代入模型（4.13），计算结果变量在 t_0+1 期的增量 $\Delta \tilde{Y}_{t_0+1}$；从而得到结果变量在 t_0+1 期的反事实结果 $\tilde{Y}_{t_0+1} = \Delta \tilde{Y}_{t_0+1} + \tilde{Y}_{t_0}$。

第二步，利用样本 $\{Y_t, X_t | t \leq t_0\} \cup \{\tilde{Y}_{t_0+1}, X_{t_0+1}\}$ 估计，再次估计协整回归模型（4.6）和误差修正模型（4.13），得到在 t_0+1 期非均衡误差的估计值 $\hat{e}_{t_0+1}^0$ 和结果变量在 t_0+2 期的增量 $\Delta \tilde{Y}_{t_0+2}$；再计算结果变量在 t_0+2 期的反事实结果 $\tilde{Y}_{t_0+2} = \Delta \tilde{Y}_{t_0+2} + \tilde{Y}_{t_0+1}$。

循环更新样本后重复第二步，直至计算得到第 T 期结果变量的反事实结果 $\tilde{Y}_T$。

最后，计算 t 期（$t > t_0$）的政策处理效应

$$\tau_t = Y_t - \tilde{Y}_t, t > t_0 \tag{4.21}$$

和政策处理的平均处理效应

$$\tau_{ATE} = (1/t_1) \sum_{t > t_0} (Y_t - \tilde{Y}_t) \tag{4.22}$$

由此，利用递归预测方法可以得到结果变量的反事实估计结果，进一步地，观测结果减去反事实结果即干预的因果效应。

4.4 案例：我国房产税试点政策的因果效应评价研究

房地产业一直被视为我国国民经济发展的重要支柱产业之一，它会带动上下游产业发展（许宪春等，2015；孟宪春等，2018）。自 21 世纪以来，我国的商品房价格持续上涨，但是，发展房地产业必须权衡商品房价格持续上涨所带动的"财富效应"和

房地产业过度发展对其他产业、其他消费的抑制性作用。国内外的相关研究表明尽管房地产市场在一定程度上促进了经济增长，但是其波动会给经济系统带来巨大的风险，同时货币市场的传导效应会扩大这种风险（张勇，2015）。尤其，对于进入高质量发展的我国经济，调控政策的选择必须"把发展经济的着力点放在实体经济上"。

近年来因商品房刚性需求增加和流动性过剩等原因，房地产市场异常繁荣。商品房价格上涨使传统制造业等实体经济行业与房地产业的收益率之差加剧，很多资金从实业流入金融业和房地产业（王永钦等，2015）。尤其是在2008年国际金融危机之后，我国经济增长下行压力加大，国内出现了通过资产价格上涨来促进经济增长的呼声。然而，一些研究也质疑资产价格上涨对我国经济增长的促进作用，认为资金的"脱实向虚"严重威胁到金融甚至宏观经济的稳定发展（孟宪春等，2018）。特别，张勇（2015）认为房地产市场会直接或者通过扩大货币传导效应的间接途径对经济增长产生严重冲击。并且，为了满足消费者对商品房的刚性需求和防范系统性金融风险，保持房地产市场平稳健康发展，各级政府运用多种限购政策调控房地产市场。2010年4月北京市率先出台了房地产市场的限购政策，随后上海、深圳等先后跟进。与此同时，为了抑制住房价格的过度上涨带来的挤出效应，国务院于2011年1月在上海市和重庆市正式试点开征房产税，成为"改革试验田"。旨在从房地产的持有环节征税，以降低房地产投资收益率，调节居民收入和财富分配，促进经济结构升级。

两地房产税方案差异较大，代表着两种不同的改革方向。表4.2归纳了上海市和重庆市房产税试点政策的部分细则，可以看到，两市的具体征收细则从征收区域、征收对象、免税面积和适用税率等方面存在明显的不同。上海市采取"新人新办法，老人老办法"的方式，只针对新建住房征税，而重庆市同时对新建和存量住房征税。在税率上，重庆市的税率明显高于上海市。两市虽然在房产税征收细则上存在差异，但是征税对象均为超标准和高档住房，这在一定程度上限制了商品房市场的投机行为和住房消费的两极分化现象。上海市商品房价格水平较高，重庆市的房价水平则处于全国的平均水平，两市作为东部沿海城市和西部地区城市具有较好的代表性。

房产税试点政策施行以后，有关政策的评价研究开始逐渐涌现。关于房产税对住房价格影响的研究结论存在争议，部分学者认为房产税对房价具有明显的抑制作用，而另一种观点则坚持利用房产税难以实现抑制房价的目的。为了探讨房产税试点政策是否会影响住房价格，本书利用基于协整关系的时间序列数据因果推断方法，根据2002年第1季度到2017年第4季度上海市和重庆市住宅销售平均价格和居民消费性支出数据估计与推断房产税试点政策的平均因果效应。

表4.2 上海市和重庆市房产税试点政策细则

	上海市	重庆市
征收区域	本市行政区域	主城九区行政区域
征收对象	本市居民家庭新购且属于该家庭第二套及以上的住房；非本市居民家庭在本市新购的住房；存量住房不征税	个人拥有的独栋商品住宅；个人新购的高档住房；无本市户籍、无企业、无工作的个人新购的第二套（含第二套）以上的普通住房
免税面积	按人均面积算，人均60平方米为起征点	按户面积算，存量免税面积为180平方米；新购房免税面积为100平方米；在本市同时无户籍、无企业、无工作的个人的应税住房均不扣除免税面积
适用税率	适用税率暂定为0.6%；应税住房每平方米市场交易价格低于本市上年度新建商品住房平均销售价格2倍（含2倍）的，税率暂减为0.4%	独栋和高档住房单价达到上两年主城九区新房成交均价3倍以下，税率为0.5%；3倍（含3倍）至4倍的，税率为1%；4倍（含4倍）以上的税率为1.2%；在本市同时无户籍、无企业、无工作的个人新购第二套（含第二套）以上的普通住房，税率为0.5%。
计算方式	应缴纳额＝住房纳税面积×住房单价×房产税税率×70%	全额缴纳

4.4.1 研究现状

已有文献关于房产税试点政策对商品房价格的影响并没有得出一致的结论。况伟大等（2012a）利用1980年到2009年23个OECD国家的住房市场数据研究了住房房产税对房价的影响，认为房产税有负向的房价调节作用，但是抑制作用具有局限性。同时况伟大（2012b）还通过构建含购房者、开发商和政府的三部门一般均衡模型研究了我国33个大中城市房产税、地价与房价之间的关系，认为通过提高房产税可以降低房价，提高上期地价和房屋建造成本会提高房价。骆永民等（2012）利用动态随机一般均衡模型及数值分析的方法得出征收房产税从长期看可以有效降低房价，且具有自动稳定器的功能。还有少数文献认为房产税将导致房价上涨。Fischel（2005）研究发现房产税会因土地区划和用脚投票机制提高房价。除了利用一般均衡模型以外，部分学者采用反事实分析的方法进行研究。比如，刘甲炎和范子英（2013）利用合成控制法研究发现房产税对试点城市的房价上涨有显著的抑制作用；Bai et al.（2014）分别使用改进的HCW评估方法研究发现财（房）产税试点使上海平均房价降低了11%～15%，而重庆的平均房价却提高了10%—12%；Du & Zhang（2015）利用HCW评估方法发现房产税试点使重庆市房价年增长率下降，而房产税试点对上海市房价影响不显著；白文周等（2016）借鉴面板数据因果推断方法的研究发现，重庆市新建商品住宅的销售价格月度同比增长率月均下降约10个百分点，而上海市同比增长率则月均上升约3到5个百分点。

应用因果推断的方法对房产税政策进行评估的主要困难在于评估方法的局限和难以剥离其他政策的干扰，除房产税政策外还存在诸如限购、限贷等调控政策的影响。具体地，由于国内住房限购政策几乎在全国范围内实行，尤其是一二线城市，因此，在估计房产税的反事实结果时很难寻找到不受任何政策影响的控制组，应用传统因果效应政策评估方法会产生一定的估计偏差。而为了规避合成控制方法中对照样本异质性和中断时间序列（ITS）方法"伪回归"性引起的政策因果效应评价偏倚，以及放松对结果变量"二阶矩平稳"的限制，本书提出了基于协整的动态因果效应估计与推断方法，在不需要控制组的情况下，通过利用商品房价格与居民消费支出之间的长期均衡关系构造"准自然实验"，考察房产税试点政策的实施对抑制商品房价格是否产生了显著作用。

住房价格和消费之间的关系一直是政策制定者关注的重点，通常认为住房具有消费品和投资品的双重属性，伴随房价高起，尤其住房制度改革以来其投资品属性不断被强化。投机行为使得大量资金流入房地产市场，势必影响到消费者的消费需求，住房价格的上涨对居民的消费产生了财富效应还是挤出效应颇具争议，杜莉和罗俊良（2017）认为房价上涨会增加消费者的预期寿命财富刺激当期消费；李春风等（2014）等认为房价上涨存在明显的挤出效应，不仅直接挤出消费还可以通过作用于其他因素间接抑制消费支出；另外，部分学者认为房价上涨带来的正反两方面的效应取决于价格增长率（段忠东，2014）。当前关于房价波动对消费的动态影响研究，一方面集中在根据生命周期模型利用消费的单方程误差修正模型进行；另一方面，从消费的跨期预算约束出发在协整分析的基础上建立系统的误差修正模型研究变量的动态变化。王凯和庞震（2019）利用 TVP-VAR 模型研究了房价上涨与居民消费的行为。

通过检验，在观测期内商品房价格与居民消费是存在均衡关系的，另外，根据它们之间的这种经济均衡关系及其误差修正机制可以间接评估政策的长、短期性。总之，利用协整时间系列的动态因果效应评估方法不仅可以推断房产税试点政策干预效应的存在性，而且能够有效地识别出试点政策对抑制商品房价格增长的长期效应和短期波动效应，同时利用递归的方法还可估计政策干预的平均处理效应。研究发现，房产税政策对于调控商品房价格上涨具有显著的长期效应；并且两市的房产税政策效应呈现显著的差异性，重庆市的房产税政策力度较小、时滞较长，而上海市实施的房产税政策对抑制房价上涨的力度大、时效迅速。

4.4.2 实证分析

(1) 样本与变量

为了分别研究上海市和重庆市房产税试点政策抑制房价的因果效应，以 2002 年第 1 季度至 2017 年第 4 季度的季度数据为研究样本，其中，上海市和重庆市均在 2011 年第 1 季度实施了房产税试点政策。于是，本书的政策处理变量是 2011 年 1 季度之前取值 0、之后取值 1 的虚拟变量。感兴趣的结果变量分别为两市的住宅平均销售价格（price），即商品房住宅销售额除以住宅销售面积；选择的协变量为城镇居民人均消费支出（cons）。数据均来自《中国统计年鉴》和中经网数据库。并且，先利用城镇居民消费价格指数（CPI）对住宅平均销售价格和人均消费支出进行价格调整，再进行季节性调整，最后做对数变换。图 4.3 分别列示了上海市和重庆市住宅平均销售价格对数（lnprice）序列和城镇居民人均消费支出对数（lncons）序列的时序图。显然，它们之间呈现着"协同运动"的典型特征。

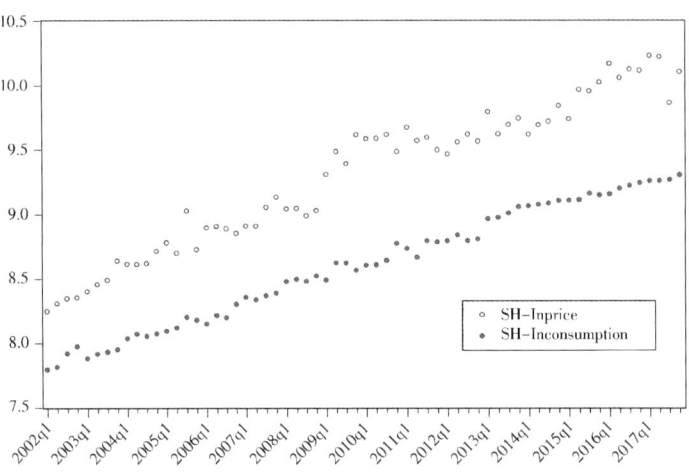

（a）上海市

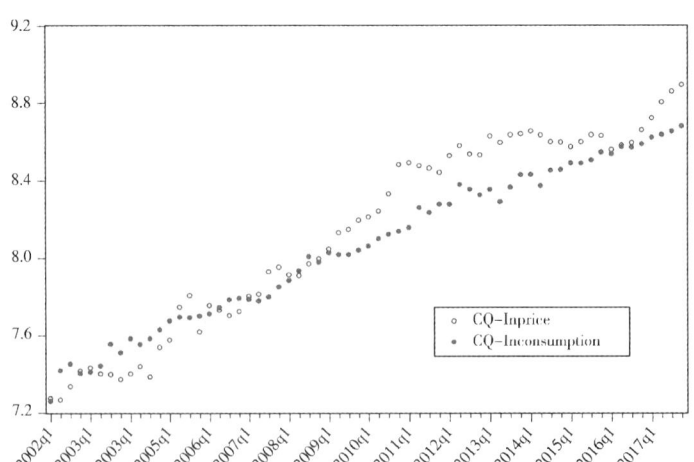

（b）重庆市

图 4.3　两市住宅平均销售价格和城镇居民人均消费支出的时序图

为了检验协变量城镇居民人均消费支出不受房产税政策影响，分别运用 ADF 单位根检验[①]和 Perron（1989）的结构突变单位根检验推断房产税政策对城镇居民人均消费支出影响。事实上，在 5% 的显著性水平下，ADF 检验发现上海市和重庆市的城镇居民人均消费支出序列均为单位根过程。并且，Perron 检验拒绝了重庆市城镇居民人均消费支出是结构突变单位根过程的零假设，即房产税政策并未改变居民人均消费支出的动态行为，且因房产税的应税对象为购置第二套及以上住房和高端住宅的投资者，它对居民人均消费支出不存在显著的影响；而上海市城镇居民人均消费支出并未拒绝 Perron 检验的零假设，但是，结构突变滞后于实施房产税政策的 4 年半，于是，居民人均消费支出的结构突变也与房产税政策无关，Perron 检验结果如表 4.3 所示。因此，房产税政策对居民人均消费支出并不存在显著影响。

表 4.3　　　　　　两市城镇居民人均消费支出的结构突变单位根检验

	Perron 统计量	1% 的临界值	5% 的临界值	10% 的临界值	突变点位置
上海市	-2.6466	-5.92	-5.23	-4.92	2015Q3
重庆市	-6.5279***				——

注：*** 表示 1% 的显著性水平下拒绝原假设。

根据表 4.3，上海市城镇居民人均消费支出的数据发生了结构突变，突变点在 2015 年第 3 季度，而房产税政策是 2011 年第 1 季度起实施，间隔时间达 19 期，认为消费支出的变化是由影响宏观经济环境的其他公共事件导致。对重庆市来说，城镇居民人均消费支出的数据存在单位根过程但是拒绝了具有突变的零假设，样本期内序列未发生结构突变。另外，由于房产税主要针对第二套及以上住房和高端住宅，影响居民的投机性需求，因此，认为房产税对城镇居民人均消费支出的影响有限。

（2）结构突变的协整检验及模型设定

设定结果变量表示上海市和重庆市的住宅平均销售价格（以 $\ln p$ 表示），协变量表示城镇居民人均消费支出（以 $\ln c$ 表示），政策处理变量 D_t 和协变量服从 ADL（1，1，1）模型，即：

$$\ln p_t = \alpha_0 + \alpha_1 \ln p_{t-1} + \beta_0 \ln c_t + \beta_1 \ln c_{t-1} \\ + (\alpha_2 + \alpha_3 \ln p_{t-1} + \beta_2 \ln c_t + \beta_3 \ln c_{t-1}) D_t + \varepsilon_t \quad (4.23)$$

将 ADL（1，1，1）模型（4.23）进行适当变形得到一阶误差修正模型

---

① 采用含截距项的检验模型进行单位根检验，下同。

$$\Delta \ln p_t = \begin{cases} \beta_0 \Delta \ln c_t + (\alpha_1 - 1)\left(\ln p_{t-1} - \dfrac{\alpha_0}{1-\alpha_1} - \dfrac{\beta_0+\beta_1}{1-\alpha_1}\ln c_{t-1}\right) + \varepsilon_t & (4.24) \\ (\beta_0+\beta_2)\Delta X_t + (\alpha_1+\alpha_3-1)\left(\ln p_{t-1} - \dfrac{\alpha_0+\alpha_2}{1-\alpha_1-\alpha_3} - \dfrac{\beta_0+\beta_1+\beta_2+\beta_3}{1-\alpha_1-\alpha_3}\ln c_{t-1}\right) + \varepsilon_t' & (4.25) \end{cases}$$

同样地，令 $\dfrac{\alpha_0}{1-\alpha_0} = \delta_0$，$\beta_0 + \beta_2 = \beta_0'$，$\dfrac{\alpha_0+\alpha_2}{1-\alpha_1-\alpha_3} = \delta_0'$，$\dfrac{\beta_0+\beta_1+\beta_2+\beta_3}{1-\alpha_1-\alpha_3} = \delta_1'$，$(\alpha_1 - 1) = \gamma$，$(\alpha_1+\alpha_3-1) = \gamma'$，则式 (4.24) 和 (4.25) 可分别化简为

$$\Delta \ln p_t = \begin{cases} \beta_0 \Delta \ln c_t + \gamma(\ln p_{t-1} - \delta_0 - \delta_1 \ln c_{t-1}) + \varepsilon_t & (4.26) \\ \beta_0' \Delta \ln c_t + \gamma'(\ln p_{t-1} - \delta_0' - \delta_1' \ln c_{t-1}) + \varepsilon_t' & \end{cases}$$

(4.27)

其中，δ_0、δ_1、δ_0' 和 δ_1' 分别表示政策处理前后模型的长期系数；β_0 和 β_0' 是协变量的同期调整系数；γ 和 γ' 分别表示政策处理前后的误差修正（机制）系数。

(3) 房产税试点政策效应的显著性检验

①结构突变的协整性检验

首先，分别对房产税实施前后两个阶段的上海市和重庆市住宅平均销售价格 (lnprice) 和城镇居民人均消费支出 (lncons) 数据进行平稳性检验。表 4.4 列示了含有常数项的 ADF 单位根检验结果，可知上海市和重庆市住宅平均销售价格和城镇居民人均消费支出序列均为 $I(1)$ 过程。

表 4.4　　　　房产税实施前后（2011 年第 1 季度）序列单位根检验结果

	房产税实施前 样本区间：2002Q1 – 2011Q1		房产税实施后 样本区间：2011Q2 – 2017Q4	
	上海市	重庆市	上海市	重庆市
lnprice	-0.41 (0.8966)	0.36 (0.9780)	-0.88 (0.7769)	0.27 (0.9720)
lncons	0.13 (0.9632)	-1.45 (0.5473)	-1.43 (0.5527)	-0.39 (0.8968)
Δlnprice	-9.41*** (0.0000)	-6.98*** (0.0000)	-8.10*** (0.0000)	-4.29*** (0.0027)
Δlncons	-7.72*** (0.0000)	-8.42*** (0.0000)	-6.74*** (0.0000)	-7.42*** (0.0000)

注：括号内数值为 P 值，*、**和***分别表示 10%、5% 和 1% 的显著性水平下拒绝原假设。

其次，利用 EG 协整检验和 Johansen 协整检验均发现，在两地房产税实施前后，住宅平均销售价格和城镇居民人均消费支出两变量之间均存在一阶协整关系，见表 4.5 所示。

并且，在两地房产税开征前后，两变量的协整回归模型

$$\ln price_t = \varphi_0 + \varphi_1 \ln cons_t + v_t$$

估计结果如表 4.6 所示。

表 4.5　　房产税实施前后上海市和重庆市两变量协整关系检验结果

迹统计量	房产税实施前 样本区间：2002Q1 – 2011Q1		房产税实施后 样本区间：2011Q2 – 2017Q4	
$H_0 : rank = r$	上海市	重庆市	上海市	重庆市
$r = 0$	20.88*** (0.0015)	20.81*** (0.0015)	12.28** (0.0500)	11.77* (0.0618)
$r \leqslant 1$	2.59 (0.1270)	0.74 (0.4484)	3.90 (0.0573)	2.83 (0.1092)

注：括号内为 P 值，*、**和***分别表示 10%、5% 和 1% 的显著性水平下拒绝原假设。

表 4.6　　房产税实施前后上海市和重庆市两变量协整回归估计结果

	房产税实施前 样本区间：2002Q1 – 2011Q1		房产税实施后 样本区间：2011Q2 – 2017Q4	
	上海市	重庆市	上海市	重庆市
C	-2.68 (-4.21)	-2.88 (-5.63)	-0.40 (-0.34)	3.31 (3.93)
$\ln cons$	1.40 (18.23)	1.37 (20.87)	1.13 (8.54)	0.63 (6.31)
R^2	0.90	0.93	0.74	0.61
时期数	37	37	27	27

注：括号内为标准误，*、**和***分别表示 10%、5% 和 1% 的显著性水平下拒绝原假设。

另外，利用 Gregory – Hansen 检验分别对上海市和重庆市的住宅平均销售价格和城镇居民人均消费支出进行具有内生结构突变的协整检验，检验结果如表 4.7 所示。

由表 4.7 可见，在 5% 的显著性水平下，ADF 和 Z_t 统计量均显著地拒绝了零假设。即两市住宅平均销售价格和城镇居民人均消费支出之间存在结构突变的长期协整关系。并且，误差项均不存在自相关。因此，根据 ADL（1，1，1）模型可建立误差修正

模型。

表 4.7　　Gregory – Hansen 协整检验结果

城市	统计量	估计量	突变位置	1%渐近分布临界值	5%渐近分布临界值	10%渐近分布临界值
上海	ADF	-5.32**	44	-5.47	-4.95	-4.68
	Z_t	-5.26**	44	-5.47	-4.95	-4.68
重庆	ADF	-5.24**	51	-5.47	-4.95	-4.68
	Z_t	-5.60***	33	-5.47	-4.95	-4.68

注：*、**和***分别表示10%、5%和1%的显著性水平下拒绝原假设。

②建立误差修正模型

对于房产税实施前后的样本，根据 EG 两步法建立误差修正模型 (4.26) 和 (4.27)，估计结果如表 4.8 所示。

表 4.8　　房产税实施前后上海市和重庆市误差修正模型估计结果

	房产税实施前 样本区间：2002Q1 – 2011Q1		房产税实施后 样本区间：2011Q2 – 2017Q4	
	上海市	重庆市	上海市	重庆市
ln$price$	0.03 (1.6260)	0.03** (2.3603)	-0.01 (-0.3589)	0.01 (1.0493)
D(ln$cons$)	0.17 (0.4322)	0.08 (0.2674)	1.21*** (2.2077)	0.35 (1.6301)
ECM	-0.44*** (-2.8002)	-0.31*** (-2.4930)	-0.58*** (-3.2098)	-0.1320 (-0.9466)
R^2	0.2027	0.1670	0.3666	0.1219
时期数	37	37	27	27

注：括号内数值为标准误，*、**和***分别表示10%、5%和1%的显著性水平下拒绝原假设。

由表 4.8 可知，在房产税政策实施前后，两市住宅平均销售价格和城镇居民人均消费支出之间均存在着较显著的误差修正机制。

③房产税政策效应的显著性检验

首先，利用 Chow 统计量检验上海市和重庆市房产税实施前后住宅平均销售价格关于城镇居民人均消费支出的误差修正模型是否发生显著的结构变化，检验结果如

表4.9。

表4.9 模型结构的 Chow 检验结果

城市	全样本	房产税实施前	房产税实施后	F 值
上海市	0.7512	0.3269	0.2727	7.5851***
重庆市	0.6458	0.3243	0.1127	14.3341***

注：表中数值为对应样本的残差平方和（RSS）；*、**和***分别表示10%、5%和1%的显著性水平下拒绝原假设。

可见，在1%的显著性水平下[①]，Chow 检验均拒绝了误差修正模型不存在结构变化的原假设。因此，房产税实施之后对上海市和重庆市的住房价格和居民消费支出的结构关系均产生了显著影响。

其次，为了推断房产税政策的冲击类型，需分别对模型的均衡机制、短期系数和修正速度进行显著性检验。对于无约束模型（4.15），利用 Wald 统计量检验相应的约束条件，检验结果如表4.10所示。

表4.10 房产税实施前后 ECM 模型对应系数的显著性检验结果

检验内容	零假设	上海市		重庆市	
		Wald 统计量	判断	Wald 统计量	判断
均衡机制	$H_0: \delta_1 - \delta_1' = 0$	3.10* (0.0784)	拒绝	28.54*** (0.0000)	拒绝
短期系数	$H_1: \beta_0 - \beta_0' = 0; \gamma - \gamma' = 0$	1.38 (0.5011)	接受	1.21 (0.5449)	接受
修正速度	$H_0: \gamma - \gamma' = 0$	0.13 (0.7165)	接受	1.1663 (0.2802)	接受
弹性系数	$H_0: \beta - \beta' = 0$	1.37 (0.2422)	接受	0.1375 (0.7108)	接受

注：*、**和***分别表示10%、5%和1%的显著性水平下拒绝原假设。

由表4.10可知，在样本期内，实施房产税政策显著地改变了住房价格和居民消费支出的长期均衡关系。所以，房产税政策是一种长期有效的财政政策工具，房产税政

---

① 在1%的显著性水平下，$F_{0.01}(2, 60) = 4.9774$。

策实施后,两市人均消费支出对住宅平均销售价格上涨的弹性系数显著降低(见表4.5),而且两种房产税政策的效果存在差异。但是,房产税政策并未显著地改变短期修正速度和短期动态调整系数。实际上,因我国商品房的投资品特征,对投资品持有环节征税使投资成本上升,降低了其投资收益,进而长期抑制了商品房价格的上涨(刘甲炎等,2013)。

(4) 房产税试点政策平均因果效应的估计

根据政策实施前的样本数据和误差修正模型,本书首先利用递归预测方法分别估计了上海市和重庆市第 t_0 到 T 期的反事实结果,如图4.4和图4.5中的浅色实线所示。并且,根据结果变量观测值(图4.4和图4.5中深色实线)与反事实结果之差估计各期的政策因果效应。经计算,截止到2017年第4季度,房产税政策使上海市和重庆市住宅平均销售价格平均下降16.93个和12.31个百分点,即平均约下降了3629.79元/平方米和797.96元/平方米。另外,本书也利用房产税政策实施前的结果变量与协变量间的协整回归估计了政策实施后商品房价格的反事实结果,如图4.4和图4.5中的虚线所示。类似地,直至2017年第4季度,两市的房产税政策分别使其住宅平均销售价格平均下降了16.34个和7.89个百分点。

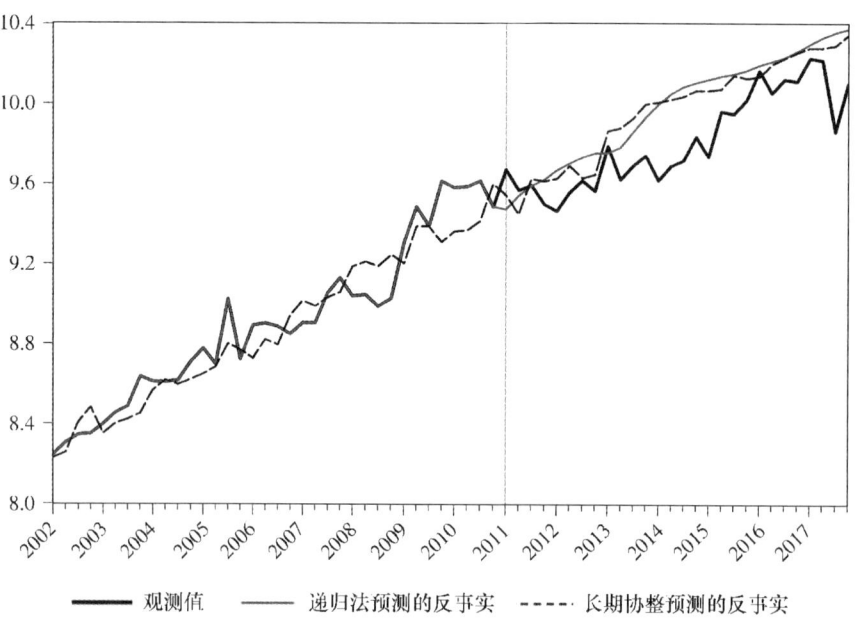

图4.4 上海市住宅平均销售价格反事实结果

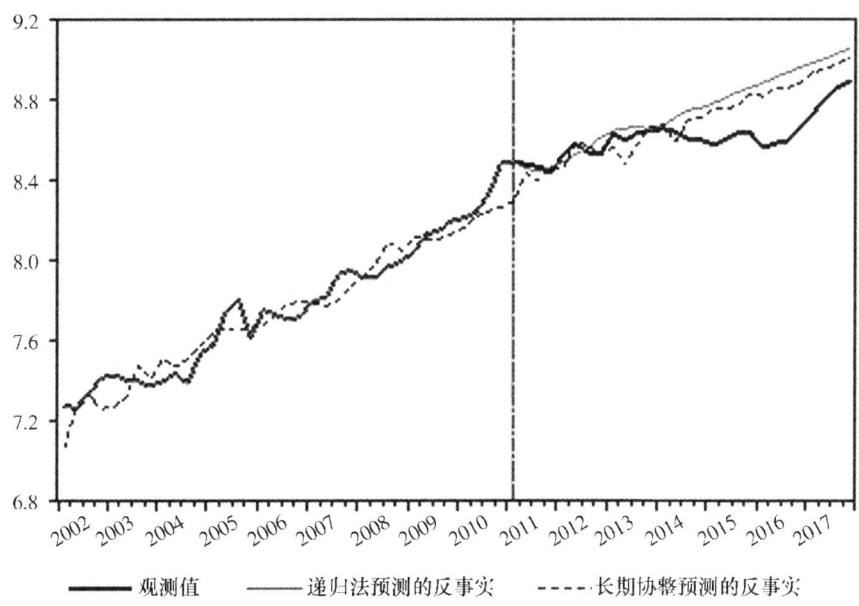

图 4.5 重庆市住宅平均销售价格反事实结果

综上,房产税对商品房价格的影响与制度设计的关系较大,征税范围越宽,市场的操作空间会越小,对各类商品房价格的影响就会显得更加明显。本书的研究显示,因房产税政策的差异,上海市实施的房产税政策对抑制房价上涨的力度大、时效迅速;重庆市的房产税政策力度较小、时滞较长。

上海市房产税的征收范围囊括了所辖行政区域,而对重庆市来说仅涉及主城九区,在实施房产税税收政策以后,会发生房地产投资向市内其他行政区的转移,这包括新建商品房和二手住宅的购买。表现在政策力度上,房产税对重庆市住宅平均销售价格的抑制作用很大概率会出现滞后的现象,本书的实证结果同样证明了这一点。另外,从图 4.4 和图 4.5 还可以看到,政策实施初期的政策效果相对较弱,主要还是因为短期内住房的供给结构不会出现较大幅度的变化,部分家庭对高档住宅以及大户型住宅的需求转向小户型,导致房产税挤出的需求显著推高小户型的价格,产生结构效应,弱化房产税政策短期内的效果。最后,房产税政策的实施显著改变了住房价格和居民消费支出的长期均衡关系,但是并未改变短期修正速度和短期动态调整系数。所以,房产税政策是一种长期有效的财政政策工具。基于本书的研究发现,进一步扩大房产税的征税范围会明显减弱区域因素引致的替代效应,增加住房的持有成本,从而抑制消费者的投机性需求,引导居民合理的住房性需求。房产税的实施旨在建立一个长期稳定的房地产市场,通过对持有环节征税,可以适当维持住房价格的增速和 CPI 增长率等宏观经济增长指标的一致,并在一定程度上缓解地方政府的土地财政困境。

第 5 章　基于 SVAR 模型的动态因果效应评估方法

动态计量经济学的思想与方法最早可以追溯到 Sargent（1971），他提出利用历史数据分析宏观经济系统中政策变化的测度问题。20 世纪 70 年代，随着"理性预期"革命的到来，传统凯恩斯主义宏观经济学迈向新古典宏观经济学。新古典宏观经济学的研究不仅具有微观经济基础，还实现了从静态分析向动态分析的跨越。Sargent（1971）将理性预期的思想引入经济学分析中，判断经济环境改变时经济人的决策行为。Hansen & Sargent（1980）通过构造一个 VAR 模型对理性预期的利率期限结构进行估计（极大似然估计，MLE）和检验（似然比检验，Likehood Ratio Test）。随后 Hansen & Sargent（1982）进一步利用广义矩估计方法进行了相关研究。经济变量间的动态关系往往比静态关系更加复杂和重要。利用动态计量经济学方法，Sargent（1973，1978a，1978b）对劳动力和工资的研究表明动态分析比静态分析能更好地解释实际经济情况。

Sims 对宏观经济和动态计量经济学的发展做出了突出的贡献，尤其是 VAR 模型和 SVAR 模型的提出改变了宏观经济领域的实证分析范式。相关研究中区分了经济变量的动态属性，拓展了结构模型在宏观经济实证研究领域的应用范围和适用性。目前，SVAR 模型及其拓展模型已广泛应用于宏观经济学、货币金融学、能源经济学和农业经济学等学科领域。Sargent 和 Sims 的研究解释了经济状况形成的原因，回答了实证宏观经济学领域"什么引致了什么"的基本命题。

在宏观经济研究中，动态因果效应被认为是随着时间的推移，政策干预在经济系统中的传播效应。评估政策变化的动态因果效应是十分困难的，例如，货币政策的变动会带来某种冲击，进而引发经济系统一连串自主的、意外的变动，从而对产出带来影响。但是，货币政策变动通常又是对实际 GDP 的某种反应，而 GDP 又通过投资决策、消费决策以及其他变量，被货币政策所直接或间接的影响，即简单回归存在由于双向因果关系所导致的内生性问题。因此，在经验研究中不能简单地把货币政策变动放到等号的右侧去考察它对结果变量的影响，解决内生性问题需要更多的信息。单一方程时间序列动态因果推断方法探讨的是单个变量的动态规律性，通过考察变量间的长期关系，可以实现对动态效应的评价。而在经验研究中，变量之间往往具有相关性，变量的变化不仅受自身滞后值的影响还会受到系统中其他变量滞后值的影响，这就需要把单方程推广到多变量结构模型的研究中。Angrist & Kuersteiner（2004，2011）将潜在结果框架拓展到时间序列的结构模型中，不仅解决了微观计量经济学关注的异质性问题，也解决了时间序列计量经济学的动态性问题。

本章主要介绍基于结构向量自回归（SVAR）模型的动态因果效应的潜在结果框架，包括 Angrist & Kuersteiner（2004，2011，2018）、Ramey（2016）和 Stock & Watson（2018）等文献分别基于 SVAR 模型提出了评价宏观经济政策动态因果效应的政策倾向得分（Policy Propensity Score）方法、LP – IV 方法和 SVAR – IV 等方法，构建了动态因果效应评价的高维时间序列模型分析方法体系。并且，我们扩展了 Angrist et al.（2011）的研究成果，根据结构突变理论对经济发展周期进行区制划分，并使用 H – P 滤波的方法分离出相关的政策冲击序列以及正向和负向政策冲击序列，基于 SVAR 模型的脉冲响应函数分析，利用半参数倾向得分的条件独立性假设检验和逆概率加权的方法分别给出了经济发展不同阶段以及不同方向政策对主要经济变量响应期和平均因果效应的估计，探讨了经济发展周期不同区制政策冲击调控效应的动态演化和非对称性检验。

5.1 SVAR 模型及其识别

5.1.1 SVAR 模型

VAR 模型单纯以数据的统计性质为基础，通过利用经济系统中所有变量的滞后变量来构造模型，而非以经济理论为基础描述经济变量之间的结构关系。设有 VAR(p) 模型

$$y_t = A_1 y_{t-1} + A_2 y_{t-2} + \cdots + A_p y_{t-p} + u_t, t = 1,2,\cdots,T$$

滞后算子的形式表示为

$$A(L)y_t = u_t, t = 1,2,\cdots,T$$

其中，$A(L) = I_k - A_1 L - A_2 L^2 - \cdots - A_p L^p$ 为滞后算子多项式。而当基于一定的经济理论时，如果经济系统 $y_t = (y_{1t}, y_{2t}, \cdots, y_{kt})'$ 中的变量受其他变量的当期值影响，不受其他 d 维外生的变量 $x_t = (x_{1t}, x_{2t}, \cdots, x_{dt})'$ 影响，则可建立结构式非限制性 SVAR(p) 模型，模型形式如下

$$A_0 y_t = A_1 y_{t-1} + A_2 y_{t-2} + \cdots + A_p y_{t-p} + u_t, t = 1,2,\cdots,T \tag{5.1}$$

或利用滞后算子表示成

$$A(L)y_t = u_t, t = 1,2,\cdots,T \tag{5.2}$$

其中，$A_0 = \begin{bmatrix} 1 & a_{12}^{(0)} & \cdots & a_{1k}^{(0)} \\ a_{21}^{(0)} & 1 & \cdots & a_{2k}^{(0)} \\ \cdots & \cdots & \cdots & \cdots \\ a_{k1}^{(0)} & a_{k2}^{(0)} & \cdots & 1 \end{bmatrix}$，$A(L) = A_0 - A_1 L - A_2 L^2 - \cdots - A_p L^p$。

对于式（5.2），由于每一方程均含有同期相关的变量，因此，即使在扰动项 u_t 为白噪声的条件下也不能采用 OLS 方法估计模型参数。

如果 A_0 可逆，即当逆阵 A_0^{-1} 存在时，式（5.1）SVAR 模型可化为简化式非限制性 VAR 模型

$$y_t = A_0^{-1} A_1 y_{t-1} + A_0^{-1} A_2 y_{t-2} + \cdots + A_0^{-1} A_p y_{t-p} + A_0^{-1} u_t, t = 1, 2, \cdots, T \tag{5.3}$$

或利用滞后算子表示成

$$A(L) y_t = A_0^{-1} u_t, t = 1, 2, \cdots, T \tag{5.4}$$

其中，$A(L) = I - A_0^{-1} A_1 L - A_0^{-1} A_2 L^2 - \cdots - A_0^{-1} A_p L^p$。

令 $A_0^{-1} A_1 = D_1, A_0^{-1} A_2 = D_2, \cdots, A_0^{-1} A_p = D_p, A_0^{-1} u_t = v_t$

则方程（5.4）可以写成

$$y_t = D_1 y_{t-1} + D_2 y_{t-2} + \cdots + D_p y_{t-p} + v_t, t = 1, 2, \cdots, T \tag{5.5}$$

当特征方程 $det[D(L)] = |I_k - D_1 L - D_2 L^2 - \cdots - D_p L^p| = 0$ 的根全部在单位圆之外时，VAR（p）模型可逆，从而 y_t 又可表示成白噪声 v_t 的加权和形式

$$y_t = C(L) v_t = C_0 v_t + C_1 v_{t-1} + C_2 v_{t-2} + \cdots \tag{5.6}$$

其中，$C_0 = A_0^{-1}$。

SVAR 模型主要有三种类型：K 型、C 型和 AB 型，其中最常用的是 AB 型，而 K 型和 C 型可视为 AB 型的特殊形式。以 AB 型为例，

设 A、B 为 $k \times k$ 阶可逆阵，用 A 左乘式（5.2），则

$$AA(L) y_t = Au_t, t = 1, 2, \cdots, T \tag{5.7}$$

若满足条件 $Au_t = Bv_t, Ev_t = 0, Cov(v_t) = E(v_t v_t') = I$，则称（5.7）为 AB 型 SVAR 模型。

当 A 为单位阵时，AB 型 SVAR 模型就化为 C 型 SVAR 模型；当 B 为单位阵时，AB 型 SVAR 模型就化为 K 型 SVAR 模型。

由 $Cov(Au_t) = E(Au_t u_t' A') = E(Bv_t v_t' B') = Cov(Bu_t)$，可知 $A\Sigma A' = BB'$。显然在 Σ 已知下，相当于对 A、B 施加了 $k(k+1)/2$ 个非线性约束条件，余下 $2k^2 - k(k+1)/2$ 个自由参数。

5.1.2 SVAR 模型的识别

SVAR 模型的识别是指通过施加一定的条件，使得可以利用样本信息估计模型参

数。结构式非限制性 SVAR 模型（5.1）的识别取决于对模型所施加的约束条件。在运用 SVAR 模型解决实际问题时，识别结构冲击效应的关键首先是识别模型的结构冲击向量 ε_t，识别 ε_t 时需要将 SVAR 模型转化为简化式 VAR 模型，而从 VAR 模型的新息过程 u_t 识别结构冲击向量 ε_t 的关键是施加约束条件确定参数矩阵 B_0^{-1}。因此，SVAR 模型识别结构冲击的关键就在于对参数矩阵 B_0 施加约束条件。在现有研究中，学者们较认可的识别方法主要有三种：递归假设识别方法、长期约束识别方法和符号限制识别方法。下面对这三种方法做简要介绍。

（1）递归假设识别方法

Sims 提出了一种有别于大型联立方程组模型的识别方法，即对模型的扰动项进行结构识别，从而分解出经济含义明确的结构冲击。Sims 的这种识别方法就是目前常用的 Cholesky 分解法或递归假设识别法。递归假设识别方法是关于结构冲击识别研究中运用最早且最广泛的一种方法。然而由于 Cholesky 分解法的限制条件较强，同时易受到变量排序的影响，再加上变量之间的递归结构关系（Wold 因果链）在现实中往往并不存在，使得一些学者对这种识别方法产生了质疑。为使 SVAR 模型扰动项的经济含义更加明晰，脉冲响应、方差分解、情景预测等动态效应分析更加有效，Blanchard & Watson（1984）、Sims（1996，1998）、Blanchard & Quah（1989）等一大批学者相继提出了有关 SVAR 模型扰动项的结构识别方法。

简化式 VAR 模型不能直接识别结构性的冲击，模型中需要估计的参数个数为

$k^2 p + (k^2 + k)/2$

其中，扰动项 u_t 的方差协方差阵 $Cov(u_t) = E(u_t u_t') = \Sigma$ 中需要估计的参数个数为 $(k^2 + k)/2$。在扰动项 u_t 满足白噪声条件下，可以采用 OLS 估计式（5.5）。而 SVAR 模型中可以分解不同来源的结构冲击，可以根据经济的理论中变量之间的相互关系来识别其类型。式（5.1）中模型参数的个数为 $k^2 p + k^2$，由于 $k^2 p + k^2 > k^2 p + (k^2 + k)/2$，因此，需要额外施加的约束条件个数为 $k(k-1)/2$。

对 SVAR（p）模型所施加的约束条件可以是短期的，也可以是长期的。根据 Cholesky 分解的思想，短期约束可以直接施加在矩阵 A_0 上，将 A_0 约束为主对角线元素为 1 的下三角形矩阵，即

$$A_0 = \begin{bmatrix} 1 & 0 & \cdots & 0 \\ a_{21}^{(0)} & 1 & \cdots & 0 \\ \cdots & \cdots & \cdots & \cdots \\ a_{k1}^{(0)} & a_{k2}^{(0)} & \cdots & 1 \end{bmatrix}$$

则结构式非限制性 SVAR 模型恰好识别，式（5.1）称为递归式的 SVAR 模型，直接利用 OLS 方法进行方程估计。

(2) 长期约束识别方法

在 Sims（1980）提出递归假设识别方法之后，Blanchard 和 Quah（1989）提出了施加长期约束条件的识别方法。该方法最常见的形式是对一个结构冲击对另一个变量的长期累积影响施加零约束，即若

假设 $\sum_{t=0}^{\infty} D_t \sum_{t=0}^{\infty} D_t$ 矩阵的第 i 行第 j 列元素为 0，那么表示第 i 个变量的结构冲击对第 j 个变量的长期累积影响为 0。同递归假设识别方法相似，长期约束识别方法也可以有效地减少自由参数的个数，并且，施加约束条件的个数也与模型中的变量个数有关，如果模型中有 k 个变量，则需要施加 $\frac{k(k-1)}{2}$ 个 $k(k-1)/2$ 长期约束条件。

(3) 符号约束识别方法

上述两种方法都是对模型的参数矩阵直接施加约束条件，通过减少自由参数的个数来实现 SVAR 的恰好识别。但是这样的假设和条件太过严格，甚至会受到研究者先验信息的影响，可能产生混淆假设和结论的后果。为解决这一问题，Uhlig（2005）提出了符号约束识别方法。该方法不对参数矩阵 B_0 B_0 直接施加约束条件，而是依据理论和经济意义对已知变动方向的变量施加变动方向约束，而对不确定变动方向的变量和兴趣变量不施加任何约束，以此来识别结构冲击。

5.1.3 SVAR 模型的脉冲响应函数

检验经济政策效果的简单方法是进行随机实验，然而由于成本、伦理道德等原因，经济领域的随机实验较为少见。因此，利用观测数据对经济变量之间的因果关系进行分析就变得十分重要。

若 SVAR 模型（5.1）中 A_0 可逆，其可化成简化式非限制性 VAR 模型（5.5），进一步，在满足特征方程

$$det[C(L)] = |I_k - C_1 L - C_2 L^2 - \cdots - C_p L^p| = 0$$

的根全在单位圆外的条件下，有 VAR（p）可逆，从而可将 y_t 表示成白噪声 v_t 移动平均形式

$$y_t = C(L)u_t = (I + C_1 L + C_2 L^2 + \cdots)u_t \tag{5.8}$$

由于 $E(u_t) = 0$、$Cov(u_t) = E(u_t u_t') = \Sigma \neq I$（称非正交化），因此需要进行正交化处理。

由于 Σ 是正定对称阵，将其分解成

$$\Sigma = GQG'$$

其中，G 是下三角阵，Q 是主对角线上元素大于零的对角阵。

令 $G^{-1}u_t = v_t$，即 $u_t = Gv_t$，则有

$Cov(v_t) = E(v_t v_t^{'}) = Q$

此时有

$y_t = C(L)u_t = C(L)Gu_t$

由此可以导出正交的脉冲响应函数，如下

$d_{ij}^{(q)} = \partial y_{it+q}/\partial v_{jt}, q = 0,1,2,\cdots;t = 1,2,\cdots,T$

因此，SVAR 模型的脉冲响应函数用矩阵也可表示为

$D_q = \partial y_{t+q}/\partial v_t^{'}$

如果 SVAR 模型为 AB 型，则其脉冲响应函数为

$$D_q = H_Q A^{-1}B \tag{5.9}$$

代表动态分析的时间序列研究中，鉴于自回归过程可以转化为一个无限阶的移动平均过程，因此，可以利用代表随机冲击的误差项对真实经济参数进行估计。

综上，SVAR 模型是多元时间序列分析的核心内容之一，它以经济理论为建模依据，是宏观经济波动与情景预测分析的一个重要模型。脉冲响应分析是 SVAR 模型中最为重要的动态分析方法之一，被广泛应用到宏观经济政策的分析中。通过在 SVAR 模型中对外生冲击或外生冲击的线性组合施加结构识别约束，使具有结构识别约束的 SVAR 模型随机扰动项蕴含了明确的经济含义从而使得脉冲响应、方差分解和情景预测等动态效应分析更加有效。因此，基于 SVAR 模型的动态因果效应的潜在结果框架，可以反映出模型系统中的内生变量在受到某一个结构性冲击以后的动态变化路径，准确地描述出政策调控效应的动态演化。

5.2 动态因果效应

5.2.1 概述

鉴于时间序列隶属单一个体的特征，Slutzky（1927）和 Frisch（1933）率先将宏观经济政策的动态因果效应定义为政策干预随时间推移在经济系统中的传播效应。并且，Robins（1986）提出利用政策的潜在结果路径取代 Rubin 的平均处理效应，以研究经济政策的动态因果效应。事实上，Sims（1980）指出 VAR 模型不同于传统的回归模型，通常并不关注一个内生变量对另一个内生变量的影响，而侧重于分析误差项发生变化时对系统内生变量的动态影响。尤其，对于根据欧拉等式、泰勒规则和菲利普斯曲线等经济理论或金融理论建立的 SVAR 模型，在适当的结构识别约束下，SVAR 模型的随机误差项捕捉了经济系统的结构性冲击。于是，SVAR 模型的脉冲效应函数反映了某一期一个结构性冲击对经济系统内生变量当期及其滞后各期的影响，即内生变量的动态

变化路径。显然，SVAR 模型的脉冲响应函数量化了 Robins（1986）的潜在结果路径，以及 Slutzky（1927）和 Frisch（1933）所界定的动态因果效应。因此，Angrist & Kuersteiner（2011）、Ramey（2016）、Plagborg Moller（2016）和 Stock & Watson（2017）等指出 Sims（1980）提出的脉冲响应函数测度了时间序列的动态因果关系，SVAR 和 SVEC 等结构时间序列模型为研究宏观经济学的数量关系和经济政策的因果效应提供了一种有效的方法。

实际上，类比于微观经济学的 Rubin 潜在结果框架，Bernanke et al.（1997）和 Sims & Zha（2006）在 SVAR 模型基础上提出了一种宏观经济学的"反事实"分析模式。该方法首先设定了两个 SVAR 模型，假设在原模型中只有政策变量对另一内生变量做出当期的反应，而在关闭模型中政策变量对该内生变量不会做出当期的反应，即将该内生变量的当期及滞后项系数为零。然后，根据 SVAR 模型关闭前后该变量关于政策冲击的动态效应（比如脉冲响应函数、累积脉冲响应函数和预测误差的方差分解等）是否存在显著差异推断该内生变量对政策的动态效应是否具有重要影响。例如，Kilian & Lewis（2011）利用这种方法研究了石油价格冲击对美联储货币政策效应的影响，李永友（2012）使用"反事实"脉冲响应函数研究发现市场信心对中国财政政策乘数效应具有重要影响。但是，Adam（2009）、Benati & Surico（2009）和 Benati（2010）等文献对这种宏观经济学的"反事实"分析方法的可靠性表示质疑。并且，Stock & Watson（2018）将宏观经济冲击描述为在宏观经济系统中产生"意料之外"的非预期结构扰动，发现了估计 SVAR 模型脉冲响应函数的 LP-IV 方法和 SVAR-IV 方法。

另外，Angrist & Kuersteiner（2004，2011）将 Rosenbaum & Rubin（1983）提出的倾向得分方法应用于 Granger 非因果检验和 Sims 非因果检验中，提出基于倾向得分的半参数条件独立性检验，并提出了使用有序 Probit 模型倾向得分的半参数条件独立性检验推断政策冲击对结果变量的动态效应。但是，倾向得分半参数条件独立性检验只能推断政策处理效应的存在性，给出政策冲击对结果变量做出显著响应的时间，而不能估计政策干预的因果效应。Angrist et al.（2018）还提出了利用逆概率加权方法计算政策的动态因果效应，并利用该方法评估了美国货币政策在大萧条前后的影响。

5.2.2 动态潜在结果分析框架

在宏观经济政策评价框架中，SVAR 模型能够很好地概括经济变量的动态性质，分析内生变量对结构性政策冲击的响应。本节根据 SVAR 模型阐述时间序列动态因果效应的潜在结果框架，界定动态潜在结果路径、动态潜在结果和动态处理效应等基本概念，以及脉冲响应函数的动态因果解释的等结论。

(1) 动态潜在结果路径

目前, Angrist & Kuersteiner (2011), Angrist et al. (2018), Bojinov & Shephard (2019), Jordà & Taylor (2016), Liu et al. (2019), Cai et al. (2019a, 2019b) 等将截面和面板数据的政策处理因果效应分析框架扩展到时间序列数据, 在宏观经济系统的实证研究中, 建立了动态潜在结果路径的定义、估计以及识别条件及其相关检验等基本理论。

假设 D_t 为表示在 t 期接受政策干预的二元随机变量 ($t = 1, \cdots, T$), 则称随机过程 $D_{1:t} = (D_1, \ldots, D_t)$ 为随机处理路径 ($t = 1, \cdots, T$), 并记 $d_{1:t} = (d_1, \ldots, d_t)$ 为随机处理路径 $D_{1:t}$ 的一次实现。显然, 第 t 期存在 2^t 种可能的处理路径。例如, 当 $t = 2$ 时存在 $[(0,0), (0,1), (1,0), (1,1)]$ 四种可能的处理路径。

类似地, 如果假设第 t 期的潜在结果仅依赖于当前及前期的处理而与未来期的处理无关, 则称

$$Y_t(g) = \{Y_t(d_{1:t}), d_{1:t} \in \{0,1\}^t\} \tag{5.10}$$

为结果变量 Y 在 t 期的可能潜在结果集合, 并记从第 1 期到第 t 期的潜在结果为

$$Y_{1:t}(g) = \{Y_1(g), Y_2(g), \cdots, Y_t(g)\} \tag{5.11}$$

于是对于根据处理变量路径的实现 $d_{1:t}$, 潜在结果路径表示为

$$Y_{1:t}(g) = \{Y_1(d_{1:1}), Y_2(d_{1:2}), \cdots, Y_t(d_{1:t})\} \tag{5.12}$$

另外, 对于每种可能的处理路径实现 $d_{1:t}$, 结果变量的潜在结果路径

$$Y_{1:t}(d_{1:t}) = \mu(d_{1:t}) + \varphi(d_{1:t}) Y_{1:t-1}(d_{1:t-1}) + \sigma(d_{1:t}) \varepsilon_t, t = 1, 2, \cdots, T \tag{5.13}$$

则称潜在结果路径服从一阶潜在自回归 (potential autoregression) 过程, 其中, $\mu(g)$, $\varphi(g)$ 和 $\sigma(g)$ 均为非随机过程。

并且, 假设 $\sigma(g)$ 和 $\theta(g)$ 是非随机过程, 则称随机过程

$$Y_t(d_{1:t}) = \mu(d_{1:t}) + \sigma(d_{1:t}) \varepsilon_t + \theta(d_{1:t-1}) \varepsilon_{t-1}, t = 1, 2, \ldots, T \tag{5.14}$$

是一阶潜在移动平均过程。

由于时间序列在每期只能观测到一种潜在处理路径, 即只存在一种潜在处理路径的实现 $d_{1:T}^{obs} = (d_1^{obs}, \ldots, d_T^{obs})$ 是可观测的, 同理, 对应于可观测的处理路径, 存在唯一的可观测潜在结果路径, 记为 $y_{1:T}^{obs} = (y_1^{obs}, \ldots, y_T^{obs})$。于是, 对应于可观测的处理路径 $d_{1:t}^{obs}$, 在第 t 期的潜在结果路径

$$Y_{1:t}^{obs} = Y_{1:t}(d_{1:t}^{obs}) = \sum_{d \in (0,1)^t} I_{d_{1:t}^{obs}} Y_{1:t}(d), t = 1, \ldots, T \tag{5.15}$$

另外, 对于随机过程 W_t 的实现 ω_t, 如果

$$\Pr(W_t = \omega_t \mid W_{1:t-1} = \omega_{1:t-1}, Y_{1:T}(g)) = \Pr(W_t = \omega_t \mid W_{1:t-1} = \omega_{1:t-1}, Y_{1:t-1}(g))$$

$$\tag{5.16}$$

则称潜在结果路径 $Y_{1:T(g)}$ 不是 W_t 的 Granger 原因（Sims，1972；Chamberlain，1982；Lechner，2010）。

与传统的潜在结果分析框架类似，时间序列在第 t 期的因果效应定义为与两种处理路径相对应的潜在结果之差。

给定潜在处理路径的任意实现 $d_{1:t}$ 和 $d^{'}_{1:t}$，称

$$\tau_t(d_{1:t},d^{'}_{1:t}) = Y_t(d_{1:t}) - Y_t(d^{'}_{1:t}) \tag{5.17}$$

为第 t 期的相对处理效应，并称其的时间平均

$$\tau_t(d_{1:T},d^{'}_{1:T}) = \frac{1}{T}\sum_{t=1}^{T}\tau_t(d_{1:t};d^{'}_{1:t}) \tag{5.18}$$

为两种潜在路径的相对平均处理效应。

显然，脉冲响应函数

$$IRF_{t,s} = E\{Y_{t+s}(d_{1:t+s})\mid D_{1:t+s} = d_{1:t+s}, Y_{1:t-1}\} - E\{Y_{t+s}(d^{'}_{1:t+s})\mid D_{1:t+s} = d^{'}_{1:t+s}, Y_{1:t-1}\} \tag{5.19}$$

是如下潜在处理路径

$$d_{1:t-1} = d^{'}_{1:t-1} = 0$$

$$d_t = 1, \ d^{'}_t = 0$$

$$d_{t+1:T} = d^{'}_{t+1:T} = 0$$

的相对平均处理效应。与基于截面和面板数据的经典因果推断方法中个体层面潜在结果之间的比较类似，时间序列数据中第 t 期的因果效应为给定处理路径下对应潜在结果之差。Imbens & Rubin（2015）提出利用上述方法所得到的因果效应估计是有效的。

（2）动态潜在结果

为了研究宏观经济政策的动态因果效应，Angrist & Kuersteiner（2011）和 Angrist et al.（2018）等文献将截面数据的静态潜在结果框架应用于时间序列，建立了动态潜在结果的相关理论。

假设定义在概率空间（$(\Omega,\mathcal{F},\mathbb{P})$）上可观测的向量随机过程 $\chi_t = (Y_t, X_t, D_t)$ 描述了一种经济系统，Y_t 是结果变量的向量随机过程；D_t 是政策变量的向量随机过程；X_t 是其他的外生变量以及滞后内生变量的向量随机过程。概率空间中 Ω 代表总体空间，总体空间的子集合 $\mathcal{F}$ 代表样本空间；$\mathbb{P}$ 代表相应的决策规则。令 $\bar{X}_t = (X_t,\cdots,X_{t-k},\cdots)$ 由第 t 期协变量及其滞后项组成，称为协变量的动态路径，$\bar{Y}_t$ 和 $\bar{D}_t$ 类似于 $\bar{X}_t$ 的定义。$\mathcal{F}_t$ 表示第 t 期的信息集 $?_t = \sigma(z_t)$ 为一个 z_t 生成的 σ-代数，其中 $z_t = \Pi_t(\bar{X}_t,\bar{Y}_t,\bar{D}_{t-1})$ 是有限维函数 $\Pi_t: \otimes_{i=1}^{\dim(\chi_t)}\mathbb{R}^{\infty} \to \mathbb{R}^{\kappa_2}$ 的集合，并且，z_t 中的变量均为可观测的历史值，并假设 Π_t 是已知的映射。

假定政策是当期可观测变量信息集的决定 $D(z_t,t)$ 和随机冲击 ε_t 按照规则 ψ 制定，

它综合考虑了可观测信息和不可观测冲击的影响，定义 t 期的政策变量

$$D_t = \psi(D(z_t,t),\varepsilon_t)$$

其中，政策制定规则 ψ 是一般意义上的映射，可以有多种选择；ε_t 在 $[0,1]$ 上服从均匀分布，它表示政策制定者会对不可观测的随机冲击 ε_t 做出反应。

显然，在基于结构计量模型的动态因果效应分析框架中，识别因果效应的关键是区分政策决定过程中系统部分和随机成分。另外，对于时间序列数据，Rubin 因果模型的条件独立性假设不一定成立。同时鉴于时间序列的序列相关性，使得当期的潜在结果受过去政策处理的影响，因此在给定历史信息的前提下应讨论潜在结果的可能状态，从而利用观测结果和潜在结果的比较估算政策的因果效应。

定义 5.1（动态潜在结果）

给定 t、j 和 ψ，当 $D_t = \psi(D(z_t,t),\varepsilon_t) = d$，潜在结果 $Y_{t,j}^{\psi}(d)$ 定义为 $t+j$ 期观测结果 Y_{t+j} 的可能反事实结果，其中，d 是 D_t 的可能实现 $d \in D = \{d_0,\cdots,d_j,\cdots,d_J\}$，$\psi$ 表示政策机制 $\psi \in \Psi$。

可见，对于给定的政策规则 ψ，定义 4.1 说明反事实结果随着政策实施的变化而变化。它不同于宏观计量经济学中脉冲响应函数，脉冲响应函数侧重于反映政策冲击对结果变量的后续影响，动态潜在结果的设定更具一般性，允许 $Y_{t,j}^{\psi}(d)$ 的分布特征可以以任意形式依赖于政策参数 d。

对于任意的 d、ψ、t 和 j，当不存在因果效应的零假设成立时，表示第 $t+j$ 期的潜在结果与观测结果相同，即 $Y_{t,j}^{\psi}(d) = Y_{t+j}$。于是，若选择基准政策为 d_0，则在 t 期实施政策 d 时，在第 $t+l$ 期的政策效应为 $Y_{t+l}^{\psi}(d_j) - Y_{t+l}^{\psi}(d_0)$。

定义 5.2（动态处理效应）

给定 l 和基准政策 d_0，政策 d_j 在第 $t+l$ 期的因果效应为

$$\theta_{l,j} = E[Y_{t,l}^{\psi}(d_j) - Y_{t,l}^{\psi}(d_0)] \tag{5.20}$$

t 期实施政策 d_j 后，从第 $t+l$ 期到第 $t+L$ 期的平均处理效应向量为

$$\theta_j = (\theta_{1,j},\cdots,\theta_{L,j}) \tag{5.21}$$

其中，$\theta_j = E[Y_{t,L}^{\psi}(d_j) - Y_{t,L}^{\psi}(d_0)]$。

定义 5.2 说明随机变量 $Y_{t,j}^{\psi}(d)$ 部分取决于未来的政策冲击，例如 ε_{t+j-1} 的影响，并且在 $[t+1,t+j-1]$ 时期内，$\varepsilon_{t+1}\cdots\varepsilon_{t+j}$ 对潜在结果 $Y_{t,j}^{\psi}(d)$ 的影响是固定的。

需要注意的是，即使潜在结果 $Y_{t,j}^{\psi}(d)$ 和潜在结果 $Y_{t+1,j-1}^{\psi}(d')$ 都发生在 $t+j$ 时期，$Y_{t,j}^{\psi}(d)$ 与 $Y_{t+1,j-1}^{\psi}(d')$ 也可能不同，明显地，这是由于 $Y_{t,j}^{\psi}(d)$ 衡量的是第 t 期实施 $D_t = d_j$ 的基准政策时第 $t+l$ 期的潜在结果，而 $Y_{t+1,j-1}^{\psi}(d')$ 是第 $t+1$ 期实施 $D_{t+1} = d_j$ 的基准政策时第 $t+l$ 期的潜在结果。

5.2.3 脉冲响应函数的因果解释

(1) 传统脉冲响应函数分析

在经济系统模型中，传统脉冲响应分析考察了对随机误差项施加一个标准差大小的冲击后对内生变量的当期值和未来值的影响。通常，为解决 VAR 模型脉冲响应函数的非正交化问题，Cholesky 分解可以将正定协方差矩阵 Σ 分解为如下形式

$$\Sigma = GQG'$$

其中，G 为可逆的下三角矩阵，Q 为对角矩阵且其主对角线元素为正。构造一个 k 维向量 u_t，使得 $u_t = G^{-1}\varepsilon_t$，因此，VAR 模型可以表示为 VMA 模型

$$y_t = (I + \Theta_1 L + \Theta_2 L^2 + \cdots)Gu_t = D(L)u_t \tag{5.22}$$

从而，可求出正交脉冲响应函数如下

$$d_{ij}^{(q)} = \frac{\partial y_{i,t+q}}{\partial u_{jt}}, q = 0,1,2,\ldots \tag{5.23}$$

$d_{ij}^{(q)}$ 表示 D_{ij} 的第 i 行、第 j 列元素（$q = 0,1,2,\ldots$），它描述了保持其他扰动项不变以及其他时期的扰动项均为常数时，第 j 个变量的扰动项增加一个单位对 $y_{i,t+q}$ 的影响，即 $y_{i,t+q}$ 对 t 期正交冲击 u_{jt} 一单位变化的响应。

由于在脉冲响应分析中前定变量不会受到系统外生冲击的影响，所以前定变量通常不是很重要。当经济系统中的外生变量是由政策制定者决定时，同样不会对系统的随机冲击做出反应，因此，在结构模型的脉冲响应分析中，可以不考虑前定变量和外生变量（Breitung et al., 2004）的影响。实质上，变量的冲击通常是不可观测的，但是理论上，一般将系统模型的冲击分为可预测部分和不可预测部分。可预测部分可以从模型中得到，即条件期望值，而不可观测部分为模型的估计残差。当模型中的可解释部分正确描述了公众预期的形成方式时，残差便可以解释为不可预测的冲击项（Juselius, 2006）。因此，在 SVAR 和 SVEC 等结构计量经济学模型中，误差项通常解释为相互独立的结构冲击。

(2) SVAR 模型

对于结果变量 Y_t、先定变量向量（外生变量或滞后结果变量的向量）X_t 以及政策处理变量 D_t 组成的向量 $x_t = (Y_t, X_t', D_t)'$，假设 SVAR 模型

$$\Gamma_0 \chi_t = -\Gamma(L)\chi_t + (\eta_t', \varepsilon_t)' \tag{5.24}$$

其中，Γ_0 是 χ_t 的常系数矩阵，$\Gamma(L) = \Gamma_1 L + \cdots + \Gamma_p L^p$ 是滞后算子多项式，假设存在 $C(L)$ 使得 $C(L) = (\Gamma_0 + \Gamma(L))^{-1} = \sum_{k=0}^{\infty} C_k L^k$ 存在。假设 ε_t 表示政策冲击，记 $\bar{\varepsilon}_t = (\varepsilon_t, \varepsilon_{t-1}, \ldots)$；$\eta_t$ 表示经济中的其他结构冲击，记 $\bar{\eta}_t = (\eta_t, \eta_{t-1}, \ldots)$。那么 SVAR 模型可以表示成向量移动平均模型

$$\chi_t = C(L)(\eta_t', \varepsilon_t')'$$

结果变量的向量移动平均模型表示为

$$Y_t = \sum_{k=0}^{\infty} c_{y\varepsilon,k} \varepsilon_{t-k} + \sum_{k=0}^{\infty} c_{y\eta,k} \eta_{t-k} \tag{5.25}$$

其中，$c_{y\varepsilon,k}$ 和 $c_{y\eta,k}$ 是 c_k 的分块矩阵，与 Y_t、ε_t 和 η_t 的分块矩阵相一致。

因此，对于 SVAR 模型，政策规则 $\psi \in \Psi$ 和 t 时期的政策冲击 $\varepsilon_t = d$，在其他条件不变时，结果变量 Y_t 的潜在结果

$$Y_{t,j}^{\psi}(d) = \sum_{k=0, k\neq j}^{\infty} c_{y\varepsilon,k} \varepsilon_{t+j-k} + \sum_{k=0}^{\infty} c_{y\eta,k} \eta_{t+j-k} + c_{y\varepsilon,j} d \tag{5.26}$$

其中，其他条件不变是指对于所有的 $k \neq j$，ε_{t+j-k} 均是固定不变的、对于所有的 k，η_{t+j-k} 也均是固定不变的。

同理，$t+1$ 期政策冲击 d' 的潜在结果

$$Y_{t+1,j-1}^{\psi}(d') = \sum_{k=0, k\neq j-1}^{\infty} c_{y\varepsilon,k} \varepsilon_{t+j-k} + \sum_{k=0}^{\infty} c_{y\eta,k} \eta_{t+j-k} + c_{y\varepsilon,j-1} d'$$

不同于 t 期政策冲击 d 的潜在结果 $Y_{t,j}^{\psi}(d)$。

并且，对于所有的 j，当 $c_{y\varepsilon,j} = 0$ 时，无因果效应的零假设成立，等价于 SVAR 模型关于政策冲击 ε_t 的脉冲响应函数为零。

5.3 识别策略

5.3.1 动态因果推断检验

（1）条件独立性假设和 Sims 非因果效应参数检验方法

在基于截面个体进行因果效应分析时，Rubin（1980）指出（处理组或对照组）研究个体必须满足稳定个体处理值假设（SUTVA），即政策处理对所有对象的效果是相同的、稳定的，各个体之间互不影响、未接受处理的个体不会因其他个体接受处理而受到影响。显然，稳定个体处理值假设要求政策处理不具有同群效应（peer effect）和溢出效应（spillover effect）。

然而，在时间序列分析中，稳定个体处理值假设可能不成立。首先，因个体时间序列的现期结果依赖于过去的政策处理，现期结果变量的潜在结果必须是给定结果变量的历史值和潜在结果的可能状态。其次，潜在结果依赖于政策决策不可观测部分 ε_t 的分布，实际上，潜在结果依赖于 ε_t 的分布源自政策规则 $D_t = \psi(D(z_t,t), \varepsilon_t)$。最后，对于固定的政策实现 $D_t = \psi(D(z_t,t), \varepsilon_t) = d$，潜在结果也直接依赖于决策者所使用的政策规则 ψ。所以，可以在理性预期框架中定义潜在结果。

由于实践中研究者只能观测到一个实际值，故不能直接进行非因果效应为零的检

验。对于经济系统 $\chi_t = (Y_t, X_t, D_t)$, $\psi \in \psi_t$ 和 d 分别是第 t 期的政策规则和政策选择，在 t 期的信息集 z_t 的条件下，如果政策变量 D_t 独立于潜在结果，即

$$Y_{t,1}^{\psi}(d), Y_{t,2}^{\psi}(d), \cdots \perp D_t \mid z_t \tag{5.27}$$

则称条件独立性假设成立。

并且，由于 $D_t = \psi(z_t, \varepsilon_t, t)$ 的随机性完全源于 ε_t 的随机性，所以，条件独立性假设成立说明在信息集 z_t 的条件下，

$$Y_{t,1}^{\psi}(d), Y_{t,2}^{\psi}(d), \cdots \perp \varepsilon_t \mid z_t$$

即 t 期政策变量 D_t 的随机因素 ε_t 和结果变量的未来潜在结果之间不存在因果关系。

另外，由于政策变量与结果变量无动态因果效应性的零假设意味着

$$Y_{t,j}^{\psi'}(d') = Y_{t,j}^{\psi}(d) = Y_{t+j}$$

因此，在政策不存在动态因果效应的零假设下，条件独立性假设为

$$Y_{t+1}, \cdots, Y_{t+j}, \cdots \perp D_t \mid z_t \tag{5.28}$$

即，在可观测协变量、滞后政策变量和滞后结果变量取值给定的条件下，政策处理变量与结果变量之间不存在因果关系。

对于 SVAR 模型

$$\Gamma_0 x_t = -\Gamma(L) x_t + (\eta_t', \varepsilon_t')'$$

Angrist & Kuersteiner（2011）指出动态因果效应的识别条件——条件独立性假设等价于在结果变量 Y_t 和先定变量向量 X_t 的方程中对政策变量 D_t 的系数施加了零约束，以及 ε_t 和 η_t 独立的假设。

并且，在 SVAR 模型中，如果结果变量 Y_t 中包含了协变量 X_t，则推断式（5.28）的检验被称为广义 Sims 非因果关系检验，其中，Sims 非因果关系被简化为

$$Y_{t+1}, \cdots, Y_{t+k}, \cdots \perp D_t \mid \bar{Y}_t, \bar{D}_{t-1} \tag{5.29}$$

因此，在 SVAR 模型中，如果结果变量 Y_t 中包含了协变量 X_t，且条件独立性假设同时成立时，广义 Sims 因果关系检验即可用于推断动态因果效应。

另外，Chamberlain（1982）和 Florens & Mouchart（1982）等的研究表明，在合理的条件下，Sims 非因果关系（5.29）也相当于广义 Granger 非因果关系，即

$$Y_{t+1} \perp D_t, \bar{D}_{t-1} \mid \bar{Y}_t \tag{5.30}$$

但是，通常情况下，因政策变量 D_t 与 X_{t-1} 存在相关性，使得 $\bar{X}_t$ 并不能归并于 $\bar{Y}_t$，因此，在合理的条件下，广义 Granger 非因果关系可表述为

$$Y_{t+1} \perp D_t, \bar{D}_{t-1} \mid \bar{X}_t, \bar{Y}_t \tag{5.31}$$

（2）基于倾向得分的半参数条件独立性检验方法

对于有 $K+1$ 种离散取值的政策变量 D_t，满足 $\sum_{i=0}^{K} 1(D_t = i) = i$ 且 $\sum_{i=0}^{K} \Pr(D_t$

$= i \mid z_t) = 1$，条件独立性假设的约束条件为 $y_t \perp D_t \mid z_t$，其中，y_t 取 R^{m_1} 中的值，z_t 取 R^{m_2} 中的值，$m_1 + m_2 = m$ 是限定的，且有 $y_t = (Y'_{t+1}, \cdots, Y'_{t+m})'$。

假设政策变量的倾向得分具有参数形式，即 $\Pr(D_t \mid z_t) = p(z_t, \theta_0)$，$\theta_0$ 为未知参数向量，则 $p(z_t, \theta_0)$ 对应于 SVAR 模型中的政策方程。

同时，对于给定的政策选择 i，当结果变量 Y_t 不存在政策因果效应时，

$$\Pr(y_t \leq v_1, D_t = 1 \mid z_t) = \Pr(y_t \leq v_1 \mid z_t) \Pr(D_t = i \mid z_t) \tag{5.32}$$

等价于条件独立性假设。

为了简化表述，记 $p_i(z_t) = \Pr(D_t = i \mid z_t)$，$(z_t) = (p_1(z_t), \cdots, p_K(z_t))'$ 和 $D_t = (1(D_t = 0), \cdots, 1(D_t = K))'$，于是，由式 (5.32) 可得，

$$\Pr(y_t \leq v_1, D_t = i \mid z_t) - \Pr(y_t \leq v_1 \mid z_t) \cdot P_i(z_t)$$
$$= E[1(y_t \leq v_1)(1(D_t = i) - p_i(z_t)) \mid z_t]]$$
$$= 0 \quad (i = \{0, 1, \ldots, K\}) \tag{5.33}$$

显然，上述 K 个矩方程可表示为向量形式：

$$E[1(y_t \leq v_1)(D_t - P(z_t)) \mid z_t] = 0 \tag{5.34}$$

可见，矩方程 (5.33) 反映了政策信息 $D_t - P(z_t)$ 和未来结果变量分布之间的关系。

另外，如果政策变量的倾向得分函数 $p(z_t)$ 设定正确，在非因果关系的零假设下，则

$$\Pr(D_t \mid z_t, Y_{t+1}, \cdots, Y_{t+j}, \cdots) = pr(D_t \mid z_t) \tag{5.35}$$

进一步，由期望迭代公式可得

$$E[E[1(y_t \leq v_1)(D_t \leq P(z_t)) \mid z_t]] = E[1(y_t \leq v_1)(D_t \leq P(z_t))] \tag{5.36}$$

更一般地，假设 $U_t = (y'_t, z'_t)'$，$\varphi(U_t, v): R^{m_1} \times R^{m_2} \to R$ 是 U_t 和 v 的函数，则在条件独立的零假设下，

$$E[\varphi(U_t, v)(D_t - p(z_t)) \mid z_t] = 0 \tag{5.37}$$

特别，条件矩 $E[1(y_t \leq v_1)(D_t - P(z_t)) \mid z_t] = 0$ 意味着任何固定的 y，$1(y_t < y)(D_t - p(z_t))$ 均是鞅差过程，于是，Angrist & Kuersteiner (2011) 定义了经验过程

$$V_n(v) = n^{-1/2} \sum_{t=1}^{n} m(y_t, D_t, z_t, v) \tag{5.38}$$

其中，$m(y_t, D_t, z_t, v) = \varphi(U_t, v)(D_t - p(z_t, \theta))$。

并且，Angrist & Kuersteiner (2011) 发现，当包含可观测变量平稳的正则条件满足时，在条件独立的零假设下，$V_n(v)$ 弱收敛于零均值的高斯过程。$V_n(v)$ 具有协方差函数 $\Gamma(v, \tau)$，$\Gamma(v, \tau) = \lim_{n \to \infty} E[V_n(v) V_n(\tau)']$，其中 $v, \tau \in \mathbb{R}^m$。在零假设下

$E[D_t | z_t, y_t] = E[D_t | z_t] = p(z_t)$，划分 $u = (u_1', u_2')'$ 且 $u_2 \in [-\infty, \infty]^{m_2}$，则定义 $H(v)$ 为：

$$H(v) = \int_{-\infty}^{v} (diag(p(u_2)) - p(u_2)p(u_2)') dF_u(u) \tag{5.39}$$

其中 $diag(p(u_2))$ 是具有对角元素 $p_i(z_t)$ 的对角矩阵，$F_u(u)$ 是 U_t 的累积边缘分布函数，在等式 $\Gamma(v, \tau) = H(v \wedge \tau)$ 中，$\wedge$ 表示元素中最小的元素。设 $\|m\|^2 = tr(mm')$ 是向量 m 欧几里德范数的模。统计量 $V_n(v)$ 可用于比较 $KS = \sup_v \|V_n(v)\|$ 的值或 $VM = \int \|V_n(v)\|^2 dF_u(u)$ 的值与零假设下统计量的极限分布进行零假设下的条件独立性检验。若实证结果拒绝零假设，则表示处理变量对结果变量存在显著的因果效应；若实证结果不拒绝零假设，则表示处理变量对结果变量不存在显著的因果效应。

因此，依据统计量 $V_n(v)$ 可检验条件独立的零假设，进而推断政策冲击对结果变量的影响。当从第 s 期开始 $V_n(v)$ 的 P 值小于检验显著性水平值时，表明政策冲击对从第 s 期开始的结果变量具有显著性影响。其中，统计量 $V_n(v)$ 的检验临界值通过可使用 Wild 自举（Bootstrap）方法确定。或者，在可观测变量平稳的正则条件下，使用渐近正态分布确定检验临界值。

（3）实例：市场主体信心与宏观经济波动分析

面对国内外复杂的经济环境，我国宏观经济运行面临着多种挑战，传统的经济波动驱动因素已不能较全面地诠释我国宏观经济波动性，市场主体信心等预期因素对我国宏观经济波动的影响受到学者和政策制定者们的普遍关注。鉴于市场主体广义上是市场上从事交易活动的生产者和消费者，狭义上主要是在市场上进行销售和购买行为的企业和消费者，企业之间、消费者之间、企业和消费者之间相互共同完成整个市场的交易活动。因此，有必要以消费者信心和企业家信心作为市场主体信心探讨市场信心对我国宏观经济波动的影响。闫瑞（2020）选取国家统计局公布的消费者信心指数和企业家信心指数分别测度了消费者和企业家的信心，运用 Sims 非因果效应检验研究了市场主体信心指数对经济波动性的因果效应。其中消费者信心指数反映了消费者在当前或未来经济环境下的消费意愿，企业家信心指数反映了企业家的投资意愿。

①变量选择与处理

实证研究信心对宏观经济的影响，必须度量影响中国宏观经济波动的信心。参照潘建成（2010）和陈红（2015）等相关文献，选取企业家信心和消费者信心作为度量市场主体的信心指标。在研究信心传递对宏观经济波动的影响时，本书参照陈彦斌等（2009）和何安妮（2016）等相关文献，剔除不显著的变量，最终选取通货膨胀率（CPI）、股票指数（STOCK）、公共财政支出（EXP）和实际有效汇率（REER）作为受市场信心影响的结果变量。其中，通货膨胀率（CPI）是货币超发部分与实际需要的货币量之比,用以反映物价平均水平上升幅度的指标。股票指数(STOCK)采用上海证券交易所的季末收盘上证综合指数的同比增长率,为度量和反映股票市场总体价格水平及其变动趋势的股价统计相对数,用以反映市场经济变化状况。公共财政支出(EXP)采用财政支出额季度同比增长率,是国家通过对社会产品的分配干预宏观经济的重要政策工具。实际有效汇率(REER)采用国际清算银行网站给出的实际有效汇率数据,季度额由月度额算术平均得到,被用于度量国家贸易商品的国际竞争力。

数据的时间跨度为1999年第1季度至2018年第3季度的季度数据。股票指数(STOCK)数据来自锐思(RESSET)数据库,企业家信心指数和消费者信心指数均来自国家统计局数据库,实际经济增长率(GDP)、通货膨胀率(CPI)和公共财政支出(EXP)季度数据均来自wind数据库。

参考已有的文献将市场主体信心指数是否大于均值反映经济形势。当市场主体信心指数大于均值时,市场主体信心指数取"1",认为企业家或消费者对未来经济形势的预期持乐观态度;当市场主体信心指数小于均值时,市场主体信心指数取"-1",认为企业家或消费者对未来经济形势的预期持悲观态度。考虑到一些样本数据在均值上下波动不大,为了让市场主体信心指数能更好地反映经济形势,将接近于均值(均值上下5%的区间内)的数据取"0"。股票指数(STOCK)采用上海证券交易所的季末收盘上证综合指数的同比增长率。公共财政支出(EXP)采用季度财政支出额的同比增长率。实际有效汇率(REER)采用国际清算银行网站给出的实际有效汇率数据,季度额由月度额算术平均得到。通货膨胀率(CPI)和实际经济增长率(GDP)采用季度同比增长率。为探究市场主体信心对我国宏观经济波动的因果效应,将$cGDP_{t+k}$表示未来实际经济增长率(GDP)累积变化,其中$cGDP_{t+k} = \sum_{j=1}^{k} GDP_{t+j}$,$k$取[1, 2,…,6],表示半年度的取值,例如,当k取6时,$cGDP_{t+6}$表示未来三年实际经济增长率的累积变化。由于实际经济增长率(GDP)是季度数据,将政策实施后的两个季度值之和作为未来半年内实际经济增长率的累积变化,将政策实施后的四个季度值之和作为未来一年内实际经济增长率的累积变化,以此类推得到在政策实施后的三年内实际经济增长率的累积变化。

②典型事实描述

1997年7月,泰国爆发金融危机,由此引发的金融动荡波及世界金融市场,我国企业家信心指数普遍很低,投资者对未来经济形势缺乏信心,历经五年中国经济才得以复苏;2008年由美国次贷危机引发的经济危机迅速席卷全球,致使我国经济增速放缓,与上年相比经济增速下降4.6个百分点,为应对金融危机对我国宏观经济波动的冲击,政府及相关部门明确指出信心对我国宏观经济波动的重要性,受政府等相关部门的影响,市场主体信心指数仅在两个季度后便迅速回升,随之我国实际经济增长率也快速回升，我国率先实现了在全球经济萧条背景下的经济复苏；2010年以后受国际金融危机的持续影响效应，市场主体对未来经济形势持有保守态度，消费和投资的大量减少，流动资金的不足，使得我国东部沿海地区部分企业被迫倒闭。2012年第三季度开始，美国与金砖国家等局部地区出现经济复苏迹象，但世界整体经济依然低迷，主要表现为发展失衡、产能过剩和高失业率。Gürgür和Kilinc（2015）实证检验了土耳其消费者的信心驱动机制，研究表明从2012年第三季度开始消费者价格指数对消费者信心产生长期影响。在经济低迷大环境下中国进入经济发展新常态，刘尧成等（2016）和王少平等（2017）都经过研究指出：经济新常态期间，GDP长期趋势呈现出结构性下移、经济形势改变，微观经济主体行为决策变化等，这势必会影响市场主体信心。刘树成（2015）指出经济增长率逐年下降会使公众产生一种经济增速不断下降的预期，非常不利于稳定市场主体信心。持续到2014年11月央行连续实施六次降息六次降准来引导市场经济，企业家信心指数先有所上升，后又迅速回落。并且，由中国市场主体信心指数与实际经济增长率的走势图5.1可知，消费者信心、企业家信心与我国实际经济增长率之间存在着较稳定的长期关系。

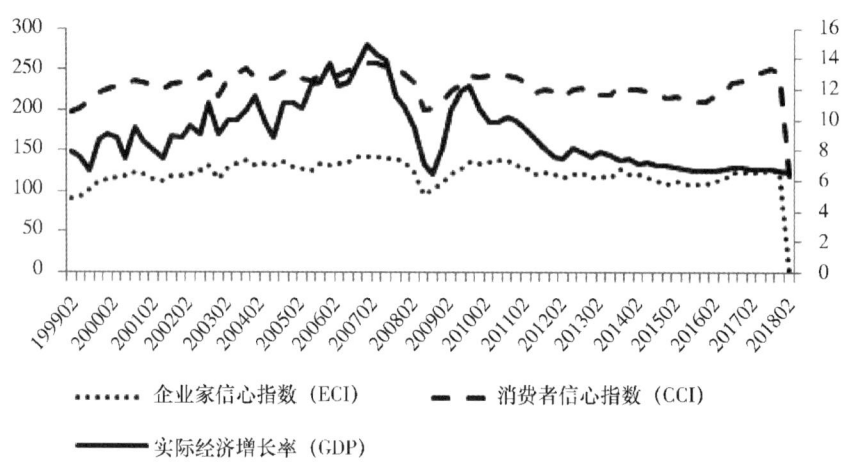

图5.1 市场主体信心指数与实际经济增长率折线图

显然，企业家信心指数的上升、下降幅度与实际经济增长率波动幅度非常相似，而消费者信心指数变动幅度相对平缓，这说明企业家信心对实际经济增长率影响更加明显，而消费者信心指数对实际经济增长率变动影响相对有限。总的来看，市场主体信心指数与实际经济增长率变动趋势非常一致，且消费者信心指数与企业家信心指数变动趋势始终保持一致。受"坚定信心、稳定预期"的相关政策指导影响，我国的企业家信心指数在2017年后逐渐上升，并保持经济的快速稳定增长。因此，从理论上研究市场主体信心与宏观经济波动间的因果效应显得尤为重要。

③市场主体信心与宏观经济波动间的动态因果效应检验

基于时间序列数据的反事实分析框架，通过 Sims 非因果效应参数检验和基于倾向得分的半参数条件独立性检验，将市场主体信心变量引入中国宏观经济波动的研究中，检验市场主体信心指标和宏观经济波动之间是否存在因果效应。由于市场主体信心指数是离散取值，故本文采用有序 probit 模型进行估计。另外，由于样本期间，尤其是从 2012 年开始中国经济进入新常态，为了研究市场主体信心在经济结构发生变化的环境下对未来宏观经济波动的影响，本书在模型中以 2012 年为断点引入了虚拟变量，以及市场主体信心指数与虚拟变量的交互项进行分析。

Sims 非因果效应参数检验。

基于时间序列数据框架下的反事实因果分析视角，利用式（5.29）的 Sims 非因果效应检验和式（5.33）、式（5.34）的非参数因果效应检验的方法，检验了市场主体信心指数对中国宏观经济波动之间的因果效应。基于前期研究发现，企业家信心指数能够对中国宏观经济波动产生直接影响，消费者信心指数虽然与边际消费倾向存在显著的正相关，但是由表 5.1 的回归结果可知，消费者信心指数并不能对中国宏观经济波动产生直接影响。由于对中国宏观经济波动产生影响的因素众多，在国际国内复杂的经济环境背景下，影响消费和投资的因素之间联系密切，因此，本书认为消费者信心指数可能通过影响企业家的某些行为，进而对宏观经济波动产生影响。

表 5.1 是基于式（5.29）的 Sims 非因果效应检验，研究了市场主体信心指数对中国宏观经济波动的影响。结果显示，市场主体信心指数对未来两年实际经济增长率累积变化（$cGDP$）的 P 值为 0.017，表明在 5% 的显著性水平下，市场主体信心指数对未来实际经济增长率累积变化近两年的时间内存在显著影响。值得注意的是，在未来一年半内，市场主体信心对宏观经济波动在 1% 的显著性水平下也存在显著影响。这是由于短期内政策的颁布促使市场主体普遍对未来经济前景充满乐观或悲观情绪，使得消费者和投资家情绪高涨或低落，推动或抑制消费和投资的增加，促进中国经济高速增长或回落，进而对中国宏观经济波动产生影响。

基于倾向得分的半参数条件独立性检验。

表 5.2 给出了基于式（5.34）式的模型设定检验。式（5.34）的原假设是倾向得分 $p(z_t)$ 的设定是正确的。结果显示，所有引入模型的协变量的 P 值均大于 0.1，故在 10% 的显著性水平下，所有引入模型的协变量的系数均不显著，不能拒绝原假设，因此倾向得分 $p(z_t)$ 的设定是正确的，即本文的模型设定是正确的，故基于倾向得分的半参数因果效应检验可用于检验企业家信心和宏观经济波动间的因果效应。

表 5.1　　　　　　　　　　　sims 非因果效应参数检验

有序 probit 模型		市场主体信心	
		T 值	P 值
半年度	1	2.951017	0.0031673
	2	3.145747	0.0016566
	3	2.98671	0.00282
	4	2.39065	0.0168186
	5	1.70722	0.0877812
	6	1.178027	0.238786

注：表 5.1 中报告的每一行均采用有序 probit 模型单独进行估计，其中 k 取 1—6，表示半年度的取值。

表 5.2　　　　基于倾向得分的半参数条件独立性检验的设定检验

设定检验	VM 值	P 值
lneciold	1.2214	0.414
lncciold	3.4418	0.652
cpiold	0.87716	0.342
stockold	0.40198	0.431
expold	2.3342	0.33
reerold	4.7965	0.818
dum	6151.4	0.598
inter_ lneciold	7002.2	0.606

注：表中报告的 VM 值基于 $E[1(z_t \leq v_2)(D_t - p(z_t))]$ 的设定检验，所有 P 值均基于 Angrist（2011）式（20）中定义的 VM 统计量。

基于表 5.2 的结果，本书将研究转向基于无条件矩式（5.33）的半参数因果效应检验得到表 5.3。表 5.3 中 D_t 表示虚拟变量，当市场主体对未来持有乐观或悲观情绪时，D_t 取 1；其他情况，D_t 取 0。这相当于检验市场主体信心对宏观经济波动影响的总效应。表 5.3 的半参数因果效应检验类似于表 5.1 中的参数检验，即同时观察单个检验统计量上下移动的显著性。

由表 5.3 结果可知，市场主体信心指数对未来半年内、一年内和一年半内实际经济增长率累积变化（$cGDP$）的 P 值分别为 0.042、0.058 和 0.076，在 10% 的显著性水平下，市场主体信心指数对未来一年半内实际经济增长率累积变化存在显著影响。表明市场主体信心与宏观经济波动之间的传导机制不容忽视，政策的颁布会使市场主体在未来一年半内对经济形势的预期发生变化，影响消费者和企业家对未来经济形势的信心,进而影响市场主体行为的投资决策,对宏观经济波动产生影响。

表5.3   基于倾向得分的半参数条件独立性检验

有序 probit 模型	VM 值	P 值	
半年度	1	0.080727	0.042
	2	0.065853	0.058
	3	0.065039	0.076
	4	0.044975	0.124
	5	0.037402	0.151
	6	0.030103	0.198
年度	1	0.065853	0.088
	2	0.044975	0.124
	3	0.030103	0.208

注:表中报告的 VM 值基于无条件矩 $E\{E[1(y_t \leq v_1)(D_t - p(z_t))| z_t]\} = E[1(y_t \leq v_1)(D_t - P(z_t))] = 0$,所有 P 值均基于 Angrist(2011)式(20)中定义的 VM 统计量。

④市场主体信心对宏观经济波动的非对称效应检验

基于倾向得分的半参数检验和 Sims 非因果效应参数检验,这两种检验结果都表明,市场主体信心的变化对中国宏观经济波动具有因果效应。然而,国内大部分文献仅关注到市场信心与宏观经济波动的线性关系,鲜少有文献从市场主体信心正负向变动角度,探讨市场信心与中国宏观经济波动之间的关系。为进一步探讨市场主体信心增加或降低时效应产生的差异,本书分别研究了市场主体信心对未来持有乐观或悲观情绪时,对中国宏观经济波动的影响。再次基于无条件矩(5.33)式,将市场主体信心分解为正向和负向两个方面,进行市场主体信心对宏观经济波动影响的非对称性检验。

负向市场主体信心对宏观经济波动的影响。

表 5.4 中 DD_t 表示虚拟变量,当市场主体对未来经济形势持有悲观情绪时,DD_t 取 1;其他情况,DD_t 取 0。结果显示,市场主体信心指数对未来半年内实际经济增长率累积变化(cGDP)的 P 值为 0.057,表明在 10% 的显著性水平下,负向的市场主体信心指数对未来半年内实际经济增长率累积变化存在显著影响。这表明市场主体对未来经济形势持有的悲观情绪仅在未来半年内对宏观经济波动产生影响,即,短期内消极的市场主体信心对宏观经济增长的助推效应更为明显。

正向市场主体信心对宏观经济波动的影响。

表 5.4　　　　　　　　市场主体持有悲观情绪时的半参数因果效应检验

有序 probit 模型		VM 值	P 值
半年度	1	0.12606	0.057
	2	0.093796	0.113
	3	0.091942	0.105
	4	0.083358	0.096
	5	0.071704	0.145
	6	0.066907	0.15

注：表中报告的 VM 值基于无条件矩 $E\{E[1(y_t \leq v_1)(D_t - p(z_t))| z_t]\} = E[1(y_t \leq v_1)(D_t - P(z_t))] = 0$，所有 P 值均基于 Angrist（2011）式（20）中定义的 VM 统计量。

表 5.5 中 DU_t 是虚拟变量，当市场主体对未来经济形势持有乐观情绪时，DU_t 取 1；其他情况，DU_t 取 0。结果显示，市场主体信心指数对未来半年内、一年内和一年半内实际经济增长率累积变化（cGDP）的 P 值分别为 0.054、0.091 和 0.073，表明在 10% 的显著性水平下，市场主体信心指数对未来一年半内实际经济增长率累积变化存在显著影响。这与表 5.1 得出的市场主体信心变化对宏观经济波动的总因果效应相一致。当市场主体对未来经济形势持乐观态度时，企业家会增加投资，实际经济增长率随之上升，之后维持在一个较高的水平，自我实现预期将进一步增加市场主体信心，消费和投资不断增加，进一步影响宏观经济的波动。

表 5.5　　　　　　　　市场主体持有乐观情绪时的半参数因果效应检验

有序 probit 模型		VM 值	P 值
半年度	1	0.20679	0.054
	2	0.15965	0.091
	3	0.15698	0.073
	4	0.12833	0.111
	5	0.10911	0.134
	6	0.09701	0.151

注：表中报告的 VM 值基于无条件矩 $E[E[1(y_t \leq v_1)(D_t - p(z_t))| z_t]] = E[1(y_t \leq v_1)(D_t - P(z_t))] = 0$，所有 P 值均基于 Angrist（2011）式（20）中定义的 VM 统计量。

⑤实证结果分析

闫瑞（2020）运用 Sims 非因果效应参数检验方法和基于倾向得分的半参数条件独立性检验方法对市场主体信心与中国宏观经济波动进行了因果分析，但两种检验方法有其不同之处。从实际操作方面看，Sims 非因果效应检验方法比基于倾向得分的半参数条件独立性检验更易于实现，但 Sims 非因果效应检验方法的应用须具备两个条件，其一是条件独立性假定，其二是必须设定结果模型的具体形式（比如 VAR 模型或 SVAR 模型）。并且 Sims 非因果效应检验方法只能得到市场主体信心发生变化对宏观经济波动的总平均因果效应，不能得到市场主体信心增加或降低时对宏观经济波动产生的平均因果效应差异。基于倾向得分的半参数条件独立性检验方法虽结果实现较为困难，但有着独特的应用优势。其一，基于倾向得分的半参数条件独立性检验方法不需要对结果模型的具体形式进行设定。其二，基于倾向得分的半参数条件独立性检验方法可以用于检验设定模型倾向得分设定的正确与否。换句话说，基于倾向得分的有序 probit 模型产生的条件期望 DD_t 和 DU_t，只有在该模型中倾向得分 $p(z_t)$ 设定正确的情况下才会显示出非对称结果。其三，基于倾向得分的半参数条件独立性检验方法，还可以得出市场主体信心增加或降低时对中国宏观经济波动产生的因果效应差异。

从实证研究方面，运用 Sims 非因果效应参数检验方法的结果显示，近两年市场主体信心指数对未来实际经济增长率累积变化存在显著的因果效应，基于倾向得分的半参数条件独立性检验方法结果显示，市场主体信心指数对未来一年半内实际经济增长率累积变化存在显著的因果效应。由上述两种检验方法都得出，市场主体信心指数与中国宏观经济波动之间存在显著的因果效应，验证了本书研究结果的稳健性。且基于倾向得分的半参数条件独立性检验给出了正负向的市场主体信心指数对中国宏观经济波动的非对称影响。当市场主体对未来经济形势持有乐观情绪时，市场主体信心指数对未来一年半内实际经济增长率累积变化存在显著影响，这与基于倾向得分的半参数条件独立性检验研究的当市场主体信心变化对宏观经济波动的总的因果效应相一致。当市场主体对未来经济形势持有悲观情绪时，市场主体信心指数对未来半年内实际经济增长率累积变化存在显著影响。这表明，对未来经济形势持消极情绪的市场主体对中国宏观经济波动的影响效应短期内更明显，而对未来经济形势持乐观情绪的市场主体对中国宏观经济波动的影响更持久。

5.3.2 扩展的非对称性动态因果效应研究

经济体制改革是我国经济持续健康发展的动力和制度保障，它通过市场资源配置功能、政府宏观调控功能、社会保障稳定器功能以及政府的市场监管功能来调节经济周期的波动，其对经济周期波动的影响通常会呈现出非对称性的特征（陈乐一和杨云，2016）。在动态因果效应的反事实分析中，通常假定政策规则 ψ 是给定的，结果变量 Y_t 可能随着确定性部分 z_t 和随机性部分 ε_t 的变化而变化。而当一国宏观经济处于不同体制状态时，相同的政策措施对经济系统的动态因果效应可能未必一致。因此，一国经济在不同体制时，即政策制定规则 ψ 发生变化时，有必要研究相同政策冲击的动态因果效应非对称性。特别地，在一国经济发展长周期中，研究不同阶段宏观经济政策动态因果效应的非对称性是具有重要的现实意义。鉴于货币政策在宏观经济调控政策工具箱中的重要性和基础性，本节以货币政策为例，利用 SVAR 模型研究货币政策动态因果效应关于经济体制的非对称性。实际上，伴随着宏观经济的不断发展，20 世纪 90 年代国内外学术界和实务部门高度关注货币政策非对称效应研究，货币政策的非对称效应研究已成为货币经济学的理论前沿问题之一。因此，不断深化对宏观经济政策动态因果效应的非对称性理解也是认识经济发展的客观规律、优化宏观经济总体调控策略的重要工作。

为了深化经济政策动态效应非对称性的研究，本节首先以 SVAR 模型为基础将 Angrist & Kuersteiner（2011）的条件独立性假设的半参数检验和时间序列的结构突变检验相结合提出一种推断经济政策动态效应非对称性的 Wald 检验。首先，根据人们对经济发展历程的研判，将一国经济界定为不同的区制（体制，或者周期阶段），并经 H－P 滤波方法剔除各区制的长期趋势因素，获得经济系统在各区制内的短期波动变量；其次，结合动态因果效应的定义和结构突变理论，基于 SVAR 模型分别利用半参数倾向得分匹配方法和逆概率加权方法得到政策冲击对结果变量的响应期和政策的平均因果效应，最后，构造 Wald 统计量推断不同区制以及不同方向经济（货币）政策冲击动态因果效应的非对称性，并且，利用自举方法对该检验统计量的有限样本分布进行模拟分析；最后，以经济周期的繁荣与衰退划分区制，提出了研究不同区制政策冲击响应期非对称的分析框架。

（1）研究背景

由于美国大萧条时期扩张性的货币政策对经济复苏并没有产生较大的影响，引发经济学家开始关注不同时期货币政策效应的差异性研究。Keynes（1936）的"流动性陷阱"假说认为扩张性的货币政策无法改变市场利率，存在政策失效现象。实际上，该结论是货币政策非对称效应的一种特殊情况。Cover（1992）率先提出了货币政策的非对称效应的概念，研究发现了美国货币政策的非对称效应。Ahmed & Pami（2001）再次界定了货币政策非对称效应，即在经济周期的不同发展阶段，相同幅度的货币扩张以及货币紧缩对经济的加速和减速作用通常是不同的。随后货币政策非对称效应逐渐拓展为纵向非对称效应和横向非对称效应的研究（李孔健，2014），其中，纵向非对称效应研究按照经济增长状态（高速增长或低增长）、政策方向（扩张性或紧缩性政策）、通货膨胀状态（高通胀或低通胀）等经济属性的不同研究货币政策对经济增长或其他经济变量的效应是否存在差异；横向非对称效应研究一般是按照不同类型的经济主体（如国有控股企业、私营企业和股份制企业等）、三次产业、或者经济区域（东、中和西部地区）等特征划分，研究货币政策的非对称效应。

目前，国内外学者对货币政策的非对称性效应已进行了大量有益的理论机制研究和实证分析。例如，Garcia（1999）建立具有 Markov 区制转换的 VAR 模型（MS-VAR 模型）研究发现货币政策中利率工具的非对称调控效应依赖于经济运行状态；Senda（2001）认为扩张性的货币政策所导致的价格上涨要明显大于等幅度紧缩性货币政策的相反作用；Silvar & Portugal（2007）研究发现基准利率的负向冲击因经济周期的阶段不同而具有非对称的影响；Sznajderska（2014）根据1998年至2012年波兰高通胀期的宏观经济数据发现了高通胀期货币政策的反应更敏感的非对称性证据。Angrist & Kuersteiner（2011）在时间序列数据的框架下利用半参数的条件独立性假设研究了货币政策产生的动态因果效应，并考察了积极和消极的货币政策冲击的效应，证实了货币政策效应的非对称性。国内学者也进行了相关的探讨。王元（2012）利用两步法研究了扩张性和紧缩性的货币政策非对称效应以及不同类型主体、三次产业和不同区域间货币政策的非对称效应。孙天琦（2004）、陈安平（2007）以及曹永琴和李泽祥（2007a；2007b）等实证研究普遍支持了我国的货币政策存在一定的区域非对称效应。郑挺国和刘金全（2008）利用 STVECM 模型分析了1987年到2007年我国货币政策受经济周期、通货膨胀率与货币供给速度的不同而呈现出的非对称性影响。王立勇等（2010）则利用 LSTVAR 模型分析发现了经济高速增长和低速增长状态下，信贷政策的产出效应与货币、信贷的价格效应所产生的反应不同。邓静远和王文甫（2016）利用 ESTSVAR 模型研究发现，经济高增长状态下仅利率的价格效应和产出效应具有非对称性，而在低速增长阶段利率、货币供给和汇率等均呈现出非对称效应。李成等（2019）基于新凯恩斯经济周期理论，通过构建 SVAR 模型验证了经济发展周期中增速和减速发展阶段的非对称性效应。

（2）经济周期中政策响应期的非对称效应研究

为了提高经济政策动态因果效应对宏观经济的调控能力和效率，对不同区制中需求侧经济政策效应存在的非对称性研究一直是学术界特别关注的研究方向之一。其中对经济区制的判断或推断不仅取决于研究者的研究视角，也依赖于结构突变检验理论。相关实证分析文献的研究范式如下。首先，根据人们对经济发展历程的研判，利用某种结构突变检验将一国经济界定为不同的区制（体制，或者周期阶段），并利用 H-P 滤波、BP 滤波和退势回归等方法剔除各区制的长期趋势因素，获得经济系统在各区制内的短期波动变量，将其界定为响应需求侧经济政策冲击后的序列；然后，建立单方程 ECM 模型或者 SVAR/SVEC 模型推断经济政策的动态效应；并通过比较不同区制的动态效应以揭示政策效应的非对称性。在此基础上，本节将侧重于经济政策动态因果效应的非对称性研究，在研判经济区制后，基于 SVAR 模型分别利用半参数倾向得分匹配方法和逆概率加权方法得到政策冲击对结果变量的响应期和政策的平均因果效应。最后，构造 Wald 统计量推断不同区制以及不同方向经济（货币）政策冲击动态因果效应的非对称性，称其为经济政策的非对称效应检验。

①结构突变检验

由于体制变迁、技术升级以及金融危机等外生冲击可能会导致经济系统结构发生显著的改变,为了识别和推断经济结构的突变,通常使用结构突变点检验考察核心经济变量的数据生成过程中是否存在结构突变点。否则,在建立计量模型时,如果不考虑时间序列中可能存在的结构突变,将影响数据平稳性和协整性检验的检验功效(Power),增加"伪回归"风险。而且,对结构突变点的研判一般划分为外生突变点(由先验决定)的结构突变检验和内生结构突变检验。并且,根据时间序列的平稳性,也可将结构突变检验分为结构突变的单位根检验和(平稳序列的)结构突变检验。例如,Chow(1960)的结构突变检验即为(平稳的)外生结构突变检验;Perron(1989)的单位根检验属于外生结构突变的单位根检验;Zivot & Andrews(1992)的单位根检验系内生化结构突变的单位根检验。又如,Gregory & Hansen(1996)提出了结构突变的协整检验等等。

为了行文方便,本节以宏观经济长周期的"增长"和"衰退"界定区制、研究货币政策动态因果效应的非对称性为例进行讨论。所以,该研究过程可以拓展为一般的研究范式。

在宏观经济长周期 $[1,T]$ 中,假设经济发展过程先后经历了"增长"和"衰退"两种区制,区制转折点位于时期 $t_r \in (1,T)$,设定区制变量

$$S_t = \begin{cases} 0 & t \leq t_r \\ 1 & t > t_r \end{cases}$$

显然,$S_t = 0$ 表示经济处于"增长"区制,$S_t = 1$ 表示经济从第 $t_r + 1$ 期开始的"衰退"区制。

为了避免依据 GDP 增长率等核心变量判断周期区制的主观性、以及短期波动性对区制界定的干扰,首先对一国 GDP 增长率序列长周期的划分采用结构突变的相关理论进行,将检验所得的突变点作为经济增长长周期的转折点。

②货币政策冲击序列

早期研究扩张性和紧缩性货币供给冲击对产出影响的非对称效应的实证分析一般均采用 Cover(1992)的二阶段 OLS 法。首先,利用 OLS 估计已设定的货币供给方程(货币供给量增长率关于实际 GNP 增长率、利率差分、政府盈余增长率和失业率等变量的 ADL 模型),以残差序列作为货币供给冲击的估计值;并分离出正向和负向冲击,从而分别得到扩张性和紧缩性货币供给冲击序列。然后,再建立产出增长率对扩张性和紧缩性货币供给冲击序列的 ADL 回归模型,并以此推断扩张性和紧缩性货币供给政策对产出的非对称效应。显然,在 Cover(1992)的实证分析方法中,以原始经济变量的对数差分和第一阶段的 OLS 估计来剔除产出等结果变量的趋势特征,而得到货币供给政策的波动成分。然而,在宏观经济实证研究中,剔除长期趋势特征的常用方法还

有退势回归方法、HP 滤波和 BP 滤波等方法。例如，李孔健（2014）首先对货币供给量序列进行 HP 滤波，分解出货币供给量序列的长期趋势项和短期波动成分，并将货币供给量序列的短期波动成分界定为货币供给政策冲击；再以短期波动成分的正负分离扩张性和紧缩性的货币供给政策冲击，即当货币供给量高于趋势项时表示有扩张性的货币供给冲击，而当货币供给量低于趋势项时表明有紧缩性的货币供给冲击。然后，将被分离的扩张性和紧缩性的货币供给政策冲击引入 VAR 模型，基于脉冲响应分析推断货币供给政策效应的非对称性。

Hodrick & Prescott（1980）最先提出 H - P 滤波法，它是计量经济学实证研究中常用的变量趋势分解方法之一。H - P 滤波的思想是将经济周期看作宏观经济中某一变动路径的偏离，趋势便是这一路径的稳定部分。通过将经济变量序列中长期趋势以及短期波动的成分进行分离，处理后可以得到平稳序列。假设时间序列 $\{Y_t\}$ ($t = 1, 2, \cdots, N$) 由两部分构成，分别是趋势性成分 $\{Y_t^T\}$ 和波动性成分 $\{Y_t^c\}$，并有 $Y_t = Y_t^T + Y_t^c$。趋势项部分 $\{Y_t^T\}$ 是不可观测的，通过最小化

$$\min \sum_{t=1}^{T} \{(Y_t - Y_t^T)^2 + \lambda [c(L) Y_t^T]^2\}$$

的解得到，其中，$c(L)$ 为滞后算子多项式，滤波的结果取决于 λ 的经验值。根据上述方法，在得到货币政策相关变量以后，通过 H - P 滤波得到变量的波动性部分，将该部分作为货币政策冲击序列，纳入 SVAR 模型的相关分析中。另外，在得到新的货币政策冲击序列后，根据变量的正负可以分离出正向冲击和负向冲击，进而分析扩张性和紧缩性货币政策的非对称效应。

③货币政策非对称效应检验

为了推断一国经济增长长周期中"增长"区制和"衰退"区制的货币政策动态因果效应的非对称性特征，本书提出了如下分析过程。

长周期划分。

对 GDP 增长率序列进行 Zivot & Andrews（1992）的内生化结构突变的单位根检验[①]；如果 $t_r \in (1, T)$ 是结构突变点，则根据结构突变点划分一国经济增长长周期中的"增长"区制和"衰退"区制，不妨设，$[1, t_r]$ 是"增长"区制、$[t_r, T]$ 是"衰退"区制。

货币供给政策冲击识别。

分别对"增长"区制和"衰退"区制的货币供给量序列进行 HP 滤波，将滤波后的货币供给量序列定义为各区制的货币供给政策冲击。

SVAR 模型。

---

① 通常 GDP 增长率序列是随机趋势过程。

利用各区制的货币供给政策冲击，根据 IS – LM – PC 模型在各区制设定 SVAR 模型；根据 Angrist & Kuersteiner（2011）的经验统计量 $V_n(v)$ 检验条件独立的零假设。

Wald 检验。

为了推断各区制货币供给政策动态因果效应的非对称性，本书基于经验统计量 $V_n(v)$ 构造联合检验的 Wald 检验统计量。

假设 M 是大于 1 的正整数，对于区制 S_t 的 SVAR 模型，分别对感兴趣结果变量的 m 期滞后计算经验统计量 $V_{S_t,n}^m(v)$，$m = 1,2,\cdots,M$；

对于向量 $V_{S_t,n}(v) = (V_{S_t,n}^1(v), V_{S_t,n}^2(v), \cdots, V_{S_t,n}^M(v))'$，构造 Wald 统计量

$$W_{S_t}(v) = V_{S_t,n}(v)' \mathrm{Var}[V_{S_t,n}(v)]^{-1} V_{S_t,n}(v)$$

于是，当包含可观测变量平稳的正则条件满足时，结果变量的 1、2、$\cdots$、M 期滞后变量均是条件独立的联合零假设下，统计量 $W_{S_t}(v)$ 弱收敛于自由度为 M 的 $\chi^2(M)$。

因此，对于区制 S_t，依据 Wald 统计量 $W_{S_t}(v)$ 即可检验货币供给政策的动态因果效应。其中 Wald 统计量的检验临界值既可根据其渐近分布 $\chi^2(M)$ 确定，也可基于区制 S_t 的 SVAR 模型进行 wild 自举方法确定检验临界值。

更进一步，在区制 $S_t = 0$ 和区制 $S_t = 1$ 的 SVAR 模型中，对于感兴趣结果变量的向量 $V_{0,n}(v) = [V_{0,n}^1(v), V_{0,n}^2(v), \cdots, V_{0,n}^M(v)]'$ 和 $V_{1,n}(v) = [V_{1,n}^1(v), V_{1,n}^2(v), \cdots, V_{1,n}^M(v)]'$，构造 Wald 统计量

$$H_n(v) = [V_{1,n}(v) - V_{0,n}(v)]' \mathrm{Var}[V_{1,n}(v) - V_{0,n}(v)]^{-1}[V_{1,n}(v) - V_{0,n}(v)]$$

类似地，当包含可观测变量平稳的正则条件满足时，两区制结果变量的 1、2、$\cdots$、M 期滞后变量均是条件独立的联合零假设下，统计量 $H_n(v)$ 也弱收敛于自由度为 M 的 $\chi^2(M)$。因此，依据 Wald 统计量 $H_n(v)$ 即可检验两区制货币供给政策动态因果效应对称的零假设。并且，Wald 检验的临界值也可依据其渐近分布确定，也可通过 Wild 自举方法计算。

若样本统计量 $H_n(v) < \chi_\alpha^2(M)$，则不能拒绝零假设，即在经济发展长周期中，"增长"区制和"衰退"区制的货币政策动态效应是对称的。否则，若样本统计量 $H_n(v) > \chi_\alpha^2(M)$，拒绝零假设，即在经济发展周期的不同区制，货币政策动态效应是非对称的。

（3）不同方向货币政策的非对称效应研究

扩张性货币供给和紧缩性货币供给对产出影响的差异性最早出现在货币政策非对称效应的相关研究中，美国经济学家 Cover 开启了货币政策非对称性研究的先河，此后，不同方向的货币政策的非对称研究得到学界的广泛关注。识别扩张性或是紧缩性货币政策对宏观经济产生的政策效应的挑战在于政策的变化与其他经济变量的关联，从而使得结果变量与这些政策有关。此时，应用于截面数据的条件独立性假

设失效，而利用上文中半参数倾向得分的条件独立性假设检验，一方面可以分别估计不同方向的政策冲击对经济系统主要经济变量的响应期，另一方面，可以应用本书提出的 Wald 检验对不同体制下单一政策的非对称性效应进行研究，从而区分不同方向政策的动态因果效应。例如，Angrist & Kuersteiner（2011）在其对货币政策的研究中，分别讨论了利率上升和下降时对经济增长做出不同影响的情况，结果显示相对于利率下降对经济增长没有太明显的影响，而利率上升对经济增长的反应更加敏感。

文中不同方向的货币政策冲击序列由 H-P 滤波方法得到。在上述研究中允许政策变量 D_t 可以取多个离散值，重新令 $Df = 1$ 表示实施单一方向的政策，其他情况 $Df = 0$，从而构造新的政策变量 Df_t，将 Df_t 代替原先的政策变量 D_t 利用倾向得分的半参数条件独立性估计得到单一方向政策对经济系统的响应期。估计步骤同上。通过分别估计出经济发展周期不同阶段不同方向的政策对主要经济变量的响应期，同样可以利用上节构造的 Wald 统计量检验不同经济增长阶段单一方向政策对经济系统的响应期是否存在差异。

(4) 政策平均因果效应及其估计

①政策的平均因果效应

假设 $\chi_t = (X_t', Y_t', D_t',)$ 描述了一个经济系统，X_t 是协变量向量，Y_t 表示结果变量的 m 维向量；多元政策变量 $D_t = D(z_t, \psi, \varepsilon_t)$，其可能取值为 $d \in \{d_0, d_1, \cdots, d_J\}$，其中，$\varepsilon_t$ 是影响政策决策的不可观测随机冲击，ψ 表示政策规则，$z_t = F(X_t, \chi_{t-1})$ 为政策决策的信息集，它包括当期协变量信息、结果变量历史信息和滞后政策变量的信息。

给定任意的 t 和 l，以及在 t 期基准政策 d_0，则相对于基准政策 d_0，第 t 期政策 d_j 对第 $t+l$ 期结果变量的平均因果效应为

$$\theta_{l,j} \equiv E[Y_{t,l}^{\psi}(d_j) - Y_{t,l}^{\psi}(d_0)]$$

若定义 $Y_{t,L} = (y_{t+1}', \cdots, y_{t+L}')'$，$Y_{t,L}^{\psi}(d) = (Y_{t,1}^{\psi'}(d), \cdots, Y_{t,L}^{\psi'}(d))'$，则观测到的结果如下

$$Y_{t,L} = \sum_{d \in D} Y_{t,L}^{\psi}(d) 1\{D_t = d\} \tag{5.40}$$

并记从第 $t+1$ 期到第 $t+L$ 期的平均处理效应向量为

$$\theta_j \equiv E[Y_{t+L}^{\psi}(d_j) - Y_{t+L}^{\psi}(d_0)] \tag{5.41}$$

其中，$\theta_j = (\theta_{1,j}', \ldots, \theta_{L,j}')$。相对于基准政策，第 t 期政策各种可能选择对从第 $t+1$ 期到第 $t+L$ 期结果变量产生的平均处理效应向量

$$\theta = (\theta_1', \cdots, \theta_J')'$$

其中，θ 为 $m \times L \times J$ 维列向量，m 为结果变量的个数，L 为政策干预后的期数，$J+1$ 为可选择的政策种类数。

因与反事实政策选择对应的潜在结果是不可观测的，所以，样本数据不能直接估计平均处理效应向量 θ，因此，欲识别这种反事实的因果关系必须满足下述条件独立性假设。

条件独立性假设：对于任意给定的 t 和 l，以及政策规则 $\psi \in \Psi$，

$$Y_{t,l}^{\psi}(d_j) \perp D_t \mid z_t, \quad j = 1, \cdots, J$$

显然，对于给定的政策规则 ψ，条件独立性假设保证了利用可观测的时间序列能够估计政策的平均因果效应。并且，如果经济系统不发生结构性变迁，就可假定政策规则 ψ 保持不变。这时，相对于基准政策 d_0，政策 d_j 对结果变量的平均因果效应

$$E[Y_{t,L}^{\psi}(d_j) - Y_{t,L}^{\psi}(d_0)] = E[Y_{t,L} \mid D_t = d_j, z_t] - E[Y_{t,L} \mid D_t = d_0, z_t]$$
(5.42)

于是，利用可观测时间序列可以得到式（5.42）右端良好估计，即政策的平均因果效应可识别。并且，如果已知政策的倾向得分参数化表示

$$\Pr(D_t = d_j \mid z_t) = p^j(z_t, \psi)$$

则，条件独立性假设具有等价的形式

$$E[Y_{t,L} 1\{D_t = d_j\} \mid z_t] = E[Y_{t,L}^{\psi}(d_j) \mid z_t] p^j(z_t, \psi) \tag{5.43}$$

因此，政策的平均因果效应（5.41）

$$\theta_j = E[Y_{t,L}^{\psi}(d_j) - Y_{t,L}^{\psi}(d_0)] = E\left[Y_{t,L}\left(\frac{1\{D_t = d_j\}}{p^j(z_t, \psi)} - \frac{1\{D_t = d_0\}}{p^0(z_t, \psi)}\right)\right]$$
(5.44)

即政策的平均因果效应是未来结果向量的加权平均。

② 平均因果效应的估计和推断

由式（5.44）可知，为了估计政策的平均因果效应，必须首先估计权重函数

$$\delta_{t,j}(\psi) = \frac{1\{D_t = d_j\}}{p^j(z_t, \psi)} - \frac{1\{D_t = d_0\}}{p^0(z_t, \psi)}$$

当政策的倾向得分模型设定正确时，权重函数的均值为零，且与 z_t 无关。同时，为了过滤宏观经济变量中的随机趋势，权重修正为 $\delta_{t,j}(\hat{\psi})$ 对 z_t 和截距项回归的残差项 $\delta_{t,j}(\hat{\psi}) - \hat{\delta}_{t,j}$，其中 $\hat{\delta}_{t,j}$ 是回归拟合值。于是，政策平均因果效应的逆概率加权估计

$$\hat{\theta}_{l,j} = \frac{1}{T} \sum_{t=1}^{T} y_{t+l}(\delta_{t,j}(\hat{\psi}) - \hat{\delta}_{t,j}), \quad l = 1, \cdots, L \tag{5.45}$$

因此，$\hat{\theta} = (\hat{\theta}_1', \cdots, \hat{\theta}_J')$ 是政策的平均因果效应向量的逆概率加权估计，其中 $\hat{\theta}_j = (\hat{\theta}_{1,j}', \ldots, \hat{\theta}_{L,j}')$。

（5）政策平均因果效应的非对称检验

类似于前文的政策动态因果效应非对称性的检验，本书提出了一种政策平均因果

效应的非对称检验。同样，为了行文方便，本节以宏观经济长周期的"增长"和"衰退"界定区制、研究各区制货币政策平均因果效应非对称性的统计检验方法。显然，也可容易地对该研究模式进行拓展，以解决其他两区制一般性政策平均因果效应非对称性的推断问题。

为了推断一国经济增长长周期中"增长"区制和"衰退"区制的货币政策平均因果效应的非对称性，本书以存贷款基准利率政策[①]为例提出了如下分析过程。

长周期划分。

对 GDP 增长率序列进行 Zivot & Andrews (1992) 的内生化结构突变的单位根检验[②]；如果 $t_r \in (1,T)$ 是结构突变点，则根据结构突变点划分一国经济增长长周期中的"增长"区制和"衰退"区制，不妨设，$[1,t_r]$ 是"增长"区制、$[t_r,T]$ 是"衰退"区制。

利率政策序数化。

按照中央银行的利率调整惯例确定步长，将存贷款基准利率的值域区间进行等步长划分[③]，得到利率政策变量的顺序观测值序列，简称其为序化利率变量。

利率政策平均因果效应的估计。

对于各区制的序化利率变量、协变量（汇率和 M2 的增长率等）和对数 CPI 变量，建立序化利率变量的有序选择模型，即倾向得分函数；设定适当的整数 $L>0$，依据式 (5.45) 估计利率政策的平均因果效应向量 $\hat{\theta} = (\hat{\theta}_1,\cdots,\hat{\theta}_J)'$。

Wald 检验。

为了推断利率政策平均因果效应的非对称性，本书基于各区制利率政策的平均因果效应向量的估计量构造检验平均因果效应向量相等的 Wald 检验统计量。

在两区制利率政策规则（倾向得分函数）不变和 L 相等的假设下，分别估计区制 $S_t = 0$ 和区制 $S_t = 1$ 的利率政策对于结果变量 CPI 的平均因果效应向量 $\hat{\theta}_0$ 和 $\hat{\theta}_1$。

构造统计量

$$W(\psi,L) = [\hat{\theta}_0 - \hat{\theta}_1]' \widehat{\text{Var}}[\hat{\theta}_0 - \hat{\theta}_1]^{-1} [\hat{\theta}_0 - \hat{\theta}_1]$$

检验联合零假设

$$H_0: \theta_0 = \theta_1$$

鉴于政策平均因果效应估计量 (5.45) 是回归残差项 $\delta_{t,j}(\hat{\psi}) - \hat{\delta}_{t,j}$ 的加权和，所以，

[①] 例如，我国金融机构一年期人民币存贷款基准利率。
[②] 通常 GDP 增长率序列是随机趋势过程。
[③] 自 2002 年 2 月以来，金融机构一年期人民币存贷款基准利率分别取值于区间 [1.98%, 4.14%] 和 [5.31%, 7.47%]；并且，2010 年 10 月 20 日之前，中国人民银行对一年期存贷款基准利率的调控幅度多为 0.27 个百分点或 0.18 个百分点；之后，调控幅度以 0.25 个百分点为主，或者，较罕见的 0.18 个百分点。

在适当的假设下，可得到政策平均因果效应向量估计量 $\hat{\theta}$ 具有渐近正态分布。因此，统计量 $W(\psi,L)$ 的渐近分布为 $\chi_\alpha^2(K)$，其中自由度 $K = m \times J \times L$。并且，在零假设下，Wald 检验统计量 $W(\psi,L)$ 的临界值可依据其渐近分布确定，也可通过 Wild 自举方法计算。

对于给定的检验水平 α，若样本统计量 $W(\psi,L) < \chi_\alpha^2(K)$，则不能拒绝零假设，即在经济发展长周期中，"增长"区制和"衰退"区制的利率政策平均因果效应无显著性差异，两区制的利率政策效应是对称的。否则，若样本统计量 $W(\psi,L) > \chi_\alpha^2(K)$，拒绝零假设，即在经济发展周期的不同区制，利率政策效应是非对称的。

依据突变理论界定宏观经济长周期的"增长"和"衰退"区制、以存贷款基准利率政策为例通过构造 Wald 统计量推断不同区制以及不同方向经济（货币）政策冲击动态因果效应的非对称性统计检验方法。显然，也可容易地对该研究模式进行拓展，以解决其他两区制一般性政策平均因果效应非对称性的推断问题。

5.3.3 动态因果效应的外部工具识别

最早由 Sims（1986）提出并运用于宏观经济政策分析。基于经济理论建立的 SVAR 模型不仅能够反映经济变量之间的同期结构性关系，而且也揭示了经济变量间的动态关联。因此，SVAR 模型弥补了向量自回归模型（VAR 模型）缺乏经济理论基础，不能反映经济结构的不足。递归假设识别方法、长期约束识别方法和符号限制识别方法均是通过对结构 VAR 模型施加内部约束条件进行识别与估计的，下文将介绍新的识别与估计结构冲击的方法，即利用模型之外的工具变量来识别结构冲击的方法 SVAR – IV。

传统的 SVAR 模型识别方法是基于理论基础和经济意义对其结构参数矩阵直接施加内部约束条件或是对模型中变量施加符号限制，但是在研究实际问题的过程中，模型中的变量会受到市场经济运行环境和宏观调控机制渐进式变化的影响，而这些变化又无法被准确量化，不能加以控制使模型中解释变量和被解释变量免受其影响，从而被遗漏在误差项中，导致模型出现内生性问题（杨继生，2019）。为解决这一问题，目前，越来越多的经济学家开始运用外部工具变量的方法来识别宏观经济冲击的动态因果效应，即"SVAR – IV"方法。这是一种将外部序列纳入识别的新方法，利用 VAR 模型之外的信息来识别结构冲击。国外学者 Stock & Watson（2008）最先对其进行阐述，并且 Stock & Watson（2012）以及 Mertens & Ravn（2013）对其进行扩展。

Stock & Watson（2018）指出外部工具的使用开启了宏观经济中一个新的研究领域，在这个领域中，利用与宏观经济政策冲击相关的但独立于模型之外的外部工具的随机变化来获得可靠的识别。虽然在许多应用情形中，通过对政策冲击的部分衡量来构建工具变量,作为真实冲击的代理变量会产生偏差,但是这种工具变量仍然具有有效性。然而,类似于微观计量经济学中,这样的工具变量也是不容易得到的。尽管 SVAR-IV 方法存在缺陷,但是,Stock & Watson(2018)认为对 SVAR 模型进行识别时,运用工具变量的外部识别方法仍然比对 SVAR 模型施加内部约束条件的识别方法更可靠。

下文首先对动态因果效应进行阐述并介绍 SVAR 模型转化为结构移动平均(SMA)的过程;然后,介绍利用外部工具变量识别与估计 SVAR 模型的新方法;最后,说明 SVAR-IV 方法成立的必要条件,即可逆性的问题。

(1)动态因果效应与结构移动平均过程

对于宏观经济系统,令 $\varepsilon_{1,t}$ 表示 t 时刻均值为 0 的随机指派的处理($\varepsilon_{1,t}=0$ 表示 t 期试验未发生,$\varepsilon_{1,t}=1$ 表示 t 期试验发生),那么,在 h 期后,ε_1 的单位冲击对变量 Y_2 的因果效应可以表示为:

$$E(Y_{2,t+h} \mid \varepsilon_{1,t}=1) - E(Y_{2,t+h} \mid \varepsilon_{1,t}=0) \tag{5.46}$$

于是,在线性性和变量 Y_2 平稳的假设下,则在 h 期后的平均处理效应是回归方程

$$Y_{2,t+h} = \theta_{h,21}\varepsilon_{1,t} + u_{t+h} \tag{5.47}$$

的总体系数 $\theta_{h,21}$。

因为 $\varepsilon_{1,t}$ 是随机指派的,即在式(5.47)中,$E(u_{t+h} \mid \varepsilon_{1,t}) = 0$,所以可知 $\theta_{h,21} = E(Y_{2,t+h} \mid \varepsilon_{1,t}=1) - E(Y_{2,t+h} \mid \varepsilon_{1,t}=0)$,因此 $\theta_{h,21}$ 表示结构冲击 1 对变量 Y_2 在 $t+h$ 期的因果效应。如果 $\varepsilon_{1,t}$ 可以观测,那么式(5.47)中的因果效应就可以通过 OLS 估计方法获得。因此,在不同时期($h=0,1,2,\cdots$)的 $\theta_{h,21}$ 组成的因果关系路径就是结构冲击 1 对变量 Y_2 的动态因果效应。

在宏观经济中,随机处理 $\varepsilon_{1,t}$ 是指结构冲击,是一个原始的、非预期的经济力量或推动力,它是不可预测的并且与其他冲击无关。因此,在宏观经济学中,结构冲击是随机处理变量,而脉冲响应函数就是处理变量随着时间变化对相应宏观经济变量的动态因果效应。Slutzky-Frisch 范式呈现了可观测宏观经济变量的路径,是由当前和过去的结构冲击和测量误差引起的路径。如果将所有这些结构冲击和测量误差集中在 $m \times 1$ 维向量 ε_t 中,$n \times 1$ 维的宏观经济向量 Y_t 可以用当前和过去的结构冲击 ε_t 表示,即:

$$Y_t = \theta(L)\varepsilon_t \tag{5.48}$$

其中,L 是滞后算子,$\theta(L) = \theta_0 + \theta_1 L + \theta_2 L^2 + \ldots$,这里 $\theta_h(h=1,2,\ldots)$ 是 $n \times m$ 维系数矩阵。为了排除非重要的无关冲击,假设冲击方差矩阵 $\Sigma_{\varepsilon\varepsilon} = E(\varepsilon_t \varepsilon_t')$ 是正定的。并且假设这些冲击相互独立,Ramey(2016)认为这一假设既符合其作为随机指派处理的要求,也符合他们作为原始经济力量的解释。其中,Y_t 是二阶

矩平稳的时间序列向量。

假设包含在结构冲击 ε_t 中的任何测量误差都与结构冲击无关，且 $\varepsilon_{1,t}$ 与其他冲击和任何测量误差都不相关，所以因果效应可以表示为：

$$E(Y_{2,t+h} \mid \varepsilon_{1,t} = 1, \varepsilon_{2:n,t}, \varepsilon_s, s \neq t) - E(Y_{2,t+h} \mid \varepsilon_{1,t} = 0, \varepsilon_{2:n,t}, \varepsilon_s, s \neq t) \tag{5.49}$$

显然，式（5.49）的平均因果效应等同于宏观经济学文献中经典的因果效应，即保持其他冲击不变，因果效应为偏导数 $\partial Y_{2,t+h} / \partial \varepsilon_{1,t}$。

式（5.48）也称为 Y_t 的结构移动平均表达式（SMA），$\Theta(L)$ 的系数既是结构脉冲响应函数，也是结构冲击的动态因果效应。自 Sims（1980）提出 SVAR 模型以来，在宏观经济学中，估计结构移动平均（SMA）式（5.48）的标准方法是先估计结构向量自回归（SVAR），然后将 SVAR 模型转化 SMA 模型，再估计 $\theta(L)$。这一方法起源于 Cowles 委员会提出的时间序列变量联立方程模型的建模。这种方法有多个优点：宏观经济学家通常对多重冲击的反应感兴趣，而 SVAR 方法正好提供了对所有冲击的反应系数估计；并且，该方法通过对高维移动平均模型施加参数约束可以提高估计效率；特别，该方法用 OLS 估计单方程解决了多变量移动平均模型估计的计算难题。

当然，这些优点的成立有两个条件。第一个条件是须识别 VAR 新息和结构冲击之间的关系，即解决 SVAR 模型的识别问题；第二个条件是假设 VAR 新息和结构冲击张成相同空间，即可逆性条件成立。随后，本文就如何使用工具变量方法来解决这个棘手的 SVAR 识别问题进行理论分析。

（2）SVAR – IV 识别

设向量自回归模型 $A(L)Y_t = u_t$，将 Y_t 表示为其对过去值的投影加上一个新息 u_t，且该新息 u_t 不能由 Y_t 的过去值线性预测，其中 $A(L) = 1 - A_1 L - A_2 L^2 - \cdots$，新息 u_t 具有非奇异协方差矩阵。由于 $u_t = Y_t - \text{Proj}(Y_t \mid Y_{t-1}, Y_{t-2}, \ldots)$，所以这种新息 u_t 又被称为 Wold 误差。

在结构 VAR 模型中，假设新息是冲击的线性组合，并且假设新息所张成的空间与结构冲击张成的空间重合，即

$$u_t = \theta_0 \varepsilon_t \tag{5.50}$$

其中，θ_0 是非奇异的。上式（5.50）成立的一个必要条件是 VAR 模型中的变量数等于冲击个数。又因为 Y_t 是二阶矩平稳的，所以式 $A(L)Y_t = u_t$ 中 $A(L)$ 是可逆的。因此，从 $A(L)Y_t = u_t$ 和（5.50）可以得出结构性冲击的移动平均表示，即

$$Y_t = C(L)\theta_0 \varepsilon_t \tag{5.51}$$

其中，$C(L) = A(L)^{-1}$。

若 (5.50) 成立，则 SVAR 模型的脉冲响应函数揭示了总体动态因果效应，即 $C(L)\theta_0 = \theta(L)$ $C(L)\Theta_0 = \Theta(L)$。因此，条件 (5.50) 是结构移动平均模型满足可逆性的隐含条件。支撑 SVAR 模型分析的可逆性假设非常重要，将在下一小节详细讨论。

在可逆性假设下，SVAR 模型的识别问题就是识别 θ_0 Θ_0。在此，本文总结了利用外部工具识别 SVAR 模型结构冲击的方法。

假设存在工具变量 Z_t Z_t 满足以下条件：

$E(\varepsilon_{1,t} Z_t') = \alpha' = 0$ $E \varepsilon_{1,t} Z_t' = \alpha' \neq 0$??? （相关性）

$E(\varepsilon_{2:n,t} Z_t') = 0$ $E \varepsilon_{2:n,t} Z_t' = 0$ （外生于其他当期冲击）

从上述两个条件和式 (5.51) 可以推导出：

$$E(u_t Z_t') = E(\theta_0 \varepsilon_t Z_t') = \theta_0 E\begin{pmatrix} \varepsilon_{1,t} Z_t' \\ \varepsilon_{2:n,t} Z_t' \end{pmatrix} = \theta_0 \begin{pmatrix} \alpha' \\ 0 \end{pmatrix} = \begin{pmatrix} \theta_{0,11} \alpha' \\ \theta_{0,2:n,1} \alpha' \end{pmatrix} \quad (5.52)$$

一般地，假设 1 个单位的 $\varepsilon_{1,t}$ $\varepsilon_{1,t}$ 冲击使得 $Y_{1,t}$ $Y_{1,t}$ 变动 1 个单位，即 $\theta_{0,11} = 1$ $\Theta_{0,11} = 1$，称为单位效应归一化。借助于单位效应归一化，当工具变量 Z_t Z_t 为标量时，根据 (5.52) 可以得到

$$\frac{E(u_{i,t} Z_t)}{E(u_{1,t} Z_t)} = \theta_{0,i1} \quad (5.53)$$

当拓展为多个工具变量时，$\Theta_{0,i1}$ $\Theta_{0,i1}$ 就是使用工具变量 Z_t Z_t 进行估计的总体参数的估计值，即

$$u_{i,t} = \theta_{0,i1} u_{1,t} + \{\varepsilon_{2:n,t}\} \quad (5.54)$$

由于新息 u_t u_t 是不可观测的，因此 IV 回归模型 (5.54) 是不可行的。一种可能的解决方法是用对应的样本拟合值 $\hat{u}_t$ $\hat{u}_t$（VAR 的残差）代替式 (5.54) 中的总体新息 $u_{1,t}$。然而，虽然这样做将为强工具变量提供一个一致估计量，但由于 $\hat{u}_{1,t}$ $\hat{u}_{1,t}$ 是生成的回归量，Z_t Z_t 和 Y_t Y_t 的滞后值之间存在潜在的相关性，因此必须调整 $\theta_{0,i1}$ $\Theta_{0,i1}$ 的标准误差。此外，$\theta_{0,i1}$ $\Theta_{0,i1}$ 还可以通过直接产生正确的大样本、强工具标准误差的方法进行估计。因为 $u_{i,t} = y_{i,t} - \text{Proj}(Y_{i,t} \mid Y_{t-1}, Y_{t-2}, \ldots)$ $u_{i,t} = Y_{i,t} - \text{Proj}(Y_{i,t} \mid Y_{t-1}, Y_{t-2}, \ldots)$，等式 (5.54) 可以重新写为：

$$Y_{i,t} = \theta_{0,i1} Y_{1,t} + \gamma_i(L) Y_{t-1} + \{\varepsilon_{2:n,t}\} \quad (5.55)$$

其中，$\gamma_i(L)$ $\gamma_i(L)$ 是 $\text{Proj}(Y_{i,t} - \theta_{0,i1} Y_{1,t} \mid Y_{t-1}, Y_{t-2}, \ldots)$ $\text{Proj}(Y_{i,t} - \Theta_{0,i1} Y_{1,t} \mid Y_{t-1}, Y_{t-2}, \ldots)$ 的系数。系数 $\Theta_{0,i1}$ $\Theta_{0,i1}$ 和 $\gamma_i(L)$ $\gamma_i(L)$ 可通过使用工具变量 Z_t Z_t 的两阶段最小二乘法进行估计。根据 Zellner & Theil (1962) 以及 Zellner (1962) 的经典结论可知这种两阶段最小二乘法估计不存在有效性损失，它实际上等同于三阶段最小二乘的系统估计方法。

因此，总结得到 SVAR - IV 估计的步骤如下：

第一，对 Y_t 中的变量使用工具 Z_t 估计模型（5.55），其中，Y_t 的 p 期滞后作为控制变量。与单位效应归一化 $\Theta_{0,11} = 1$ 一起，产生了 Θ_0 第一列的 IV 估计值 $\hat{\theta}_{0,1}^{SVAR-IV}$ $\hat{\Theta}_{0,1}^{SVAR-IV}$。

第二，估计一个 VAR（p）过程并反解 VAR 模型，得到 $\hat{C}(L) = \hat{A}(L)^{-1}$ $\hat{C}(L) = \hat{A}(L)^{-1}$。

第三，估计冲击 1 对向量 Y 的动态因果效应

$$\hat{\theta}_{h,1}^{SVAR-IV} = \hat{C}_h \hat{\theta}_{0,1}^{SVAR-IV} \tag{5.56}$$

其中，$\hat{C}_{h,i,\cdot}$ 是滞后算子多项式 $\hat{C}(L)$ 的 h 期滞后算子系数矩阵 $\hat{C}_h$ 的第 i 行向量。

动态因果效应估计量与工具变量的选取有直接关系，当工具变量 IV 与结构冲击强相关时，动态因果效应估计结果是可靠的；当工具变量 IV 与结构冲击弱相关时，动态因果效应估计结果受到一定的影响。对于工具变量合理性的解释，通常是估计政策变量关于工具变量的一阶段回归的 F 统计量。然而，目前存在一种异方差自相关稳健方法（HAR）用于检测弱工具变量并可在线性回归中对弱工具进行稳健性推断。如 Andrews（2017）就提出了用于检测弱工具的一阶段 F 统计量的 HAR 替代方法。如果 VAR 模型中 Y 是可逆的，并且工具变量与控制变量不相关，那么 HAR 检测方法就不是必需的。此外，如果误差是同方差的，那么就可以运用同方差截面数据中弱工具识别方法，包括第一阶段 F 统计量进行检验。

（3）可逆性与遗漏变量偏差

显然，SVAR – IV 方法可以得到有效结果的前提条件是结构参数矩阵 $\theta(L)$ 可逆，且此时工具变量是强工具变量。下面主要介绍可逆性的检验。

如果结构冲击 ε_t 能够 ε_t 能够由 Y_t Y_t 的当前值和滞后值来表示，即 ε_t ε_t 可以写为

$$\varepsilon_t = Proj(\varepsilon_t \mid Y_t, Y_{t-1}, \dots) \tag{5.57}$$

那么 SVAR 模型中的结构参数矩阵 $\theta(L)$ 是可逆的。因此，式（5.57）被称为可逆性条件。

可逆性条件也是条件（5.50）$u_t = \theta_0 \varepsilon_t$ $u_t = \Theta_0 \varepsilon_t$ 成立的必要条件。也就是说，若可逆性条件成立，则 Θ_0 Θ_0 是可逆的，这是由于：

$$\begin{aligned}
\varepsilon_t &= Proj(\varepsilon_t \mid Y_t, Y_{t-1}, \dots) \\
&= Proj(\varepsilon_t \mid u_t, u_{t-1}, \dots) \\
&= Proj(\varepsilon_t \mid \theta_0 \varepsilon_t, \theta_0 \varepsilon_{t-1}, \dots) \\
&= Proj(\varepsilon_t \mid \theta_0 \varepsilon_t) \\
&= Proj(\varepsilon_t \mid u_t)
\end{aligned} \tag{5.58}$$

其中，式（5.58）中第二个等式显示当前和过去的新息张成了变量 Y 的当前和过

去的空间，第三个等式和第五个等式都是由 $u_t = \Theta_0 \varepsilon_t, u_t = \Theta_0 \varepsilon_t$ 得到的，第四个等式表明 $\varepsilon_t, \varepsilon_t$ 是序列无关的。由于 $\varepsilon_t = \text{Proj}(\varepsilon_t | u_t), \varepsilon_t = \text{Proj}(\varepsilon_t | u_t)$，方程 $u_t = \Theta_0 \varepsilon_t, u_t = \Theta_0 \varepsilon_t$ 必须有 $\varepsilon_t, \varepsilon_t$ 的唯一解，因此 Θ_0, Θ_0 的秩等于结构冲击 $\varepsilon_t, \varepsilon_t$ 的个数。而且，由于 $\text{Var}(u_t)$ 被假定为满秩，因此结构冲击 $\varepsilon_t, \varepsilon_t$ 的个数又等于 SVAR 模型中变量的个数，都等于 Θ_0, Θ_0 的秩，即可说明 Θ_0, Θ_0 是可逆的。

另外，可逆性条件成立也意味着在 VAR 模型中不存在遗漏变量（Fernandez - Villaverde et al.，2007），这是由于可逆性条件成立意味着结构冲击 $\varepsilon_t, \varepsilon_t$ 和新息 u_t, u_t 张成了相同的空间，增加过去的冲击对 VAR 模型中的变量 Y_t, Y_t 没有预测能力。也就是说，从可逆性条件可以得到

$$\text{Proj}(Y_t | Y_{t-1}, Y_{t-2}, \ldots, \varepsilon_{t-1}, \varepsilon_{t-2}, \ldots) = \text{Proj}(Y_t | Y_{t-1}, Y_{t-2}, \ldots) \quad (5.59)$$

式（5.59）既说明了可逆性假设是很强的，又将可逆性解释为一个遗漏变量的问题。如果可逆性成立，那么真实冲击的历史不会改善使用 VAR 模型进行预测的结果。相反，如果预测结果通过在回归中加入历史冲击而得到改善，那么 VAR 模型就遗漏了一些变量。因此，VAR 模型存在遗漏变量问题就表明违背了可逆性假设。

显然，可逆性是一种非常强的假设，在可逆性下，增加真实宏观经济冲击对于 VAR 模型的预测没有任何价值。并且，Forni 和 Gambetti（2014）指出可利用 Granger 非因果性检验推断可逆性。基于 SMA 模型的 LP - IV 估计和 SVAR - IV 估计，Stock & Watson（2018）给出了一种推断可逆性条件的 Hausman 型检验。

（4）案例：我国财政科技支出政策的宏观经济动态效应分析

中国的经济运行是政府监管和市场自我调节相互配合的，在经济结构偏离既定目标时可以通过运用宏观经济政策对宏观经济进行有效调控，最终实现宏观经济的基本目标：促进经济适度增长、增加就业、物价稳定和国际收支平衡。财政政策对宏观经济具有"内在稳定器"的调控作用，而政府财政科技支出政策作为财政支出政策的一个重要组成部分，是政府支持技术进步的着力点，必然对宏观经济增长、就业、价格水平和净出口等关键经济变量产生重要的影响。

高泽铭（2020）运用 SVAR - IV 方法识别和估计有关政府财政科技支出政策的动态因果效应。研究发现，财政科技支出政策在促进经济增长以及拉动净出口发展等方面存在显著的动态因果效应。但是，财政科技支出政策并未发挥出抑制通货膨胀的动态因果效应；而且该政策也是一把"双刃剑"，并不具有稳定就业的动态因果效应，对就业带来了双重"创造性破坏"的负面影响。最后，根据实证分析结论对中国财政科技支出政策的宏观调控能力进行评价，并得出了一些针对性的政策参考。

①变量的选取与数据的处理

变量的选取。

财政科技支出政策方面，国家通过增加或者减少财政科技支出达到刺激经济增

长或者熨平经济波动的效果。本书从狭义的财政科技支出政策角度出发选取季度财政科技支出作为观测变量（用 ST 表示）。在 2007 年之前，财政科技支出用国家财政总支出项目中的国家财政科技拨款项目来表示，在 2007 年之后，财政科技支出用财政主要支出项目中的国家财政科学技术支出项目来表示，并将月度数据换算为季度数据。

经济增长方面，国家的产出增长率能够反映本国的经济增长速度。衡量产出增长率的指标有很多，包括工业增加值增长率、国内生产总值增长率等。国内生产总值反映了一个国家的经济活动所生产出的全部最终产品和服务的价值，学术界公认为衡量一国经济水平的最佳指标。该指标不仅可反映一个国家的经济状况，还可以反映一国的综合竞争力。本文参考刘金全和张龙（2018）的做法，选取季度国内生产总值作为测算经济增长的变量（用 GDP 表示）。

就业方面，借鉴王阳和牟俊霖（2018）的处理方法用劳动力总量反映一国的劳动力就业情况。由于季度劳动力总量数据的欠缺，并且在一年内每个季度的劳动力总量差别不是很大，因此选取年度劳动力总量数据作为当年每个季度的劳动力数据，即为反映季度就业情况的指标（用 L 表示）。

物价变动方面，学术界通常用物价指数的变动来衡量物价变动，常用的物价指数也有很多，包括居民消费者价格指数、国内生产总值平减指数、生产者物价指数等。张龙和金春雨（2018）指出在政策制定过程中，由于消费者价格指数的涨落影响居民的实际生活状况，因此政策制定者最为关注这一指标。本书借鉴其处理方法将消费者价格指数季度数据作为衡量物价变动的指标（用 CPI 表示）。

国际贸易方面，净出口是指商品出口及进口之间的差额，是一个国家收支差额中最大的组成项目，在国际贸易核算中的地位极其重要，而且数据易于收集，再加上国际贸易核算中其他项目差额受本文财政科技支出政策的影响不大，因此，本书选取季度净出口变量作为衡量国际贸易增长的代理变量（用 NX 表示）。

工具变量的选择。

为了有效地识别与估计政策结构冲击对宏观经济的影响，需要为政策变量寻找合适的外部"工具变量"。该"工具变量"需要满足两方面的条件，其一是满足"相关性"条件，即"工具变量"与政策变量高度相关；其二是满足"外生性"条件，即"工具变量"不影响模型中其他变量，来源于系统之外。因此，本书选取的财政科技支出政策的外部工具变量不仅要能够解释财政科技支出增长率的变动，还必须符合外生性的要求。也就是说，选取的外部工具变量有且只有通过财政科技支出政策间接影响经济效益，而不能通过其他途径直接或间接地对宏观经济产生影响。

在"工具变量"的选取方法中，Acemoglu 等（2001）开创性地提出了滞后变量可以作为当期变量的工具变量的策略。根据这一思路，一个国家历史上的财政科技支出政策变化情况是路径依赖的，与从事科技活动机构数高度相关，同时，从事科技活动机构数与其他宏观经济变量的相关性微乎其微。因此，本书参考马光荣和李力行（2014）、赵曼和王玺玮（2017）、贾俊生等（2017）的做法，选取历年我国从事科技活动机构数作为财政科技支出政策冲击的外部工具变量，记为变量 Z 表示。通过查阅中华人民共和国科学技术部相关文件，1991 年至 2018 年我国从事科技活动机构主要包括科学研究与开发机构、规模以上工业企业属技术开发机构以及高等院校属研究与发展机构三大部分，这三部分机构数的总和占我国从事科技活动机构数的绝大部分，因此，本书选取这三部分机构数之和作为我国从事科技活动机构数的代理变量。虽然《中国科技统计年鉴》以及中华人民共和国科学技术部相关文件只公布了 1991 年至 2018 年三部分机构数的年度数据，但是考虑到一年中各季度之间从事科技活动机构数相差并不大的事实，因此，本书选择 1991 年至 2018 年历年年度数据将其等值填充于相应年份各季度之中，得到 1991 年第一季度至 2018 年第四季度从事科技活动机构数的季度数据，并将其作为财政科技支出政策冲击的工具变量。

在对工具变量进行数据预处理的过程中，首先依据 Census X–12 季节调整法进行季节调整以消除季节因素的影响；然后对工具变量数据进行了对数化处理以减少异方差的影响，最后对其进行平稳性检验。单位根结果显示我国从事科技活动机构数 Z 的原序列 ADF 检验值大于 5% 显著性水平上的临界值，原序列是非平稳时间序列，而在对数化后的原序列进行一阶差分后，得到我国从事科技活动机构数增长率 rZ 的 ADF 检测值小于 5% 显著性水平上临界值，拒绝零假设，即 rZ 是平稳时间序列。

为了检验工具变量的外生性，借鉴方颖和赵扬（2011）的方法，本书对于宏观经济变量国内生产总值增长率、劳动力总量增长率、消费者价格增长率以及净出口，依次关于财政科技支出政策和工具变量（从事科技活动机构数增长率）建立回归模型，如果工具变量仅通过财政科技支出政策间接影响宏观经济变量，那么在控制财政科技支出政策的回归方程中，工具变量应该对宏观经济变量不显著。如表 5.6 最后一列结果所示，国内生产总值增长率、劳动力总量增长率、消费者价格增长率、净出口分别对工具变量的回归系数均不显著，而财政科技支出政策的回归系数仍然显著。如表 5.6 第二列和第三列结果所示，当宏观经济变量国内生产总值增长率、劳动力总量增长率、消费者价格增长率、净出口分别对财政科技支出政策和从事科技活动机构数增长率进行回归时，回归系数均显著。因此，工具变量并不直接影响宏观经济变量国内生产总值增长率、劳动力总量增长率、消费者价格增长率、净出口，而仅仅通过财政科技支出政策影响宏观经济变量。

表 5.6　　　　　　　　　　　工具变量的外生性检验

	A. OLS：以国内生产总值增长率为因变量		
财政科技支出政策 (rST)	0.6343*** (0.2035)		0.6333*** (0.2044)
工具变量 (rZ)		0.0606** (0.0328)	0.0425 (0.0307)
R²	0.15	0.12	0.18
	B. OLS：以劳动力增长率为因变量		
财政科技支出政策 (rST)	0.0653*** (0.0133)		0.0650*** (0.0132)
工具变量 (rZ)		-0.0050*** (0.0022)	-0.0028 (0.0020)
R²	0.18	0.10	0.20
	C. OLS：以消费者价格增长率为因变量		
财政科技支出政策 (rST)	1.0349*** (0.2466)		1.0213*** (0.2382)
工具变量 (rZ)		-0.109573** (0.0585)	-0.1067 (0.0658)
R²	0.14	0.11	0.21
	D. OLS：以净出口为因变量		
财政科技支出政策 (rST)	0.0439*** (0.0130)		0.0398*** (0.0114)
工具变量 (rZ)		0.0183** (0.0074)	0.0086 (0.0056)
R²	0.12	0.10	0.15

数据说明。

本书选择 1991 年第一季度到 2018 年第四季度的时间序列数据，数据来源于《中国统计年鉴》《中经网统计库》《中国科技统计年鉴》《Wind 数据库》。需要做出说明的是，本书除净出口 NX 外其他数据都采用季度环比增长率，用 rST 表示政府财政科技支出的增长率，用 rGDP 表示国内生产总值的增长率，用 rCPI 表示消费者价格增长率，用 rL 表示劳动力总量增长率。另外，本书所使用的数据都转换为以 1990 年第一季度为基期，并使用 Census X-12 季节调整法对所有原始季度数据进行了季节调整以消除季节性影响。

②构建 SVAR 模型

单位根检验。

为增强变量的稳定性,先对除净出口 NX 外的国内生产总值 GDP、劳动力总量 L、消费者价格指数 CPI、以及财政科技支出 ST 各个变量的原始数据分别进行对数化处理。在对数据进行对数化处理的预处理之后,采用 ADF 检验对对数化后的四个变量与原始净出口变量进行单位根检验。检验结果如表 5.7 所示:

表 5.7 单位根检验

变量名	原序列值			一阶差分值		
	检验形式	ADF 值	临界值	检验形式	ADF 值	临界值
GDP	C	-0.1271	-1.9439	C	-11.9780***	-2.8880
L	C	-0.2474	-1.9438	C	-3.8071**	-3.4516
CPI	C	0.9396	-1.9440	C	-4.4926***	-4.0496
NX	C	-3.8312**	-3.4528			
ST	C	-1.6319	-2.8880	C	-2.0800***	-2.5864

注:检验的类型 C 表示只有常数项。临界值是在 5% 的显著性水平下取得。*** 表示在 1% 的显著性水平下显著,** 表示在 5% 的显著性水平下显著,* 表示在 10% 的显著性水平下显著。

从检验结果中可以看出净出口 NX 原序列的 ADF 检验值小于 5% 显著性水平上的临界值,拒绝零假设,净出口 NX 是平稳时间序列。对数化后的国内生产总值 GDP、劳动力总量 L、消费者价格指数 CPI 以及财政科技支出 ST 原序列的 ADF 检测值都大于在 5% 显著性水平上的临界值,所以四个对数化后变量的原序列均是非平稳时间序列。而对这些对数化后的变量进行一阶差分后,得到国内生产总值增长率 rGDP、劳动力总量增长率 rL、消费者价格增长率 rCPI 以及财政科技支出增长率 rST 各序列的 ADF 检测值均小于 5% 显著性水平的临界值,所以拒绝零假设,即 rGDP、rL、rCPI 以及 rST 都是平稳时间序列。

Granger 非因果关系检验。

上述平稳性检验的结果说明变量之间存在稳定的长期关系,但是不能说明变量之间的因果关系。为探究和确定变量之间关系,本书进一步进行 Granger 非因果关系检验,以考察各经济变量与财政科技支出政策之间的 Granger 非因果关系。检验结果如表 5.8 所示。

表 5.8　　　　　　　　　　　Granger 非因果关系检验结果

原假设 H₀	F 统计量	P 值	结论
rST 不是 rGDP 的 Granger 原因	5.5169	0.0053	拒绝
rGDP 不是 rST 的 Granger 原因	0.9709	0.8634	拒绝
rST 不是 rL 的 Granger 原因	0.7152	0.3363	拒绝
rL 不是 rST 的 Granger 原因	0.5447	0.5817	接受
rST 不是 rCPI 的 Granger 原因	5.2725	0.0066	拒绝
rCPI 不是 rST 的 Granger 原因	1.6448	0.1980	接受
rST 不是 NX 的 Granger 原因	1.4709	0.5408	拒绝
NX 不是 rST 的 Granger 原因	0.5221	0.5948	接受

上述 Granger 非因果关系检验结果解释如下：

第一，财政科技支出增长率（rST）与国内生产总值增长率（rGDP）之间存在双向的 Ganger 因果关系。财政科技支出增长率（rST）是国内生产总值增长率（rGDP）的 Granger 原因，而国内生产总值增长率（rGDP）也是财政科技支出增长率（rST）的 Granger 原因。

第二，财政科技支出增长率（rST）与劳动力总量增长率（rL）之间存在单向的 Ganger 因果关系。财政科技支出增长率（rST）是劳动力总量增长率（rL）的 Granger 原因，而劳动力总量增长率（rL）不是财政科技支出增长率（rST）的 Granger 原因。

第三，财政科技支出增长率（rST）与消费者价格增长率（rCPI）之间存在单向的 Ganger 因果关系。财政科技支出增长率（rST）是消费者价格增长率（rCPI）的 Granger 原因，而消费者价格增长率（rCPI）不是财政科技支出增长率（rST）的 Granger 原因。

第四，财政科技支出增长率（rST）与净出口（NX）之间存在单向的 Ganger 因果关系。财政科技支出增长率（rST）是净出口（NX）的 Granger 原因，而净出口（NX）不是财政科技支出增长率（rST）的 Granger 原因。

然而，Granger 因果关系只反映了随机变量之间的统计可预测性，并不能识别经济变量之间的（反事实）因果关系。因此，本书将建立 SVAR 模型，运用 SVAR – Ⅳ 方法研究财政科技支出政策（rST）的动态因果效应。

构建基准 VAR 模型。

VAR 模型是基于数据的统计意义、将模型中全部变量内生化，用变量的滞后项进行线性表示。基于上面的数据平稳性检验和 Granger 非因果关系检验，可以用国内生产总值增长率（rGDP）、劳动力增长率（rL）、消费者价格增长率（rGPI）、净出口（NX）以及财政科技支出增长率（rST）数据建立 5 个变量滞后 p 阶的基准 VAR 模型 VAR（p）

$$Y_t = \varphi_1 Y_{t-1} + \varphi_2 Y_{t-2} + \ldots + \varphi_p Y_{t-p} + u_t, \ t = 1,2,\ldots,T$$

其中，Y_t Y_t 是 5 维内生变量列向量，$Y_t = (rST_t, rGDP_t, rL_t, rCPI_t, NX_t)'$ $Y_t = (rST_t, rGDP_t, rL_t, rCPI_t, rBT_t)'$，$p$ 是滞后阶数，$\varphi_1,\ldots,\varphi_p$ $\Phi_1,\cdots,\Phi_p$ 是待估参数矩阵。扰动项 u_t 满足 $E(u_t u_t') = \Sigma E(u_t u_t') = \Sigma$，$\Sigma$ Σ 是一个 5×5 错误！请输入数字。阶的对称正定矩阵。

接下来，对上述构建的基准 VAR 模型进行稳定性检验，检验的结果如下表 5.9 所示：

表 5.9　　　　　　　　　　　VAR 模型的单位根检验

Root	Modulus
0.9863	0.9863
0.8676 - 0.0482i	0.8690
0.8676 + 0.0482i	0.8690
- 0.6785	0.6785
0.6531	0.6531
- 0.4419	0.4419
- 0.3756 - 0.0846i	0.3849
- 0.3756 + 0.0846i	0.3849
0.1666	0.1665
- 0.0834	0.0834

从表 5.9 的稳定性检验结果可知该 VAR 模型的所有特征根均落在单位圆之外，因此基准 VAR 模型是稳定的。

由于各个时间序列变量之间可能存在一定的滞后影响，不能同时发生变动，因此在对 VAR 模型进行估计之前，需要确定最优滞后阶数。本书用 Eviews10.0 统计软件对 VAR 模型的最优滞后阶数进行检验，通过似然比统计量（LR）准则、最终预期误差（FPE）准则、赤池准则（AIC）、施瓦茨准则（SC）和 HQ 准则这五种信息准则检验的结果来进行综合判断，检验结果如表 5.10 所示：

表 5.10　　　　　　　　　　　　滞后阶数检验结果

Lag	LogL	LR	FPE	AIC	SC	HQ
0	1071.016	NA	7.05e−16	−20.6993	−20.5714	−20.6475
1	1282.059	37.4983	1.90e−17	−24.3118	−23.3044	−24.0010
2	1327.712	85.5546*	1.28e−17	−24.7129	−23.5460*	−24.1430
3	1349.687	37.1224	1.37e−17	−24.6541	−22.6077	−23.8253
4	1398.382	77.5341	8.78e−18	−25.1142	−22.4283	−24.0263
5	1455.507	85.4010	4.83e−18*	−25.7380	−22.4126	−24.3911*
6	1482.546	37.8029	4.83e−18	−25.7776*	−21.8127	−24.1717
7	1493.547	14.3121	6.72e−18	−25.5058	−20.9014	−23.6408
8	1529.756	43.5910	5.85e−18	−25.7234	−20.4795	−23.5995

从表 5.10 可以看出，LR 信息准则显示最佳滞后阶数为 2 阶，FPE 信息准则显示最佳滞后阶数为 5 阶，AIC 信息准则显示最佳滞后阶数为 6 阶，SC 信息准则也显示最佳滞后阶数为 2 阶，HQ 信息准则显示最佳滞后阶数为 5 阶，最终依据 LR 信息准则和 SC 信息准则的结果确定 VAR 模型最佳滞后阶数为 2 阶。

通过上述分析，构建 VAR（2）模型

$$Y_t = \varphi_1 Y_{t-1} + \varphi_2 Y_{t-2} + u_t \tag{5.60}$$

其中，$Y_t = (rST_t, rGDP_t, rL_t, rCPI_t, NX_t)'Y_t = (rST_t, rGDP_t, rL_t, rCPI_t, rBT_t)'$，$t = 1, 2, \cdots, T$。$\varphi_j(j=1,2)$ $t=1,2,\cdots,T$ $\Phi_j(j=1,2)$ 是阶自回归参数矩阵；$u_t u_t$ 表示新息冲击向量，各分量分别表示作用在政府财政科技支出增长率、国内生产总值增长率、就业总量增长率、消费者价格增长率以及净出口上的新息冲击，是 5×1 维白噪声向量。

结构 SVAR 模型的设定

鉴于 VAR 模型缺乏经济理论基础，模型新息冲击向量 $u_t u_t$ 也没有实际经济含义，为了揭示经济系统对结构冲击的动态响应机制，必须进一步构建 SVAR 模型以识别真正的政策冲击、研究政策的动态因果效应。

根据变量国内生产总值、就业总量、消费者价格水平、净出口以及财政科技支出之间存在的经济结构关系，本书设定的 SVAR 模型如下

$$Y_t = \varphi_1 Y_{t-1} + \varphi_2 Y_{t-2} + \cdots + \varphi_p Y_{t-p} + \theta_0 \varepsilon_t \tag{5.61}$$

其中，$Y_t = (rST_t, rGDP_t, rL_t, rCPI_t, NX_t)'$，$\varepsilon_t \sim i.i.d.(0, I)$。

同样按照 VAR 模型选择最优滞后阶数的准则，文中选择的滞后阶数为两阶，已知 VAR 模型的新息向量 $u_t u_t$ 与 SVAR 模型的结构冲击向量 $\varepsilon_t \varepsilon_t$ 存在 $u_t = \Theta_0 \varepsilon_t$ 关系 $u_t =$

$\theta_0\varepsilon_t$,其中 θ_0 Θ_0 是 5×5 5×5 维的非奇异矩阵,且 $\mathrm{var}(\varepsilon_t)=I_k$,$\mathrm{var}(u_t)=\Sigma=\theta_0\mathrm{var}(\varepsilon_t)\theta_0'=\theta_0\theta_0'$,即结构冲击 ε_t ε_t 被假设为相互独立的,并且方差也被正规化为1。因此,基于(5.60)和(5.61)建立的SVAR模型形式如下:

$$\theta_0^{-1}Y_t=\theta_0^{-1}\varphi_1Y_{t-1}+\theta_0^{-1}\varphi_2Y_{t-2}+\varepsilon_t \tag{5.62}$$

其中,$Y_t=(rST_t,rGDP_t,rL_t,rCPI_t,NX_t)'$ $Y_t=(rST_t,rGDP_t,rL_t,rCPI_t,rBT_t)'$。

于是,得到滞后算子形式表示

$$\theta_0^{-1}\varphi(L)Y_t=\varepsilon_t \tag{5.63}$$

如果矩阵多项式 $\Phi(L)$ $\Phi(L)$ 可逆,则SVAR模型(5.63)可以表示为无穷阶 $SMA(\infty)$ $SMA(\infty)$ 模型

$$Y_t=\varphi(L)^{-1}\theta_0\varepsilon_t \tag{5.64}$$

令 $\varphi(L)^{-1}=B(L)$ $\Phi(L)^{-1}=B(L)$,那么模型(5.64)可以表示为:

$$Y_t=B(L)\theta_0\varepsilon_t \tag{5.65}$$

其中,$Y_t=(rST_t,rGDP_t,rL_t,rCPI_t,NX_t)'$ $Y_t=(rST_t,rGDP_t,rL_t,rCPI_t,rBT_t)'$。

因此,为得到结果变量对结构冲击的动态因果效应,需要对 θ_0 Θ_0 进行识别。接下来,本书在前面引入工具变量的SVAR-IV模型理论分析的基础上,选择财政科技支出政策的外部工具变量来识别政策冲击,分析政策对宏观经济的动态因果效应。

实证结果分析

在选择了财政科技支出政策的工具变量后,用工具变量的4期滞后来识别SVAR模型中的政策冲击,得到如下表所示的结果:

表5.11　　　　　　　　　　　政策冲击的动态因果效应

滞后期数	rST	rGDP	rL	rCPI	NX
0	1.00（0.00）	0.38（0.20）	-0.16（0.07）	0.02（0.20）	-0.11（0.17）
2	0.75（0.14）	0.55（0.21）	-0.28（0.14）	0.06（0.32）	-0.04（0.16）
4	0.64（0.17）	0.66（0.23）	-0.38（0.21）	0.16（0.40）	-0.01（0.04）
6	0.55（0.20）	0.73（0.25）	-0.46（0.28）	0.28（0.45）	0.01（0.03）
8	0.45（0.22）	0.78（0.28）	-0.53（0.33）	0.4（0.49）	0.03（0.02）
10	0.36（0.22）	0.82（0.30）	-0.59（0.38）	0.52（0.52）	0.04（0.03）
12	0.27（0.22）	0.85（0.33）	-0.64（0.43）	0.62（0.56）	0.05（0.04）
14	0.19（0.22）	0.87（0.35）	-0.68（0.48）	0.71（0.60）	0.06（0.05）
16	0.13（0.21）	0.88（0.38）	-0.72（0.53）	0.78（0.65）	0.07（0.06）

表 5.11 的第一列表示滞后期数，第二列给出了财政科技支出增长率对财政科技支出政策冲击在当期，以及滞后 2 期、4 期、6 期、8 期、10 期、12 期、14 期、16 期时的当期动态因果效应，第三到六列给出了其他四个宏观经济变量对财政科技支出政策冲击在相应各期的累积动态因果效应。

从表 5.11 第二列的结果可以看到，财政科技支出政策的一个标准差正向冲击造成滞后各期财政科技支出增长率逐渐减弱的正效应，具有较大的拉动作用。从短期来看，财政科技支出政策的一个标准差正向冲击在当期产生的一个标准差正向因果效应正是满足了 $\theta_{0,11} = 1 \Theta_{0,11} = 1$ 的标准化单位效应假设，也表明财政科技支出增长率的一个预测方差全部由财政科技支出政策自身的扰动所致；从中长期来看，从滞后 2 期开始直到滞后 16 期财政科技支出增长率对财政科技支出政策冲击的动态因果效应依然很强，但逐步减弱，从 0.75 个标准差的动态因果效应下降到 0.13 个标准差的动态因果效应，这也验证了我国财政科技支出政策存在一定的惯性。

表 5.11 第三列反映了财政科技支出政策对国内生产总值增长率具有促进作用，该列数据表示财政科技支出政策的一个标准差正向冲击造成后期国内生产总值增长率的动态因果效应的累积变化，财政科技支出政策的一个标准差正向冲击会对当期和滞后期国内生产总值增长率产生正效应。从短期来看，一个标准差的财政科技支出政策正向冲击在当期会使国内生产总值增长率产生 0.38 个标准差的正向动态因果效应；从长期来看，到第 16 期，国内生产总值增长率对政策冲击的累积正向动态因果效应可以达到 0.88 个标准差。

表 5.11 第四列反映了财政科技支出政策对劳动力总量增长率会产生抑制的作用，该列数据表示财政科技支出政策的一个标准差正向冲击造成后期劳动力总量增长率的动态因果效应的累积变化，财政科技支出政策的一个标准差正向冲击会对当期及滞后期劳动力总量增长率产生负效应。从短期来看，一个标准差的财政科技支出政策正向冲击在当期就会使劳动力总量增长率产生 0.16 个标准差的负向动态因果效应；从长期来看，到第 16 期，劳动力总量增长率对政策冲击的累积负向动态因果效应可以达到 0.72 个标准差。

表 5.11 第五列反映了财政科技支出政策对消费者价格增长率具有促进作用，该列数据表示财政科技支出政策的一个标准差正向冲击造成后期消费者价格增长率动态因果效应的累积变化，财政科技支出政策的一个标准差正向冲击会对当期及滞后期消费者价格增长率产生正效应。从短期来看，一个标准差的政策正向冲击在当期使消费者价格增长率产生 0.02 个标准差的正向动态因果效应；从长期来看，到第 16 期，消费者价格增长率对政策冲击的累积正向动态因果效应可以达到 0.78 个标准差。

表 5.11 最后一列反映了财政科技支出政策对净出口大体上具有促进作用，该列数据表示财政科技支出政策的一个标准差正向冲击造成后期净出口动态因果效应的累积

变化。从短期来看，一个标准差的政策正向冲击在当期使净出口产生 0.11 个标准差的负向动态因果效应；一直到第 6 期，净出口对政策冲击的累积动态因果效应变为正效应；从长期来看，到第 16 期，净出口对政策冲击的累积正向动态因果效应可以达到 0.07 个标准差。

鉴于本书主要考察财政科技支出政策冲击对宏观经济的影响，因此本书主要分析宏观经济对财政科技支出政策冲击的脉冲响应函数。图 5.2 ~ 图 5.5 给出了各宏观经济变量对财政科技支出政策冲击的即期脉冲响应图。

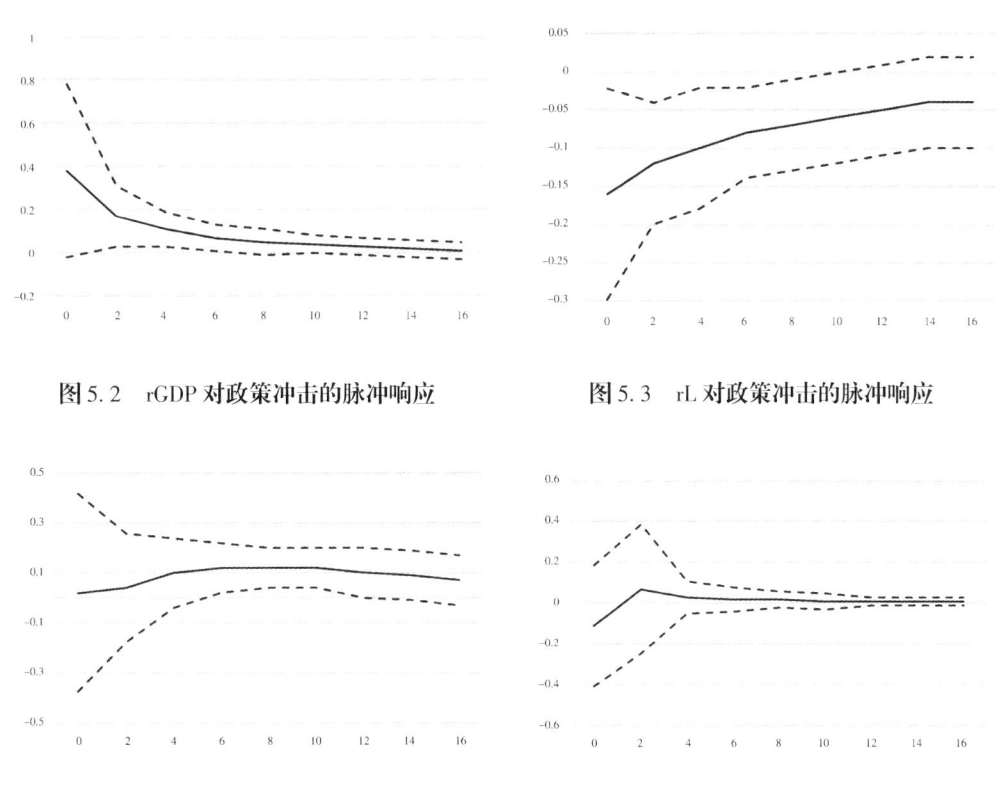

图 5.2　rGDP 对政策冲击的脉冲响应　　　图 5.3　rL 对政策冲击的脉冲响应

图 5.4　rCPI 对政策冲击的脉冲响应　　　图 5.5　NX 对政策冲击的脉冲响应

从图 5.2 中 rGDP 对政策冲击的即期脉冲响应曲线可以看到，从当期至滞后 16 期，中国 GDP 增长率呈现出持续性正向变动情况。给财政科技支出政策的扰动项一个标准差正向结构性冲击后，当期对我国国内生产总值增长率变动产生最大的动态因果效应，有 0.38 个标准差，随后快速减弱，到滞后 8 期之后减弱速度有所放缓，并逐步趋向于零，到滞后 16 期仅有 0.01 个标准差的正向因果效应。

从图 5.3 中 rL 对政策冲击的即期脉冲响应曲线可以看到，从当期至滞后 16 期，中国劳动力总量增长率呈现出持续性负向变动情况。给财政科技支出政策的扰动项一个标准差正向结构性冲击后，当期对我国劳动力总量增长率变动产生最大的负向动态因果效应，有 0.17 个标准差，随后各期负向因果效应逐渐减弱，并逐步趋向于零，到滞后 16 期仅有 0.04 个标准差的负向因果效应。

从图 5.4 中 rCPI 对政策冲击的即期脉冲响应曲线可以看到，从当期至滞后 16 期，中国 CPI 增长率呈现出持续性正向变动情况。给财政科技支出政策的扰动项一个标准差正向结构性冲击后，当期对我国 CPI 增长率变动产生 0.02 个标准差的动态因果效应，直到滞后 10 期正向动态因果效应达到最大，有 0.12 个标准差，随后动态因果效应逐渐减弱，到滞后 16 期仅有 0.07 个标准差的正向动态因果效应。

从图 5.5 中 NX 对政策冲击的即期脉冲响应曲线可以看到，从滞后 2 期开始，中国净出口呈现出持续性正向变动且逐渐趋于零的状态，这主要是由于政策冲击对宏观经济变量产生影响存在时滞性。到滞后 2 期，给财政科技支出政策的扰动项一个标准差正向结构性冲击后，对我国净出口产生最大的正向动态因果效应，有 0.07 个标准差，影响相对较弱，随后各期正向影响均有所减弱，并逐步趋向于零，到滞后 16 期仅有 0.01 个标准差的正向动态因果效应。

弱工具检验

工具变量方法的使用通常会出现弱工具的问题，使得模型估计结果不可靠，出现偏差。本文利用同方差的一阶段 F 统计量和异方差自相关稳健性检验的两种方法检测工具变量的强弱，结果如表 5.12 所示：

表 5.12　　　　　　　　　　弱工具检验结果

First – stage F^{Hom}	11.3
First – stage F^{HAC}	10.7

注：表中结果为 F 值。

从表 5.12 结果可知，两种检测方法 F 统计量的值均大于 10 的临界值，拒绝"工具变量为弱工具"的零假设。本书运用 SVAR – IV 方法得到的估计结果是可靠的。

可逆性检验结果：上述运用 SVAR – IV 模型得出的财政科技支出政策对宏观经济的动态因果效应需要以可逆性条件成立为前提，即结构参数矩阵 Θ（L）可逆，也就是说可逆性条件是运用 SVAR – IV 模型进行政策效应分析的前提条件，表 5.13 是运用 Granger 非因果检验方法对可逆性条件进行检验的结果。

从表 5.13 可知，表中各个变量检验的 p 值均大于 5%，因此在 5% 的显著性水平上认为零假设可逆性成立。这也就说明运用 SVAR – IV 模型得出的财政科技支出政策对宏观经济的动态因果效应是有效的。

表 5.13　　　　　　　　　　　　可逆性检验结果

	rST	rGDP	rL	rCPI	NX
VAR Z – GC	0.78	0.83	0.54	0.06	0.37

注：表中结果为 P 值。

财政科技支出政策的宏观经济效应是学术界和实务界普遍关注的理论与现实问题，具有极其重要的理论研究价值和实践意义。首先，从短期来看，财政科技支出政策对经济增长具有短期动态调整关系。当期财政科技支出政策对当期经济增长动态因果效应显著，前者每增长1%就会使后者增长0.38%；从长期来看，财政科技支出政策与经济增长之间存在着一种稳定的长期动态均衡关系，财政科技支出政策能够促进经济增长，对经济增长具有明显的拉动作用。其次，从短期来看，财政科技支出政策对劳动力就业具有抑制作用。前者每增长1%就会使后者在当期减少0.16%；从中长期来看，滞后2期到滞后16期财政科技支出政策对就业的挤压作用逐渐减弱。财政科技支出政策对就业的抑制作用正是说明了财政科技支出政策带来的技术进步会减少劳动力市场工作匹配的持续时间，通过直接排斥就业与间接减少工作岗位的双重作用来挤压市场对劳动力的需求，给就业带来了双重"创造性破坏"的负面影响，但是财政科技支出政策冲击对就业产生的负面效应会随着时间的延长而有所减弱。再次，财政科技支出政策冲击对消费者价格增长率产生正向的动态因果效应，从当期到滞后10期，前者每增长1%对后者的动态因果效应逐渐增加，从0.02%的正效应逐渐增加到0.12%的正效应；在滞后10期后，后者的动态因果效应逐渐减小，从0.12%减小到0.07%的正效应。以上表明财政科技支出政策对CPI增长率的正向动态因果效应持续时间较长，但是影响效应相对较弱，财政科技支出政策不能够有效地抑制物价上涨。最后，财政科技支出政策能够有效地刺激净出口、促进国际贸易发展。由于时滞性的影响，政策冲击对净出口的动态因果效应开始于滞后2期，财政科技支出每增长1%就会对净出口产生0.07%的正向动态因果效应，随后正向影响逐渐减弱，一直到滞后16期仅有0.01%的动态因果效应。财政科技支出政策冲击对净出口产生正向动态因果效应说明在一定时期内增加科技领域的财政资金投入，带动的技术进步能够提升产品质量、形成价格优势、降低成本、增强产业竞争力、提升在全球价值链的位置、刺激国际贸易发展。尽管财政科技支出政策对贸易增长具有促进作用，但是这种影响相对较弱。

综上，财政科技支出政策能够促进经济增长、拉动净出口增长，有利于解决我国目前在这两个方面存在的矛盾，有利于我国经济向总量、结构双重平衡靠拢，对国民经济健康、稳定发展产生正面影响。但是，我国当前的财政科技支出政策无法有效地刺激社会就业、抑制通货膨胀。财政科技支出政策对就业的挤压作用以及对物价上升的微弱刺激作用又会对我国经济社会的健康发展产生消极影响。因此，应该合理调整财政科技支出政策，发挥其宏观调控的积极作用，促进我国经济的可持续健康发展。

第 6 章 基于 SVEC 模型的动态因果效应评估方法

基于 SVAR 模型脉冲响应函数的因果推断方法研究了冲击如何在经济系统中传导和扩散，并且用于估计脉冲响应函数的时间序列要求是平稳的。然而，现实中大部分经济变量都表现出非平稳的特征。另外，SVAR 模型方法只适用于外生结构冲击的短期效应分析，而实际经济系统中既存在长期关系也存在短期效应。为了解决非平稳变量的建模问题以及识别变量之间的长短期关系，Granger（1981）和 Engle & Granger（1987）提出了非平稳变量之间的协整概念，此后，Johansen（1995）将协整引入到 SVAR 模型，发展出了结构向量误差修正模型（Structural Vector Error Correction，SVEC）。当经济系统中的变量非平稳时，一般会采用对序列取一阶差分的方法将其转化为平稳序列，但是当序列之间存在协整关系时，该方法会导致过度差分而且会损失变量长期协同变动的信息。SVEC 模型可以看作是含有协整约束的 SVAR 模型，它捕捉了系统变量初始的非平稳长期协整关系，模型中包含变量差分的 $(p-1)$ 阶 SVAR 模型和一个从已知（估计的）协整关系推导出的误差修正项。在可逆性的条件下，SVAR 模型可转变为结构向量移动平均（SVMA）模型，基于非平稳 SVAR 或者 SVEC 模型的 SVMA 模型常被用来分析经济系统中结构冲击的短期波动和长期趋势。

Banerjee et al.（1993）、Hamilton（1994）、Johansen（1995）和 Lütkepohl（2005）等文献相继研究了 VEC 模型和 SVEC 模型等。在相关的经济研究中，一般会采用脉冲响应函数分析、累计脉冲响应函数和预测误差方差分解（FEVD）等来描述系统中变量在受到结构冲击以后的动态变化路径，以及变量在受到其他变量冲击时发生变动的程度（Lütkepohl，2005）。并且，鉴于经济学理论中假设冲击对系统会有永久影响或者仅有暂时影响，通常将冲击分为永久性冲击和暂时性冲击（Blanchard & Quah，1989），冲击的分类增加了识别结构方程的信息。因此，借助 VEC 模型和 SVEC 模型的简化型 VMA/SVMA 模型开展宏观经济系统动态因果效应推断的理论与应用研究具有重要的理论研究价值和现实意义。实际上，这项研究不仅有利于评价经济政策动态效应的因果性、区分经济政策冲击的永久性和暂时性效应和揭示具有长期均衡的经济关系。

事实上，在潜在结果框架下，如果满足条件独立性假设，匹配估计量或者回归估计量可估计政策冲击的因果效应。但是当模型存在未观测的混杂因素，即同时影响政策变量和潜在结果的不可观测随机变量，条件独立性假设不再成立，模型存在内生性问题。这时，可使用与政策冲击高度相关、而与系统中其他冲击不相关的外部工具变量识别和估计宏观经济政策冲击的动态因果效应，被简称为外部工具方法。外部工具的使用开启了宏观计量经济学中一个崭新的、迅速发展的研究方向，利用外部冲击可以获得可信的识别。Romer & Romer（1989）使用文本和历史信息识别外生的货币政策冲击，最早提出了利用外部信息识别结构向量自回归模型的政策冲击。Beaudry & Saito（1998）利用了 Romer & Romer（1989）构造的利率冲击的变量作为 SVAR 模型中货币冲击的工具变量来估计货币政策的脉冲响应。随后，Kuttner（2001）、Cochrane & Piazzesi（2002）和 Bernanke & Kuttner（2005）等利用美联储公告日期前后的利率变化来识别货币政策冲击。同时，Kuttner（2001）利用外部信息来识别结构冲击，根据美联储公告前后联邦基金利率的变化估计货币政策冲击对长期利率的动态因果效应。Hamilton（2003）和 Kilian（2008）利用国际石油供应中断的外部信息来估计石油供应冲击对经济的影响。另外，Stock（2008）正式引入了用于 SVAR 识别的外部工具方法（SVAR – IV），之后，Stock & Watson（2012）、Mertens & Ravn（2013）、Gertler & Karadi（2015）、Caldara & Kamps（2017）等越来越多的研究者使用了该方法。并且，Jordà et al.（2017）和 Ramey（2016）将 Jordà（2005）的脉冲响应局部投影推断方法推广到 SVAR 模型，提出了估计政策冲击脉冲响应函数的局部投影工具变量（LP – IV）方法，Ramey（2016）发现 SVAR 模型中结构冲击相互无关的假设等价于它们是随机指派的原发经济冲击力的假设，使人们能够利用 SVAR 模型研究政策冲击的动态因果效应。Fieldhouse et al.（2018）将 LP – IV 方法拓展到 SVAR 模型含有控制变量的情形。同时，Stock & Watson（2018）发现了 LP – IV 方法中 IV 有效性的条件，以及 SVAR – IV 方法与 LP – IV 方法的等价条件；并基于 SVAR 模型提出了估计和推断动态因果效应的外部工具变量方法。

为了甄别非平稳经济变量之间的长短期动态因果效应，本章借助外部工具变量法和 SVEC 模型的 SVMA 表示拓展了宏观经济系统动态因果效应的推断方法。将 Stock & Watson（2018）基于 SVAR 模型识别平稳变量动态因果效应的外部工具方法（SVAR – IV）扩展为非平稳变量的 SVEC 模型，完善了经济政策动态因果效应的评价方法。并且，利用 SVMA 模型将经济政策冲击的动态因果效应进行了长短期分解，并提出了估计政策冲击长期因果效应和短期动态因果效应的方法。最后，对我国货币政策的动态因果效应进行了实证研究，识别出了基准利率政策的实效性以及利率冲击对各内生变量的长期随机趋势（因果）效应和短期的动态因果效应。

6.1 基准模型的设定

对于 n 维向量随机过程

$$Y_t = A_1 Y_{t-1} + A_2 Y_{t-2} + \cdots + A_P Y_{t-P} + u_t \tag{6.1}$$

其中，$Y_t = (Y_{1t}, \cdots, Y_{nt})'$，$A_i$ 表示 $n \times n$ 阶的系数矩阵，$u_i \sim iidN(0, \sum_u)$ 为不可观测的零均值独立白噪声过程，并且其协方差矩阵为非时变正定矩阵 $E(u_t u_t') = \sum_u$。

如果 n 维向量随机过程 Y_t 是平稳的，则式（6.1）被称为 VAR 模型。如果 Y_t 中部分或者全部随机过程是 $I(1)$ 过程，而且它们存在协整关系，则式（6.1）可以表示为 VECM 模型

$$\Delta Y_t = \Pi Y_{t-1} + \Gamma_1 \Delta Y_{t-1} + \cdots + \Gamma_p \Delta Y_{t-p} + u_t \tag{6.2}$$

其中，$\Pi = \sum_{i=1}^{p} A_i - I$ 被称为长期关系矩阵，$\Gamma_i = \sum_{i=i+1}^{p} A_j, (i = 1, 2, \cdots, p)$ 是短期参数。

这时，由于 Y_t 中存在协整关系，矩阵 Π 是奇异矩阵，假设 Π 的秩为 r，则存在秩为 r 的 $n \times r$ 阶矩阵 α 和 β，使得 $\Pi = \alpha \beta'$；并且，Y_t 中存在 r 个线性独立的协整关系。其中，载荷矩阵 α 代表了变量间长期均衡的调整方向和速度；β 是协整向量的矩阵，反映了经济变量之间的长期均衡关系。

因此，由格兰杰表示定理的 Beveridge – Nelson MA 表示（Johansen，1995）可知，如果 Y_t 是由 VECM 模型

$$\Delta Y_t = \alpha \beta' Y_{t-1} + \Gamma_1 \Delta Y_{t-1} + \cdots + \Gamma_p \Delta Y_{t-p} + u_t$$

生成，则存在如下的 VMA 表示

$$Y_t = \Xi \sum_{i=1}^{t} u_i - \Xi(L) u_t + Y_0^* \tag{6.3}$$

其中，$\Xi = \beta_\perp (\alpha_\perp' (I_n - \sum_{i=1}^{p} \Gamma_i) \beta_\perp)^{-1} \alpha_\perp'$，$\text{rank}(\Xi) = n - r$，$\Xi$ 表示预测误差脉冲响应的长期影响系数；并且当 $j \to \infty$ 时，滞后算子多项式 $\Xi^*(L) = \sum_{j=0}^{\infty} \Xi_j^* L^j$ 的系数矩阵 Ξ_j^* 趋向于零矩阵；对于 $t < 0$，$Y_t = 0$；Y_0^* 是 Y_t 的初始值向量。

以下为估计系数矩阵 Ξ_j^* 的步骤：

由式（6.3）可得，

$$\Delta Y_t = (\Xi - \Xi_0^*) u_t - (\Xi_1^* - \Xi_0^*) u_{t-1} - (\Xi_2^* - \Xi_1^*) u_{t-2} - \cdots \tag{6.3'}$$

于是，系数矩阵 Ξ_j^* 可从估计平稳 VMA 模型（6.3'）得到。

首先，假设平稳 VAR 模型

$$\Delta Y_t = \Pi_1 \Delta Y_{t-1} + \Pi_2 \Delta Y_{t-2} + \cdots + \Pi_p \Delta Y_{t-p} + u_t$$

的 VMA 模型表示为

$$\Delta Y_t = u_t + \Psi_1 u_{t-1} + \Psi_2 u_{t-2} + \cdots$$

则①

$$\begin{aligned}\Delta Y_t =\ & u_t + \Pi_1 u_{t-1} + (\Psi_1 \Pi_1 + \Pi_2) u_{t-2} + (\Psi_2 \Pi_1 + \Psi_1 \Pi_2 + \Pi_3) u_{t-3} \\ & + \cdots \\ & + (\Psi_{j-1} \Pi_1 + \Psi_{j-2} \Pi_2 + \cdots + \Psi_2 \Pi_{j-2} + \Psi_1 \Pi_{j-1} + \Pi_j) u_{t-j} \\ & + \cdots \end{aligned}$$

从而，得到 VMA 模型系数矩阵的计算过程

$$\Psi_1 = \Pi_1$$
$$\Psi_2 = \Psi_1 \Pi_1 + \Pi_2$$
$$\cdots$$
$$\Psi_j = \Psi_{j-1} \Pi_1 + \Psi_{j-2} \Pi_2 + \cdots + \Psi_2 \Pi_{j-2} + \Psi_1 \Pi_{j-1} + \Pi_j$$
$$\cdots$$

于是，估计平稳 VAR 模型后，对比式（6.3'）可得

$$I_n = \hat{\Xi} - \hat{\Xi}_0^*$$
$$\hat{\Psi}_1 = \hat{\Xi}_0^* - \hat{\Xi}_1^*$$
$$\hat{\Psi}_2 = \hat{\Xi}_1^* - \hat{\Xi}_2^*$$
$$\cdots$$

因此，系数矩阵 Ξ_j^* 的估计如下：

$$\hat{\Xi}_0^* = \hat{\Xi} - I_n$$
$$\hat{\Xi}_j^* = \hat{\Xi}_{j-1}^* - \hat{\Psi}_j (j = 1, 2, \cdots)$$

对式（6.2）左乘一个结构矩阵 A，即可转化为 SVEC 模型

$$A\Delta Y_t = A\alpha\beta' Y_{t-1} + A\sum_{i=1}^{p} \Gamma_i \Delta Y_{t-i} + B\varepsilon_t \tag{6.4}$$

其中，$Au_t = B\varepsilon_t$，B 是 $n \times n$ 阶矩阵，ε_t 是 $n \times 1$ 阶均值为零相互正交的结构冲击向量。

于是，当 A 可逆时，

$$u_t = A^{-1} B \varepsilon_t \tag{6.5}$$

并且，由 Beveridge - Nelson 的 VMA 表示可知，Y_t 具有结构向量移动平均（SVMA）表示

$$Y_t = \Xi A^{-1} B \sum_{i=1}^{t} \varepsilon_i - \Xi^*(L) A^{-1} B \varepsilon_t + Y_0^* \tag{6.6}$$

---

① 推导过程详见附录1。

其中，A 和 B 均为非奇异矩阵，$\Xi A^{-1}B$ 仍然是秩为 $n-r$ 的矩阵。

而且，相应平稳 VAR 模型的 SVMA 模型为

$$\Delta Y_t = (\Xi - \Xi_0^*)A^{-1}B\varepsilon_t + (\Xi_0^* - \Xi_1^*)A^{-1}B\varepsilon_{t-1} + (\Xi_1^* - \Xi_2^*)A^{-1}B\varepsilon_{t-2} + \cdots \quad (6.6')$$

6.2 SVEC–IV 识别

鉴于式 (6.4) 的 SVEC 模型

$$A\Delta Y_t = A\alpha\beta' Y_{t-1} + A\sum_{i=1}^{p}\Gamma_i \Delta Y_{t-i} + B\varepsilon_t$$

不可识别矩阵 $A^{-1}B$，本书对 ΔY_{1t} 关于政策冲击 ε_{1t} 的当期因果效应施加单位标准化约束，即设定如下识别条件：

假设：政策冲击 ε_{1t} 对结果变量 $\Delta Y_{1,t}$ 的当期冲击为 1，即矩阵 $(\Xi - \Xi_0^*)A^{-1}B$ 的 $(1,1)$ 元素

$$[(\Xi - \Xi_0^*)A^{-1}B]_{11} = 1$$

于是，在该假设下，

$$\Delta Y_{1,t} = \varepsilon_{1,t} + \{\varepsilon_{2:n,t}, \varepsilon_{t-1}, \varepsilon_{t-2}, \cdots\} \quad (6.7)$$

并且，代入式 (6.6)，得到

$$Y_{i,t+h} = Y_{i,0}^* + [\Xi A^{-1}B - \Xi_h^* A^{-1}B]_{i,h}\Delta Y_{1,t} + \{\varepsilon_{t+h}, \cdots, \varepsilon_{t+1}, \varepsilon_{2:n,t}, \varepsilon_{t-1}, \varepsilon_{t-2}, \cdots\} \quad (6.8)$$

然而，因为 $\Delta Y_{1,t}$ 与 (6.8) 的误差项相关，它是内生的，模型 (6.8) 的 OLS 估计是有偏的。因此，对于合适的工具变量，模型 (6.8) 可使用 IV 方法估计。

假设存在外部变量向量 Z_t 满足扩展的 SVAR–IV 条件

SVEC–IV 识别条件：

(i) $E(\varepsilon_{1t}Z_t') \neq \alpha' \neq 0$ （相关性）

(ii) $E(\varepsilon_{2:n,t}Z_t') = 0$ （外生性，与当期其他冲击不相关）

(iii) $E(\varepsilon_{t-j}Z_t') = 0?$，$j \neq 0$ （外生性，与他期冲击不相关）

则对回归模型

$$Y_{i,t+h} - Y_{i,0}^* = [\Xi A^{-1}B - \Xi_h^* A^{-1}B]_{i,h}\varepsilon_{1,t} + \{\varepsilon_{t+h}, \cdots, \varepsilon_{t+1}, \varepsilon_{2:n,t}, \varepsilon_{t-1}, \varepsilon_{t-2}, \cdots\} \quad (6.9)$$

进行外部 IV 估计，即可得到结构冲击 $\varepsilon_{1,t}$ 对结果变量 $Y_{i,t}$ 的脉冲效应函数

$$[\Xi A^{-1}B - \Xi_h^* A^{-1}B]_{i,1}, h = 0,1,2,\cdots \quad (6.10)$$

的 SVEC–IV 估计 $\hat{\Theta}_{h,i1}$，即 SVEC 模型的动态因果效应 SVEC–IV 估计。

6.3 动态因果效应的长短期分解

假设 SVEC 模型（6.4）是可逆的，即矩阵 A 可逆，不妨设，$A = I$，则估计 VECM 模型

$$\Delta Y_t = \alpha \beta' Y_{t-1} + \Gamma_1 \Delta Y_{t-1} + \cdots + \Gamma_p \Delta Y_{t-p} + u_t$$

得到矩阵 $\Xi = \beta_\perp (\alpha'_\perp (I_n - \sum_{i=1}^{p} \Gamma_i) \beta_\perp)^{-1} \alpha'_\perp$ 和 Ξ_j^* 的估计 $\hat{\Xi}$ 和 $\hat{\Xi}_j^*$；而且，在"政策冲击 $\varepsilon_{1,t}$ 对结果变量 $\Delta Y_{1,t}$ 的当期冲击为 1"的识别假设下，有

$$[\Xi - \Xi_0^*]_{1,\cdot} b_{\cdot,1} = 1$$

其中，假设 $b_{\cdot,1}$ 是矩阵 B 的第一列向量。

并且，对于任意的内生变量 i，求解方程组

$$\hat{\Theta}_{0,i1} = [\hat{\Xi} - \hat{\Xi}_0^*]_{i,\cdot} b_{\cdot,1} \tag{6.11}$$

可得到 $b_{\cdot,1}$，事实上，$b_{\cdot,1} = \hat{\Theta}_{0,i1}$。

或者，对于任意的响应期 h 和结果变量 i，估计回归模型①

$$\hat{\Theta}_{h,i1} = [\hat{\Xi} - \hat{\Xi}_h^*]_{i,\cdot} b_{\cdot,1} + \omega_{h,i} \tag{6.12}$$

得到矩阵 B 的第 1 列向量的估计，其中 $[\hat{\Xi} - \hat{\Xi}_h^*]_{i,\cdot}$ 和 $b_{\cdot,1}$ 分别是矩阵 $\hat{\Xi} - \hat{\Xi}_h^*$ 的第 i 行和矩阵 B 的第 1 列。

类似地，对于第 j 个冲击 ε_{jt}，可估计矩阵 B 的第 j 列，$j = 1, 2, \cdots, n$。

因此，政策冲击 ε_{jt} 对变量 i 的动态因果效应的可分解为持久性效应 $[\hat{\Xi} B]_{i,j}$ 和暂时性效应 $[\hat{\Xi}_h^* \hat{B}]_{i,j}$。

显然，如果变量 i 对政策冲击 $\varepsilon_{1,t}$ 具有较大的持久性效应，则政策冲击 $\varepsilon_{1,t}$ 的持续运用易引起变量 i 的过快增长，尤其，政策冲击 $\varepsilon_{1,t}$ 对政策操作目标变量的持久性效应较大时，持续运用政策容易损失政策空间。因此，可以根据不同政策传导机制效应的持久性和暂时性选择政策工具。

6.4 案例：我国利率政策的动态因果效应评价研究

6.4.1 研究背景

关于货币政策的有效性检验、因果效应及其影响机制等是宏观经济学理论界和一

---

① 或者，如果 n 较大时，对于给定的 h，不妨设 $h = 0$，以变量个数为样本量，或者，如果 n 较小时，对于给定的 i，不妨设 $i = 1$，以响应期数为样本量，进行回归。

国央行和政府部门广泛关注的内容。尤其，在我国经济进入"新常态"后，中国经济发展面临着国内需求萎缩、产业景气度下降、利用外资严峻、经济结构升级和经济发展方式转变进行攻坚期等诸多困难和矛盾，以及世界经济的不确定性增加，使中国经济下行压力增加。为了实现经济高质量发展，在运用积极的减税降费政策深化供给侧结构性改革的同时，必须积极运用结构性货币政策工具保持合理充裕流动性、释放 LPR 改革的潜力，以妥善应对经济下行压力、实现中国经济的平稳增长。因此，本节将利用 SVEC – IV 方法对我国货币政策的动态因果效应进行实证研究，以识别基准利率政策的实效性，为实务界提供政策参考。同时，预期使用学术界普遍关注的实例验证本文 SVEC – IV 方法的科学性。

鉴于我国货币政策实际，为了规避源于信贷和汇率传导机制调节货币供应量所产生的实体经济发展和价格变化，本书建立了包含工业增加值增长率、CPI、银行间同业拆借加权平均利率、人民币汇率和金融机构人民币贷款余额的 SVEC 模型，利用 SVEC – IV 方法重点研究了利率政策调控宏观经济的动态因果效应[①]。另外，依据 SVMA 模型分解并识别了利率冲击对各内生变量的长期随机趋势（因果）效应和短期的动态因果效应。

6.4.2 变量和模型选择

（1）变量的选取和预处理

本文以 2008 年 1 月至 2017 年 12 月为样本窗口，选取的内生变量包括：①工业增加值环比增长率（IP_t）；②银行间同业拆借加权平均利率（R_t）；③通货膨胀率（CPI_t，环比增长率）；④直接标法下的人民币汇率（EX_t）；⑤金融机构人民币贷款余额（$LOAN_t$）。

自 2011 年我国核算工业增加值增长率以来，该数据均以同比形式进行披露，本书将其同比增长率数据换算成环比增长率，并进行了季节调整处理；通货膨胀率采用环比 CPI 指数予以测度；金融机构人民币贷款余额进行了对数化处理。文中样本数据分别来源于 Wind 数据库和中经网数据库。

（2）工具变量的选择

以测度央行沟通的前瞻指导综合指数（白仲林等，2019）作为利率政策的工具变量。事实上，依据 2008 年 1 月至 2017 年 12 月每季度发布的《中国货币政策执行报告》运用 Hansen & McMahon（2016）的 LDA 模型所构造的中国人民银行沟通指数量化了中国人民银行公开的有关当前经济状态和未来货币政策取向的信息。如图 6.1 所示。

[①] 本书仅仅以利率传导机制的货币政策例进行研究，类似地，也可以研究其他传导机制货币政策的长短期效应。

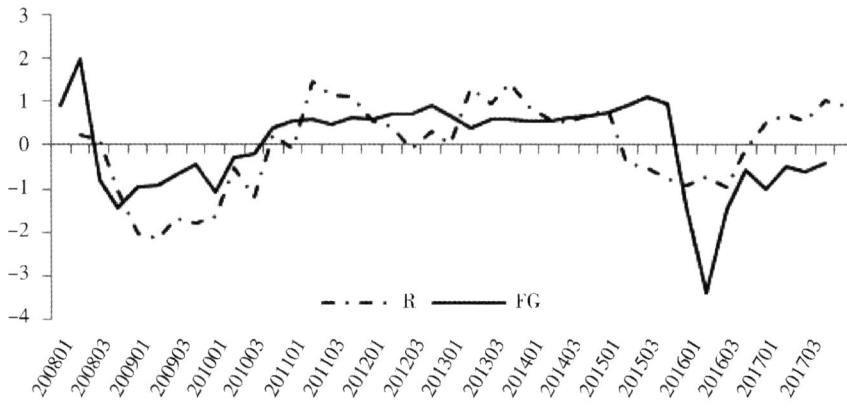

图6.1 央行沟通的前瞻指导综合指数和相关变量变动关系

数据来源：白仲林等（2019）。

通过图6.1不难发现，前瞻指导综合指数（FG）与银行间同业拆借加权平均利率（R）具有显著同向波动性。并且，白仲林等（2019）研究发现，前瞻指导综合指数能即时地反映利率调整。因此，本书将以前瞻指导综合指数的差分（ΔFG_t）为利率政策冲击的工具变量。

（3）数据检验

①平稳性检验

首先对各变量进行平稳性检验，结果如表6.1所示。

表6.1　　　　　　　　　　变量的ADF单位根检验

变量	ADF检验值	检验式	结论
IP	-2.6759	(C, 0)	非平稳
ΔIP	-20.3112	(0, 0)	平稳
R	-2.7161	(C, 0)	非平稳
ΔR	-11.8597	(0, 0)	平稳
FG	-2.5532	(C, 0)	非平稳
ΔFG	-4.0407	(0, 0)	平稳
CPI	-2.2299	(C, 0)	非平稳
ΔCPI	-18.483	(0, 0)	平稳
EX	-1.1012	(C, 0)	非平稳

续表

变量	ADF 检验值	检验式	结论
ΔEX	-9.3301	(0, 0)	平稳
LOAN	-1.7988	(C, T)	非平稳
ΔLOAN	-10.046	(0, 0)	平稳

注：(0, 0)、(C, 0) 和 (C, T) 分别表示检验式中是否包含漂移项、趋势项。

ADF 的检验结果表明，各变量均在 0.05 的显著性水平下是 I (1) 过程。即它们的差分过程均是二阶矩平稳的。

②协整检验

设 Y_t 为由 5 个可观测变量组成的向量，即

$$Y_t = (R_t, \ EX_t, \ LOAN_t, \ IP_t, \ CPI_t)'$$

为了建立 SVEC 系统，首先检验内生变量向量 Y_t 的协整性。利用 Johansen 协整检验方法检验发现，在 5% 的显著性水平下，向量 Y_t 中存在 3 个协整关系。

根据上述检验可知，内生变量向量 Y_t 的既可建立非平稳变量的 VEC 模型，也可以建立内生变量差分向量 ΔY_t 的 VAR 系统。

（4）基准模型的构建

鉴于我国货币政策的传导机制主要包括利率渠道、汇率渠道和信贷渠道等，本书参考 Blanchard (2009) 建立了包含工业增加值、通货膨胀率和（三种渠道）货币政策凯恩斯主义宏观经济模型，并增加了相应变量的滞后项以反映现实经济变量的动态性。

因此，本书设定的基准向量自回归（VAR）模型如下：

$$\Delta Y_t = \Pi_1 \Delta Y_{t-1} + \Pi_2 \Delta Y_{t-2} + \cdots + \Pi_p \Delta Y_{t-p} + u_t$$

同时，由协整性的 Johansen 检验可知，内生变量向量 Y_t 中存在 3 个协整关系，可建立如式（6.4）的 SVEC 模型，其中根据 AIC 和 SC 准则确定的滞后期 $p=3$。另外，依据 SVEC - IV 方法得到的参数 α、β 的估计值如下：

$$\hat{\alpha} = \begin{pmatrix} -0.2270 & 0.0239 & -0.3402 \\ -0.5480 & 0.0000 & 0.1803 \\ 0.3255 & 0.0024 & -0.0080 \\ -0.0169 & -0.0008 & 0.0713 \\ -0.0383 & -0.0969 & -0.0003 \end{pmatrix},$$

$$\hat{\beta} = \begin{pmatrix} 1 & 0 & 0 \\ 0 & 1 & 0 \\ 0 & 0 & 1 \\ -21.9811 & -3.8717 & -21.8322 \\ -17.8746 & -16.3424 & -39.1781 \end{pmatrix}$$

6.4.3 利率政策的动态因果效应分析

(1) 动态脉冲响应函数

根据本书提出的 SVEC – IV 估计方法,以前瞻指导综合指数的差分 (ΔFG_t) 作为利率政策冲击 ε_{1t} 的工具变量,利用外部 IV 方法估计 SVEC 模型,得到利率冲击对五个内生变量的短期动态因果效应——脉冲响应函数。

图 6.2 给出了差分工业增加值 ($\Delta INDU$)、同业拆借利率 (ΔR)、通货膨胀 (ΔCPI)、汇率 (ΔEX) 和差分贷款余额 ($\Delta Loan$) 所建基准 VAR 模型关于利率政策冲击的脉冲效应函数。

如图 6.2 所示,紧缩的正向利率(货币)政策冲击[①]对产出、价格水平、利率、汇率以及贷款余额的影响均是短期的;并且,最有力的政策效应存在约 1 期的延滞。政策冲击经过 3 期调整后对工业增加值、价格水平、利率、汇率和金融机构人民币贷款余额逐渐失去影响。另外,紧缩的货币政策冲击对汇率和人民币贷款余额均具有负向效应。

(2) 货币政策冲击效应的持久性与暂时性成分分解

最后,根据本书 SVEC 模型长期动态因果效应的持久性与暂时性成分和短期动态因果效应的分解方法,分别得到利率冲击的持久性长、短期和暂时性因果效应。其中,利率政策的短期暂时性动态因果效应如图 6.3。

众所周知,流动性收紧或者政策利率上调的从紧货币政策,使商业银行负债端利率上涨,尤其,中小商业银行的同业理财和同业存单成本增加,导致同业拆借利率的正向冲击。由图 6.3 可见,利率的正向冲击在短期内对工业增加值呈现出先促进后降低而后正向的影响;对物价水平产生先正面后负面的影响,且在滞后 1 期达到峰值。所以,我国货币政策对实体经济存在有效的调控能力,但是,在经济过热时,这种短期"价格之谜"的表象源于商业银行面对不可控风险的识别和反应态度迟缓、银行资金流通欠灵活,即,我国货币政策的利率传导速度较慢。

---

① 基于工具变量 ΔFGt 计算的脉冲效应函数。

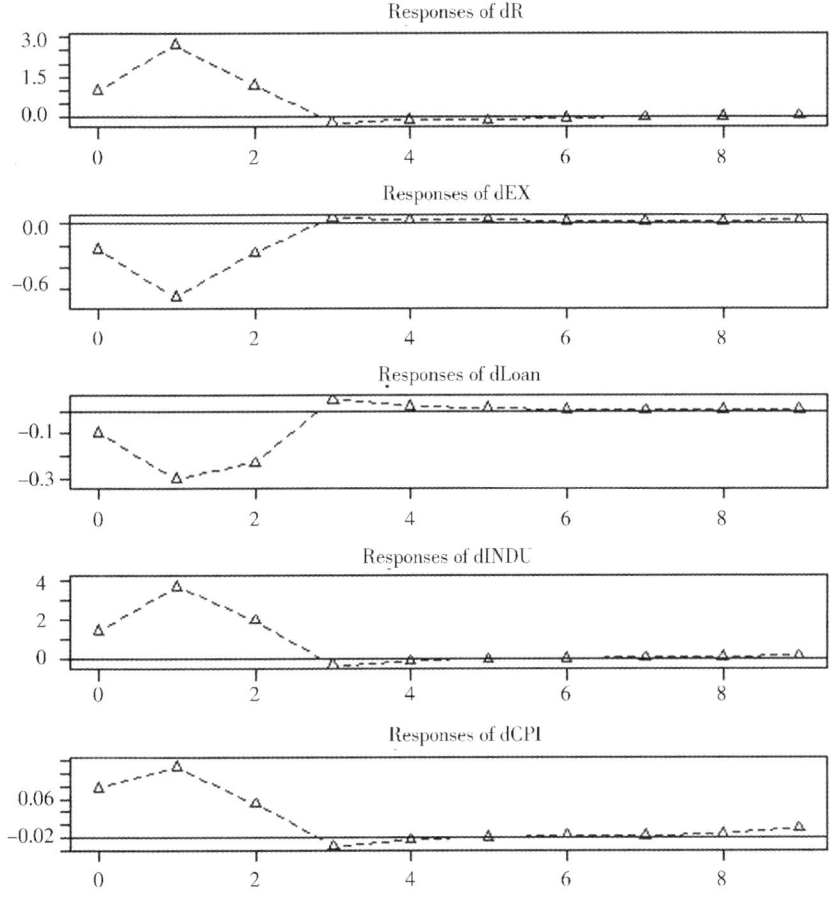

图 6.2 利率政策冲击的脉冲响应

并且,鉴于我国是世界第一大贸易国、资本与金融项目流量高企,利率政策通过经常项目和国际资本流动均能间接地对汇率产生影响,特别,政策利率上升对外币汇率具有负向调节作用,并且,外汇市场套利机制将在约 3 期内对冲该冲击。可是,我国的巨额外汇储备延时了汇率对利率变化的响应。另外,在从紧货币政策调控下,同业拆借利率上升导致商业银行惜贷、信贷市场价格,使资金流出信贷市场,即银行贷款余额下降。但是,我国银行贷款余额对从紧货币政策也存在 1 期滞后的响应。这也充分说明相对于传统理想的利率传导机制,我国资金链条层层叠加的商业银行新负债模式,资金链条拉长,延迟了货币政策对信贷市场调节的及时性。

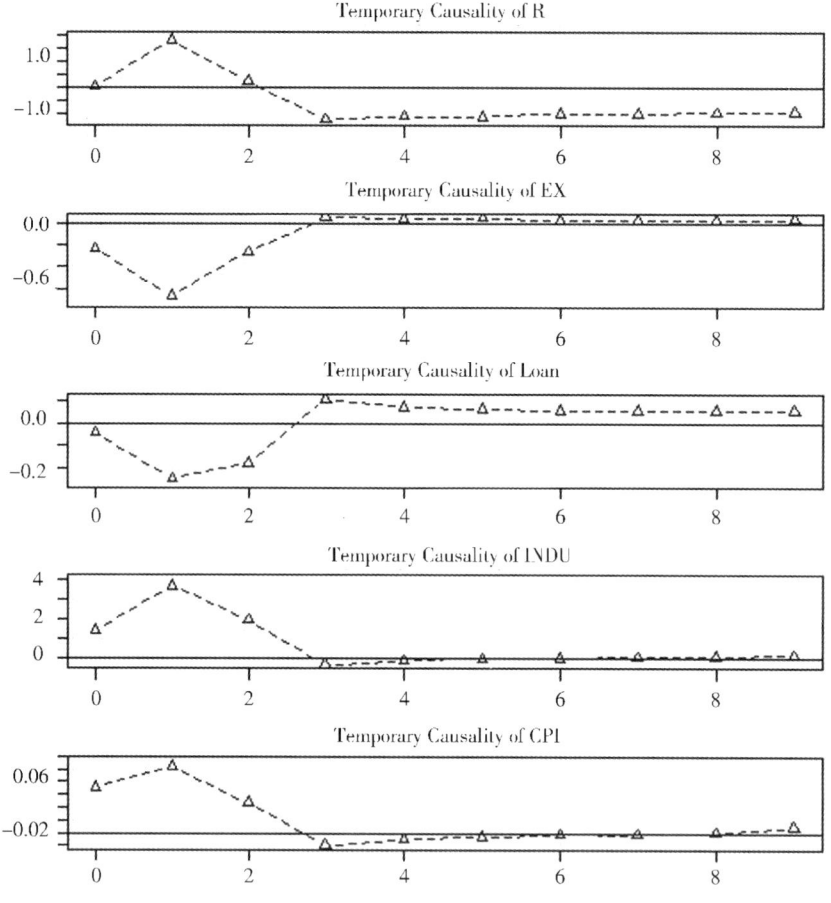

图 6.3 利率冲击的短期因果效应

而且，由式（6.6）的估计结果可得，利率冲击对同业拆借利率、美元对人民币汇率、贷款余额、工业增加值和价格水平等内生变量的长期效应分别是其利率冲击的 0.956、-0.006、-0.053、0.006 和 0.005 倍，如图 6.4 所示。长期来看可见，利率政策对和贷款余额存在约 5% 的负向长期影响；对汇率、工业增加值和价格水平不存在长期效应。然而，货币政策冲击对同业拆借利率的影响系数接近于 1，同业拆借利率是一个近单位根过程。所以，我国商业银行市场化改革成效显著，弱有效的同业拆借市场已初具规模。但是，由图 6.3 可知，货币政策到同业拆借货币市场的传导尚存在 1 期阻滞。

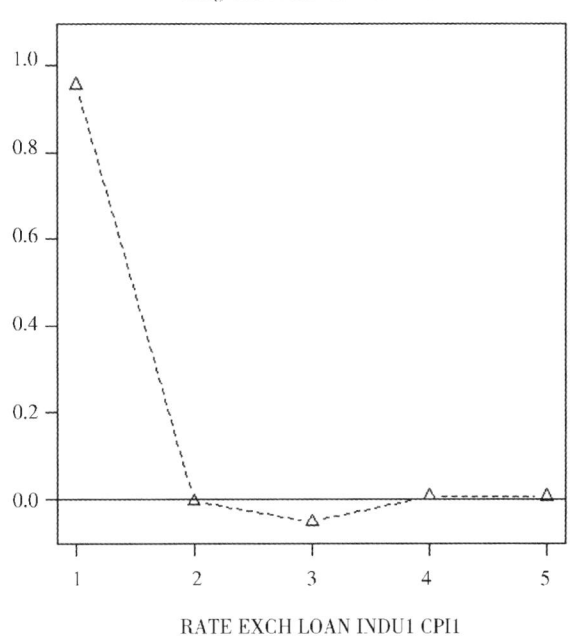

图 6.4 利率政策的长期因果效应

6.4.4 结论

本节基于 SVEC 模型中,提出了一种利用外部工具变量识别非平稳(变量)经济系统政策的动态因果效应分析方法,即 SVEC-IV 方法,并依据 SVMA 模型分解并识别政策冲击对各内生变量的长期随机趋势(因果)效应和短期的动态因果效应。并且,为了验证 SVEC-IV 方法的科学性,对我国货币政策的动态因果效应进行了实证研究,重点研究了货币政策调控宏观经济的动态因果效应,并得到了货币政策冲击对宏观经济变量的长期和短期的动态因果效应。研究发现,从紧货币政策冲击的正向冲击对同业拆借利率、汇率、贷款余额、工业增加值以及价格水平的影响均是短期的,且政策效应存在约 1 期的延滞。另外,货币政策冲击对汇率、贷款余额、工业增加值和价格水平等内生变量并不存在明显的长期效应;而对同业拆借利率的影响系数接近于 1,即弱有效的同业拆借市场已初具规模。

当然,当前货币政策传导滞后,尤其利率传导阻滞不单单需要货币政策的调整,必须强化货币政策与金融监管和财政政策协调配合。中央人民银行不仅要积极完善利率走廊机制,疏通政策利率传导。而且,要加强《商业银行法》和《税法》的执法,在债务中性和税收中性等竞争中性原则下深化国有企业改革,破解预算软约束;创新商业银行新负债模式的监管机制,缩短资金链条长度;加大小微企业金融支持力度,改善民营企业"融资难、融资贵"的顽疾。另外，坚持不松，适度放松表内信贷创造约束，规范表外业务及其表内化，增强货币政策工具效力。最后，积极探索货币政策与金融监管和财政政策协调配合，优化公共部门信用与私营部门信用的结构与资金来源，有效解决地方政府广义资金来源问题。

附录

$$\Delta Y_t = \Pi_1 \Delta Y_{t-1} + \Pi_2 \Delta Y_{t-2} + \cdots + \Pi_p \Delta Y_{t-p} + u_t$$

$$\Delta Y_{t-1} = \Pi_1 \Delta Y_{t-2} + \Pi_2 \Delta Y_{t-3} + \cdots + \Pi_p \Delta Y_{t-p-1} + u_{t-1}$$

$$\cdots$$

$$\Delta Y_{t-j} = \Pi_1 \Delta Y_{t-j-1} + \Pi_2 \Delta Y_{t-j-2} + \cdots + \Pi_p \Delta Y_{t-j-p} + u_{t-j}$$

$$\cdots$$

$$\begin{aligned}
\Delta Y_t &= \Pi_1(\Pi_1 \Delta Y_{t-2} + \Pi_2 \Delta Y_{t-3} + \cdots + \Pi_p \Delta Y_{t-1-p} + u_{t-1}) + \Pi_2 \Delta Y_{t-2} + \cdots + \Pi_p \Delta Y_{t-p} + u_t \\
&= u_t + \Pi_1 u_{t-1} + (\Pi_1^2 + \Pi_2)\Delta Y_{t-2} + (\Pi_1 \Pi_2 + \Pi_3)\Delta Y_{t-3} + \cdots + (\Pi_1 \Pi_p + \Pi_{p-1})\Delta Y_{t-p+1} \\
&\quad + \Pi_p \Delta Y_{t-p} \\
&= u_t + \Pi_1 u_{t-1} + (\Pi_1^2 + \Pi_2)u_{t-2} + ((\Pi_1^2 + \Pi_2)\Pi_1 + (\Pi_1 \Pi_2 + \Pi_3))\Delta Y_{t-3} \\
&\quad + ((\Pi_1^2 + \Pi_2)\Pi_2 + \Pi_1 \Pi_3 + \Pi_4)\Delta Y_{t-4} + \cdots \\
&\quad + ((\Pi_1^2 + \Pi_2)\Pi_{p-3} + \Pi_1 \Pi_{p-2})\Delta Y_{t-p+2} + (\Pi_1 \Pi_p + \Pi_{p-1})\Delta Y_{t-p+1} + \Pi_p \Delta Y_{t-p}
\end{aligned}$$

$$\begin{aligned}
\Delta Y_t &= \Pi_1(\Pi_1 \Delta Y_{t-2} + \Pi_2 \Delta Y_{t-3} + \cdots + \Pi_p \Delta Y_{t-1-p} + u_{t-1}) + \Pi_2 \Delta Y_{t-2} + \cdots \\
&\quad + \Pi_p \Delta Y_{t-p} + u_t \\
&= u_t + \Pi_1 u_{t-1} + (\Pi_1^2 + \Pi_2)\Delta Y_{t-2} + (\Pi_1 \Pi_2 + \Pi_3)\Delta Y_{t-3} + \cdots + (\Pi_1 \Pi_p + \Pi_{p-1})\Delta Y_{t-p+1} \\
&\quad + \Pi_p \Delta Y_{t-p} \\
&= u_t + \Pi_1 u_{t-1} + (\Pi_1^2 + \Pi_2)u_{t-2} + ((\Pi_1^2 + \Pi_2)\Pi_1 + (\Pi_1 \Pi_2 + \Pi_3))\Delta Y_{t-3} \\
&\quad + ((\Pi_1^2 + \Pi_2)\Pi_2 + \Pi_1 \Pi_3 + \Pi_4)\Delta Y_{t-4} + \cdots \\
&\quad + ((\Pi_1^2 + \Pi_2)\Pi_{p-3} + \Pi_1 \Pi_{p-2})\Delta Y_{t-p+2} + (\Pi_1 \Pi_p + \Pi_{p-1})\Delta Y_{t-p+1} + \Pi_p \Delta Y_{t-p} \; \Delta Y_t = u_t + \\
&\quad \Pi_1 u_{t-1} + (\Pi_1^2 + \Pi_2)u_{t-2} + [(\Pi_1^2 + \Pi_2)\Pi_1 + (\Pi_1 \Pi_2 + \Pi_3)]u_{t-3} \\
&\quad + [((\Pi_1^2 + \Pi_2)\Pi_1 + (\Pi_1 \Pi_2 + \Pi_3))\Pi_1 + ((\Pi_1^2 + \Pi_2)\Pi_2 + \Pi_1 \Pi_3 + \Pi_4)]u_{t-4} \\
&\quad + \cdots + (\Pi_1 \Pi_p + \Pi_{p-1})\Delta Y_{t-p-1} + \Pi_p \Delta Y_{t-p}
\end{aligned}$$

$$\begin{aligned}
\Delta Y_t &= u_t + \Psi_1 u_{t-1} + (\Psi_1 \Pi_1 + \Pi_2)u_{t-2} + (\Psi_2 \Pi_1 + \Psi_1 \Pi_2 + \Pi_3)u_{t-3} \\
&\quad + \cdots + (\Psi_{j-1}\Pi_1 + \Psi_{j-2}\Pi_2 + \cdots + \Psi_2 \Pi_{j-2} + \Psi_1 \Pi_{j-1} + \Pi_j)u_{t-j} + \cdots
\end{aligned}$$

参考文献

[1] 白仲林,林桐,张珺. SVARMA 模型的设定、方差分解分析和应用[J]. 统计研究, 2014a,31(05):85-94.

[2] 白仲林,汪玲玲. 两类 DSGE 模型的动态因子模型表示[J]. 数量经济技术经济研究, 2014b,31(06):117-130.

[3] 白仲林,汪玲玲. 一种估计 DSGE 模型脉冲响应函数的方法[J]. 数量经济技术经济研究,2016,33(01):127-141.

[4] 白仲林,尹彦辉,缪言. 财政政策的收入分配效应:发展不平衡视角[J]. 经济学动态,2019a,(02):91-101.

[5] 白仲林,孙艳华,高泽铭. 商品房限购政策的实体经济发展效应研究[J]. 统计研究,2019,36(11):37-48.

[6] 白仲林,杨璐,缪言. 央行沟通政策有效吗?——一种计算语言学方法[J]. 数量经济研究,2019b,10(01):32-48.

[7] 白仲林,孙艳华,未哲. 自贸区设立政策的经济效应评价和区位选择研究[J]. 国际经贸探索,2020,36(08):4-22.

[8] 白文周,刘银国,卢学英. 沪渝房产税扩围房价效应识别——基于反事实分析的经验证据[J]. 财贸研究,2016,27(01):70-79.

[9] 陈飞,翟伟娟. 农户行为视角下农地流转诱因及其福利效应研究[J]. 经济研究, 2015,50(10):163-177.

[10] 陈雄兵,张宗成. 再议 Granger 因果检验[J]. 数量经济技术经济研究,2008(01): 154-160.

[11] 陈乐一,杨云. 经济体制改革对经济周期波动的调节和缓解作用研究[J]. 经济社会体制比较,2016(03):153-165.

[12] 陈安平. 我国财政货币政策的区域差异效应研究[J]. 数量经济技术经济研究, 2007(06)56-64+136.

[13] 曹永琴,李泽祥. 货币政策非对称性效应的形成机理研究[J],金融研究,2007a (03):8-15.

[14] 曹永琴,李泽祥. 货币政策非对称性效应形成机理的理论述评[J],经济学家,2007b

(04):76-82.

[15] 邓静远,王文甫. 中国货币政策的非对称效应研究—基于ESTSVAR模型的估计[J]. 经济理论与经济管理,2016,36(7):29-43.

[16] 杜莉,罗俊良. 房价上升如何影响我国城镇居民消费倾向——基于两阶段家庭最优消费模型的研究[J]. 财贸经济,2017,38(03):67-82.

[17] 董珍. 多重政策因果效应的评估方法及应用研究[D]. 天津财经大学,2020.

[18] 段忠东. 房价变动对居民消费影响的门限测度——基于中国35个大中城市的实证研究[J]. 经济科学,2014(04):27-38.

[19] 耿识博,谢士强,董军. 货币政策区域不对称效应[J]. 金融研究,2005(07):128-136.

[20] 高华川,白仲林. 一种基于机器学习的时变面板数据政策评估方法[J],数量经济技术经济研究,2019(8):111-128.

[21] 高泽铭. 财政科技支出政策的宏观经济动态效应评价[D]. 天津财经大学,2020.

[22] 郭路,刘霞辉. 动态计量方法在宏观经济学中的应用——2011年度诺贝尔经济学奖获得者学术成就评述[J]. 经济学动态,2011(12):98-103.

[23] 耿识博,谢士强,董军. 货币政策区域不对称效应[J],金融研究 2005(07):128-136.

[24] 洪永淼. 高级计量经济学[M],高等教育出版社,2011.

[25] 洪永淼. 提倡定量评估社会经济政策,建设中国特色新型经济学智库[J]. 经济研究,2015,50(12):19-22.

[26] 洪永淼. 经济统计学与计量经济学等相关学科的关系及发展前景[J]. 统计研究,2016,33(05):3-12.

[27] 洪永淼,方颖,陈海强,范青亮,耿森,王云. 计量经济学与实验经济学的若干新近发展及展望[J]. 中国经济问题,2016(02):126-136.

[28] 况伟大. 房产税、地价与房价[J]. 中国软科学,2012a(04):25-37.

[29] 况伟大,朱勇,刘江涛. 房产税对房价的影响:来自OECD国家的证据[J]. 财贸经济,2012b(05):121-129.

[30] 李楠,陈暮紫,陈敏. Granger因果检验的非线性进展及应用研究[J]. 数理统计与管理,2017,36(05):891-905.

[31] 李成,吕昊旻,李文乐. 经济发展周期中货币政策调控的非对称性[J]. 山西财经大学学报,2019,41(03):31-44.

[32] 李春风,刘建江,陈先意. 房价上涨对我国城镇居民消费的挤出效应研究[J]. 统计研究,2014,31(12):32-40.

[33] 李孔健. 中国货币政策非对称性效应的研究[D]. 武汉大学,2014.

[34] 刘甲炎,范子英. 中国房产税试点的效果评估:基于合成控制法的研究[J]. 世界经济,2013,36(11):117-135.

[35] 骆永民,伍文中. 房产税改革与房价变动的宏观经济效应:基于 DSGE 模型的数值模拟分析[J]. 金融研究 2012(5):1-14.

[36] 孟宪春,张屹山,李天宇. 有效调控房地产市场的最优宏观审慎政策与经济"脱虚向实"[J]. 中国工业经济,2018(06):81-97.

[37] 孙天琦. 货币政策:统一性前提下部分内容的区域差别化研究[J],金融研究,2004,(5):1-19.

[38] 孙艳华. 动态因果效应评估方法研究及其应用[D]. 天津财经大学,2020.

[39] 汪寿阳,洪永淼,霍红,方颖,陈海强. 大数据时代下计量经济学若干重要发展方向[J]. 中国科学基金,2019,33(04):386-393.

[40] 王凯,庞震. 我国房价上涨对居民消费的影响:财富效应还是挤出效应?[J]. 华东经济管理,2019,33(04):102-107.

[41] 未哲. 区域开放政策对产业结构升级的因果效应和机制分析[D]. 天津财经大学,2020.

[42] 王立勇,张代强,刘文革. 开放经济下我国非线性货币政策的非对称效应研究[J]. 经济研究,2010(9):4-16.

[43] 王美今,林建浩. 计量经济学应用研究的可信性革命[J]. 经济研究,2012,47(02):120-132.

[44] 王元. 货币政策非对称效应研究[D]. 中国社会科学院研究生院,2012.

[45] 王永钦,等. 识别中国非金融企业的影子银行活动-来自合并资产负债表的证据[J]. 管理世界,2015(12):24-40.

[46] 许宪春,等. 房地产经济对中国国民经济增长的作用研究[J]. 中国社会科学,2015(1):84-101.

[47] 闫瑞. 市场主体信心对宏观经济波动的影响——基于反事实分析视角[D]. 天津财经大学,2020.

[48] 张晓峒. 计量经济学[M]. 第5版. 清华大学出版社,2017.

[49] 张勇. 房地产市场会压垮中国吗——房地产市场、货币市场波动和经济波动动态关系研究[J]. 财政研究,2015(09):8-22.

[50] 张世英,樊智,郭名媛. 协整理论与波动模型——金融时间序列分析及应用[M]. 第3版. 清华大学出版社,2014.

[51] 赵西亮. 基本有用的计量经济学[M]. 北京大学出版社,2017:1-38.

[52] 郑挺国,刘金全. 我国货币产出非对称影响关系的实证研究[J]. 经济研究,2008(1):33-45.

[53] 郑挺国,郭辉铭. 开放经济下货币政策与经济波动的动态分析[J]. 数量经济研究, 2012,3(02):11-31.

[54] 周皓. 人口流动对生育水平的影响:基于选择性的分析[J]. 人口研究,2015,39(01):14-28.

[55] Aalen, O. O., Rysland, K., Gran, J. M., Ledergerber, B., Causality, mediation and time: a dynamic viewpoint[J]. J R Stat Soc Ser A, 2012, 175: 831-861.

[56] Abadie, A., Angrist, J., Imbens, G., Instrumental Variables Estimates of the Effect of Subsidized Training on the Quantiles of Trainee Earnings[J]. Econometrica, Econometric Society, 2002, 70(1): 91-117.

[57] Abadie, A., Imbens, G. W., Large sample properties of matching estimators for average treatment effects[J]. Econometrica. 2006, 74(1): 235-267.

[58] Abadie, A., Imbens, G. W., Matching on the Estimated Propensity Score[J]. Econometrica, Econometric Society, 2016(84): 781-807.

[59] Abadie, A., Diamond, A., Hainmueller, J., Synthetic control methods for comparativecase studies: Estimating the effect of California's tobacco control program[J]. Journal of the American Statistical Association, 2010, 105(490): 493-505.

[60] Abadie, A., Diamond, A., Hainmueller, J., Comparative politics and the synthetic control method[J]. American Journal of Political Science, 2015, 59(2): 495-510.

[61] Acemoglu, D., Theory, General Equilibrium, and Political Economy in Development Economics[J]. Journal of Economic Perspectives, 2010, 24 (3): 17-32.

[62] Adam K., Monetary policy and aggregate volatility[J]. Journal of Monetary Economics, 2009, 56(1): 1-18.

[63] Ahmed, H., Dua, P., Effects of monetary variables on real output: sensitivity analysis [J]. Applied Economics Letters, 2001, 8(1): 65-69.

[64] Andrews, I., Valid two-step identification-robust confidence sets for GMM [J]. The Review of Economics and Statistics, 2017.

[65] Angrist, J. D., Kuersteiner, G. M., Semiparametric causality tests using the policy propensity score[R]. NBER Working Paper, 2004.

[66] Angrist, J. D., Pischke, J. S., Mostly Harmless Econometrics: An Empiricist's Companion[M]. Princeton: Princeton University Press, 2009.

[67] Angrist, J. D., Pischke, J. S., The credibility revolution in empirical economics: How better research design is taking the con out of econometrics[J]. Journal of economic perspectives, 2010, 24(2): 3-30.

[68] Angrist, J. D., Kuersteiner, G. M., Causal effects of monetary shocks: Semiparametric

conditional independence tests with a multinomial propensity score[J]. Review of Economics and Statistics, 2011, 93(3): 725-747.

[69] Angrist, J. D., Pischke, J. S., Undergraduate Econometrics Instruction: Through Our Classes, Darkly[J]. Journal of Economic Perspectives, 2017, 31(2), 125-144.

[70] Angrist J. D., Jordà ., Kuersteiner G. M., Semiparametric estimates of monetary policy effects: string theory revisited[J]. Journal of Business & Economic Statistics, 2018, 36(3): 371-387.

[71] Ashenfelter, O., What is Involuntary Unemployment [R]. Working Papers 489, Princeton University, Department of Economics, 1978.

[72] Ashenfelter, O. Card, D., Using the longitudinal structure of earnings to estimate the effect of training programs[J]. Review of Economics and Statistics, 1985, 648-660.

[73] Athey, S., Imbens, G. W., Identification and inference in nonlinear difference-in-differences models[J]. Econometrica, 2006, 74(2): 431-497.

[74] Athey, S., Imbens, G. W., Wager, S., Approximate residual balancing: De-biased inference of average treatment effects in high dimensions[J]. arXiv preprint arXiv: 1604.07125. 2016.

[75] Bai, C., Li, Q., Ouyang M. Property taxes and home prices: A tale of two cities[J]. Journal of Econometrics, 2014, 180(1):1-15.

[76] Banerjee, A., Dolado, J. J., Galbraith, J. W., Hendry, D. F. Co-integration, error correction, and the econometric analysis of non-stationary data[M]. OUP Catalogue, 1993.

[77] Beaudry, P., Saito, M., Estimating the effects of monetary shocks: An evaluation of different approaches[J]. Journal of Monetary Economics, 1998, 42(2): 241-260.

[78] Benati, L., Surico, P., VAR analysis and the Great Moderation[J]. American Economic Review, 2009, 99(4): 1636-52.

[79] Benati L., Are policy counterfactuals based on structural VARs reliable? [R]. European Central Bank Working Paper, 2010: 1188.

[80] Bernal, J. L., Cummins, S., Gasparrini, A., Interrupted time series regression for the evaluation of public health interventions: a tutorial[J]. International Journal of Epidemiology, 2017, 46(1): 348-355.

[81] Bernanke, B. S., Alternative explanations of the money-income correlation [J], Carnegie-Rochester Conference Series on Public Policy, Elsevier, 1986. 25(1): 49-99.

[82] Bernanke B. S., M. Gertler, M. W. Watson., Systematic monetary policy and the effects of oil price shocks[J]. Brookings Papers on Economic Activity, 1997(1): 91-142.

[83] Bernanke, B. S., Kuttner, K. N., What explains the stock market's reaction to Federal Reserve policy [J]. The Journal of finance, 2005, 60(3): 1221-1257.

[84] Black, F., The Trouble with Econometric Models [J]. Financial Analyst Journal, 1982 (38): 29-37.

[85] Blanchard, O. J., Watson, M. W., Are Business Cycles All Alike? [J]. NBER Chapters, in: The American Business Cycle: Continuity and Change, 1986, 123-180.

[86] Blanchard, O. J., Quah, D., The Dynamic Effects of Aggregate Demand and Supply Disturbances [J]. The American Economic Review, 1989, 79(4): 655-673.

[87] Belloni, A., Chernozhukov, V., and Hansen, C., Inference on treatment effects after selection among high-dimensional controls [J]. Review of Economic Studies, 2013, 81 (2): 608-650.

[88] Bernal, J. L., Cummins, S., Gasparrini, A., Interrupted time series regression for the evaluation of public health interventions: a tutorial [J]. Int J Epidemiol, 2017(46): 348-55.

[89] Biglan, A., Ary. D., Wagenaar, A. C., The value of interrupted time series experiments for community intervention research [J]. Prev Sci, 2000(1): 31-49.

[90] Blundell, R., Monica Costa-Dias., Alternative approaches to evaluation in empirical microeconomics [J]. Portuguese Economic Journal, Springer; Instituto Superior de Economia e Gestao, 2002, 1(2): 91-115

[91] Bojinov, I., Shephard, N., Time series experiments and causal estimands: exact randomization tests and trading [J]. Journal of the American Statistical Association, 2019, 114 (528): 1-36.

[92] Box, G. E. P., Tiao, G. C., Intervention analysis with applications to economic and environmental problems [J]. Journal of the American Statistical association, 1975, 70 (349): 70-79.

[93] Breitung, J., Brüggemann, R., Lütkepohl, H., Structural vector autoregressive modeling and impulse responses [J]. Applied time series econometrics, 2004.

[94] Brodersen, K. H., Gallusser, F., Koehler, J., Remy, N., Scott, S. L., Inferring causal impact using Bayesian structural time-series models [J]. The Annals of Applied Statistics, 2015, 9(1): 247-274.

[95] Cai, Z., Fang, Y., Lin M, Tang, S. F., Testing Unconfoundedness Assumption Using Auxiliary Variables [R]. University of Kansas, Department of Economics, 2019.

[96] Cai, Z., Fang, Y., Liu, Z., Synergic effects of monetary policy and macro-prudential policy: Based on econometric modeling of macro-policy evaluation [R]. University of Kan-

sas, Department of Economics, 2019.

[97] Campbell, D. T., Stanley, J. C., Experimental and Quasi - Experimental Designs for Research[M]. Chicago, IL: Rand McNally, 1966.

[98] Caldara, D., Kamps, C., The analytics of SVARs: a unified framework to measure fiscal multipliers[J]. The Review of Economic Studies, 2017, 84(3): 1015 - 1040.

[99] Card, D., Krueger, A. B., Minimum Wages and Employment: A Case Study of the Fast - Food Industry in New Jersey and Pennsylvania. American Economic Review, 1994, 84(4): 772 - 793.

[100] Chamberlain, G., The general equivalence of Granger and Sims causality[J]. Econometrica, 1982, 50: 1305 - 1324.

[101] Charles, F. Manski, C. F., Adaptive Minimax - Regret Treatment Choice, With Application To Drug Approval[R]. NBER Working Papers 13312, National Bureau of Economic Research, Inc, 2007.

[102] Christiano, L. J., Eichenbaum, M., Evans, C. L., Nominal rigidities and the dynamic effects of a shock to monetary policy[J]. Journal of political Economy, 2005, 113(1): 1 - 45.

[103] Chow, G. C., Tests of Equality Between Sets of Coefficients in Two Linear Regressions [J]. Econometrica, 1960, 28(3): 591 - 605.

[104] Cochran, W. G., Rubin, D. B., Controlling bias in observational studies: A review [J]. Sankhya: The Indian Journal of Statistics, Series A. 1973(35): 417 - 446.

[105] Cochrane, J. H., "Shocks", Carnegie - Rochester Conference Series on Public Policy [J]. 1994(41): 295 - 364.

[106] Cochrane, J. H., Piazzesi, M., The fed and interest rates - a high - frequency identification[J]. American Economic Review, 2002, 92(2): 90 - 95.

[107] Cooley, T. F., LeRoy, S. F., Atheoretical macroeconometrics: a critique[J]. Journal of Monetary Economics, 1985, 16(3): 283 - 308.

[108] Cover, J. P., Asymmetric effects of positive and negative money - supply shocks[J]. The Quarterly Journal of Economics, 1992, 107(4): 1261 - 1282.

[109] Cox, D. R., Some problems connected with statistical inference[J], The Annals of Mathematical Statistics, 1958(29): 357 - 372.

[110] Du, Z., Zhang, L., Home - purchase Restriction, Property Tax and Housing Price in China: A Counterfactual Analysis [J]. Journal of Econometrics, 2015, 188(2): 558 - 568.

[111] Davidson, J. E. H., Hendry, D. F., Srba, F., Yeo, J. S., Econometric modelling of the aggregate time - series relationship between consumers' expenditure and income in

the United Kingdom[J]. Economic Journal, 1978(88): 661 - 692

[112] Dehejia, R. H., Wahba, S., Causal effects in nonexperimental studies: Reevaluating the evaluation of training programs[J]. Journal of the American statistical Association, 1999, 94(448): 1053 - 1062.

[113] DeJong, D. N. and Dave, C., Structural Macroeconometrics[M]. Prince - ton University Press, 2007.

[114] Doksum, K., Empirical probability plots and statistical inference for nonlinear models in the two - sample case[J]. The annals of statistics, 1974 (2): 267 - 277.

[115] Dufour, J. M., Tessier, D., On the relationship between impulse response analysis: innovation accounting and granger causality. Economics Letters, 1993, 42: 327 - 333.

[116] Engle, R. F., Granger, C. W. J., Co - integration and Error Correction: Representation, Estimation and Testing[J]. Econometrica, 1987(55): 251 - 276.

[117] Frisch, R., Propagation Problems and Impulse Problems in Dynamic Economics[J]. London, United Kingdom: Allen and Unwin, 1933.

[118] Fisher, R. A., Design of Experiments [M]. London: Oliver and Boyd, 1935.

[119] Florens, J. P., Mouchart, M., A Note on Non - Causality[J]. Econometrica, 1982 (50): 582 - 591.

[120] Florens, J. P. M., Mouchart, M., A Linear Theory for Noncausality[J]. Econometrica, 1985(53): 157 - 176.

[121] Fieldhouse, A. J., Mertens, K., Ravn, M. O., The macroeconomic effects of government asset purchases: evidence from postwar US housing credit policy[J]. The Quarterly Journal of Economics, 2018, 133(3): 1503 - 1560.

[122] Firpo, S., Eficient Semiparametric Estimation of Quantile Treatment Effects, Department of Economics, University of California, Berkeley, PhD thesis, 2003, chapter 2.

[123] Fischel, W. A., Politics in a dynamic view of land - use regulations: Of interest groups and homevoters[J]. The Journal of Real Estate Finance and Economics, 2005, 31(4): 397 - 403.

[124] Fretheim, A., Odgaard - Jensen, J., Rϕttingen, J. A., Reinar, L. M., Vangen, S., Tanbo, T., The impact of an intervention programme employing a hands - on technique to reduce the incidence of anal sphincter tears: interrupted time - series reanalysis[R]. BMJ Open, 2013.

[125] Garcia, R., Are the Effects of Monetary Policy Asymmetric? [J]. Economic Inquiry, 1999, 40(1): 102 - 119.

[126] Gregory, A. W., Hansen, B. E., Tests for Cointegration in Models with Regime and

Trend Shifts[J]. Oxford Bulletin of Economics and Statistics, 1996, 58 (3):555 – 560.

[127] Gershman, S. J., Context – dependent learning and causal structure[J]. Psychon Bull Rev, 2017, 24(2): 557 –565.

[128] Gertler, M., Karadi, P., Monetary policy surprises, credit costs, and economic activity[J]. American Economic Journal: Macroeconomics, 2015, 7(1): 44 – 76.

[129] Geweke, J., Meese, R., Dent, W., Comparing alternative tests of causality in temporal systems: Analytic results and experimental evidence[J]. Journal of Econometrics, 1983, 21(2): 161 – 194.

[130] Gilligan, D. O., Hoddinott, J., Is There Persistence in the Impact of Emergency Food Aid? Evidence on Consumption, Food Security and Assets in Rural Ethiopia[J]. American Journal of Agricultural Economics. 2007, 89(2): 225 – 242.

[131] Gobillon, L., Wolff, F. C., Evaluating the Law of one Price Using Micro Panel Data: The Case of the French Fish Market [J]. American Journal of Agricultural Economics, 2015, 98(1), 134 – 153.

[132] Granger, C. W. J., Investigating Causal Relations by Econometric Methods and Cross – Spectral Methods, " Econometrica, 1969, 34, 424 – 438.

[133] Granger, C. W. J., On the properties of forecasts used in optimal economic policy decisions[J]. Journal of Public Economics, Elsevier, 1973, 2(4): 347 – 356.

[134] Granger, C. W. J., Some properties of time series data and their use in econometric model specification[J]. Journal of econometrics, 1981, 16(1): 121 – 130.

[135] Granger, C. W. J., Some recent development in a concept of causality[J]. Journal of Econometrics, 1988, 39(1 – 2): 199 – 211.

[136] Granger, C. W. J., Deutsch, M., Comments on the evaluation of policy models[J]. Journal of Policy Modeling, Elsevier, 1992, 14(4): 497 – 516.

[137] Gu, X. S., Rosenbaum, P. R., Comparison of multivariate matching methods: Structures, distances, and algorithms[J]. Journal of Computational and Graphical Statistics, 1993, 2(4): 405 – 420.

[138] Hahn M, et al., Identification and crystallization of a protease – resistant core of calnexin that retains biological activity. J Struct Biol, 1998, 123(3): 260 – 4

[139] Hamilton, J. D., Time series analysis[M], Princeton University Press, Princeton. NJ, 1994.

[140] Hamilton, J. D., What Is an Oil Shock [J]. Journal of Econometrics, 2003(113): 363 – 398.

[141] Hansen, L. P., Sargent, T. J., Instrumental variables procedures for estimating linear

rational expectations models[J]. Journal of Monetary Economics, 1982, 9(3): 263 –296.

[142] Hartmann, D. P., Gottman, J. M., Jones, R. R., Gardner, W., Kazdin, A. E., Vaught. R. S., Interrupted time - series analysis and its application to behavioral data[J]. Journal of applied behavior analysis, 1980, 133(4): 543 –559.

[143] Heckman, J. J., Ichimura, H., Todd, P. E., Matching as an econometric evaluation estimator: Evidence from evaluating a job training programme[J]. The review of economic studies, 1997, 64(4): 605 –654.

[144] Heckman, J. J., Ichimura, H., Todd, P. E., Matching as an econometric evaluation estimator[J]. The review of economic studies, 1998, 65(2): 261 –294.

[145] Heckman, J., Neil H., Jeffrey S., Michael K., Substitution and Dropout Bias in Social Experiments: A Study of an Influential Social Experiment[J], Quarterly Journal of Economics, 2000 (115): 651 –694.

[146] Heckman, J. J., Accounting For Heterogeneity, Diversity And General Equilibrium In Evaluating Social Programmes [J]. Economic Journal, 2001 (475): 654 –699.

[147] Herbst, E. P., Schorfheide, F., Bayesian estimation of DSGE models[M]. Princeton University Press, 2015.

[148] Hendry, D. F., Anderson, G. J., Testing dynamic specification in small simultaneous systems: An application to a model of building society behaviour in the United Kingdom[J]. Frontiers in Quantitative Economics, 1977(3): 361 –383.

[149] Hendry, D. F., Dynamic econometrics. London: Oxford University Press, 1995.

[150] Hirano, K., Combining Panel Data Sets with Attrition and Refreshment Samples. Econometrica, 2001, 69(6): 1645 –59.

[151] Hodrick, R. J., Prescott, E. C., Postwar U. S. Business Cycles: an Empirical Investigation[R], Discussion Paper, Carnegie Mellon University, 1980.

[152] Hodrick, R. J., Prescott, E. C., Postwar US business cycles: an empirical investigation[J]. Journal of Money, credit, and Banking, 1997, 29 (1): 1 –16.

[153] Holland, P. W., Statistics and Causal Inference[J]. Journal of the American Statistical Association, 1986, 81, 945 –960.

[154] Hsiao, C., Steve, H. C., Shui Ki Wan, A panel data approach for program evaluation: Measuring the benefits of political and economic integration of Hong Kong with Mainland China [J]. Journal of Applied Econometrics, 2012,27(5):705 –740.

[155] Ichimura, H., Linton, O., Asymptotic Expansions for Some Semiparametric Program Evaluation Estimators[C], STICERD – Econometrics Paper Series 451, Suntory and Toyota International Centres for Economics and Related Disciplines, LSE, 2003.

[156] Imbens, G., Angrist, J., Identification and estimation of local average treatment effects [J]. Econometrica, 1994, 61: 467 – 476.

[157] Imbens, G. W., Nonparametric estimation of average treatment effects under exogeneity: a review[J]. Review of Economics and statistics, 2004, 86(1): 4 – 30.

[158] Imbens, G., Rubin, D., Causal Inference: Statistical Methods for Estimating Causal Effects in Biomedical, Social, and Behavioral Sciences[J]. Cambridge University Press, Cambridge forthcoming, 2007.

[159] Imbens, G. W., Lemieux, T., Regression discontinuity designs: A guide to practice [J]. Journal of econometrics, 2008, 142(2): 615 – 635.

[160] Imbens, G. W., Wooldridge, J. M., Recent developments in the econometrics of program evaluation[J]. Journal of economic literature, 2009, 47(1): 5 – 86.

[161] Imbens, G. and Rubin, D. B., Causal Inference for statistics, social and biomedical sciences: an introduction[M]. Cambridge University Press, 2015.

[162] Ireland, P. N., Technology shocks in the New Keynesian model[J]. The Review of Economics and Statistics, 2004, 86(4), 923 – 936.

[163] Jandoc, R., Burden, A. M., Mamdani, M., Levesque, L. E., Cadarette, S. M., Interrupted time series analysis in drug utilization research is increasing: systematic review and recommendations[J]. J. Clin. Epidemiol, 2015, 68(8), 950 – 956.

[164] Juselius, K., The Cointegrated VAR Model: Methodology and Applications. Advanced texts in Econometrics. Oxford University Press, Oxford, 2006.

[165] Jordà, ., Taylor, A. M., The time for austerity: estimating the average treatment effect of fiscal policy[J]. The Economic Journal, 2016, 126(590): 219 – 255.

[166] Jordà, ., Schularick, M., Taylor, A. M., Large and State – Dependent Effects of Quasi – Random Monetary Experiments[R]. NBER Working Paper 2017: 23074.

[167] Johansen, S., Likelihood – Based Inference in Cointegrated Vector Models[M]. New York: Oxford University Press, 1995.

[168] Kempthorne, Oscar., The Randomization Theory of Experimental Inference[J]. Journal of the American Statistical Association, 1955(50): 946 – 967.

[169] Keynes, J. M., The general theory of employment, interest and money[M]. Kessinger Publishing, 1936: 45 – 48

[170] Keynes, J. M., Relative movements of real wages and output, Economic Journal[J]. 1939(193): 34 – 51.

[171] Keynes, J. M., On a Method of Statistical Business – Cycle Research[J]. A Comment. The Economic Journal, 1940(50): 154 – 156

[172] Kilian, L., Exogenous Oil Supply Shocks: How Big Are They and How Much Do They Matter for the U. S. Economy[J]. Review of Economics and Statistics, 2008(90): 216 – 240.

[173] Kilian, L., Lewis, L. T., Does the Fed Respond to Oil Price Shocks? [R]. CERP Working Paper 2011: 7594.

[174] Kleibergen, F., Testing parameters in GMM without assuming that they are identified [J]. Econometrica, 2005, 73(4): 1103 – 1123.

[175] Kuttner, K. N., Monetary Policy Surprises and Interest Rates: Evidence from the Fed Funds Futures Market[J]. Journal of Monetary Economics, 2001(47): 523 – 544.

[176] Kuersteiner, G. M., Phillips, D. C., Villamizar – Villegas, M., Effective sterilized foreign exchange intervention? Evidence from a rule – based policy[J]. Journal of International Economics, 2018, 113: 118 – 138.

[177] Kydland, F. E., Prescott, E. C., Time to build and aggregate fluctuations[J]. Econometrica: Journal of the Econometric Society, 1982: 1345 – 1370.

[178] Lechner, M., Sequential matching estimation of dynamic causal models, University of St[R]. Gallen, Discussion paper, 2004.

[179] Lechner M., Matching estimation of dynamic treatment models: Some practical issues [J]. Advances in Econometrics, 2008, 21: 289 – 333.

[180] Lechner, M., The relation of different concepts of causality used in time series and microeconometrics[J]. Econometric Reviews, 2010, 30(1): 109 – 127.

[181] Lehman, E., Nonparametrics: Statistical Methods Based on Ranks[M]. San Francisco: Holden – Day, 1974.

[182] Linden, A., Adams, J. L., Roberts, N., Evaluating disease management program effectiveness: an introduction to time – series analysis[J]. Disease Management, 2003, 6(4): 243 – 255.

[183] Linden, A., Adams, J. L., Applying a propensity score - based weighting model to interrupted time series data: improving causal inference in programme evaluation[J]. Journal of evaluation in clinical practice, 2011, 17(6): 1231 – 1238.

[184] Linden, A., Mi, A. A., Conducting interrupted time – series analysis for single – and multiple – group comparisons[J]. The Stata Journal, 2015, 15(2): 480 – 500.

[185] Liu, Z. Q., Zongwu Cai, Z. W., Fang, Y., Lin, M., Statistical Analysis and Evaluation of Macroeconomic Policies: A Selective Review[R], working papers series in theoretical and applied economics, University of Kansas, Department of Economics, 2019.

[186] Lucas, R. E., Econometric Policy Evaluation: A Critique [J]. Carnegie – Rochester

Conference Series on Public Policy, 1976(1): 19 – 46.

[187] Lütkepohl, H., Vector autoregressive and vector error correction models[J]. Applied time series econometrics, 2004: 86 – 158.

[188] Lütkepohl, H., New Introduction to Multiple Time Series [M]. Springer Verlag, Berlin, 2005.

[189] Lok, J., Gill, R., Van Der Vaart A., Robins, J., Estimating the causal effect of a time - varying treatment on time - to - event using structural nested failure time models [J]. Statistica Neerlandica, 2004, 58(3): 271 – 295.

[190] McCaffrey, D. F., Ridgeway, G., Morral, A. R., et al. Propensity score estimation with boosted regression for evaluating causal effects in observational studies[J]. Psychological methods, 2004, 9(4): 403 – 25.

[191] Mertens, K., Ravn, M. O., The dynamic effects of personal and corporate income tax changes in the United States [J]. American economic review, 2013, 103 (4): 1212 – 1247.

[192] Mill, J. S., A System of Logic Ratiocinative and Inductive Part II[M]. In Robson, J. M. (Ed.), University of Toronto Press, 1974.

[193] Moreira, M. J., A conditional likelihood ratio test for structural models[J]. Econometrica, 2003, 71(4): 1027 – 1048.

[194] Morgan, S., Winship, C., Counterfactuals and Causal Inference [M]. Cambridge University Press, 2nd edition, 2015.

[195] Nelson, B. K., Time series analysis using autoregressive integrated moving average (ARIMA) models [J]. Acad EmergMed, 1998(5): 739 – 44.

[196] Neyman, J., Sur les applications de la théorie des probabilités aux experiences agricoles: Essai desprincipes[J]. Roczniki Nauk Rolniczych, 1923(10): 1 – 51.

[197] Nunn, N., Wantchekon, L., The Slave Trade and the Origins of Mistrust in Africa[J]. American Economic Review, 2011, 101 (7), 3221 – 3252.

[198] Olea, J. L. M., Pflueger, C. A., robust test for weak instruments[J]. Journal of Business and Economic Statistics, 2013, 31(3): 358 – 369.

[199] Pearl, J., Probabilistic Reasoning in Intelligent Systems: Networks of Plausible Inference[M]. San Francisco: Morgan Kaufmann, 1988.

[200] Pearl, J., Causal inference from indirect experiments[J]. Artificial Intelligence in Medicine, 1995, 7(6): 561 – 582.

[201] Pearl, J., Causality: Models, Reasoning, and Inference[J]. 2nd ed. New York: Cambridge University Press, 2009.

[202] Perron, P., The great crash, the oil price shock, and the unit root hypothesis[J]. Econometrica: journal of the Econometric Society, 1989, 57: 1361-1401.

[203] Phillips, P. C. B., Loretan, M., Estimating Long-run Economic Equilibria[J]. Review of Economic Studies, 1991, 58(3): 407-436.

[204] Plagborg-Moller, M., Bayesian inference on structural impulse response functions[R]. Department of Economics, Harvard University, 2016.

[205] Pratt, J. W., Schlaifer, R., On the Nature and Discovery of Structure[J], Journal of the American Statistical Association, 1984(79): 9-21.

[206] Rambachan, A., Shephard, N., A Nonparametric Dynamic Causal Model for Macroecono-metrics[R]. arXiv. org, 2019.

[207] Ramey, V. A., Macroeconomic shocks and their propagation[M]. Handbook of macroeconomics. Elsevier, 2016(2): 71-162.

[208] Ranson M. K., Sinha T., Morris S. S., Mills. A. J., CRTs—Cluster Randomized Trials or "Courting Real Troubles": Challenges of Running a CRT in Rural Gujarat, India[J], Canadian Journal of Public Health, 2006, 97(1): 72-75.

[209] Reiss, P. C., Wolak, F. A., Chapter 64 Structural Econometric Modeling: Rationales and Examples from Industrial Organization[M]. Handbook of Econometrics, 2007, 4277-4415.

[210] Robins, J. M., A new approach to causal inference in mortality studies with a sustained exposure period—application to control of the healthy worker survivor effect[J]. Mathematical modelling, 1986, 7(9-12): 1393-1512.

[211] Robins, J. M., Mark, S. D., Newey, W. K., Estimating exposure effects by modelling the expectation of exposure conditional on confounders[J]. Biometrics, 1992: 479-495.

[212] Robins, J. M., Rotnitzky, A., Zhao, L. P.. Estimation of regression coefficients when some regressors are not always observed[J]. Journal of the American statistical Association, 1994, 89(427): 846-866.

[213] Robins, J. M., Rotnitzky, A., Semiparametric Efficiency in Multivariate Regression Models with Missing Data[J]. Journal of the American Statistical Association, 1995(90): 122-129.

[214] Robins, J. M., Greenland, S., Hu, F. C., Estimation of the causal effect of a time-varying exposure on the marginal mean of a repeated binary outcome[J]. Journal of the American Statistical Association, 1999a, 94(447): 687-700.

[215] Romer, C. D., Romer, D. H., Does monetary policy matter? A new test in the spirit of Friedman and Schwartz[J]. NBER macroeconomics annual, 1989, 4: 121-170.

[216] Romer, C. D., Romer, D. H., The macroeconomic effects of tax changes: estimates based on a new measure of fiscal shocks. American Economic Review, 2010,100(3), 763 –801.

[217] Rosenbaum, P. R., Rubin, D. B., The central role of the propensity score in observational studies for causal effects[J]. Biometrika, 1983, 70(1): 41 –55.

[218] Rosenbaum, P., Optimal Matching in Observational Studies[J]. Journal of the American Statistical Association 1989, 84: 1024 –1032.

[219] Rosenbaum, P., Observational Studies. New York: Springer –Verlag, 1995.

[220] Rosenbaum, P., Covariance adjustment in randomized experiments and observational studies[J]. Statistical Science, 2002, 17(3): 286 –304.

[221] Rosenzweig, M. R., Wolpin, K. I., Natural "natural experiments" in economics[J]. Journal of Economic Literature, 2000, 38(4), 827 –874.

[222] Rothenberg, T. J., Leenders, C. T., Efficient estimation of simultaneous equation systems[J]. Econometrica: Journal of the Econometric Society, 1964, 32: 57 –76.

[223] Rubin, D. B., Estimating causal effects of treatments in randomized and nonrandomized studies[J]. Journal of educational Psychology, 1974, 66(5): 688 –701.

[224] Rubin, D. B., Assignment to Treatment Group on the Basis of a Covariate[J]. Journal of Educational Statistics, 1977, 2(1): 1 –26.

[225] Rubin, D. B., Bayesian inference for causal effects: The role of randomization[J]. The Annals of statistics, 1978, 6(1): 34 –58.

[226] Rubin, D. B., Using propensity scores to help design observational studies: application to the tobacco litigation[J]. Health Services & Outcomes Research Methodology. 2001(2): 169 –188.

[227] Saikkonen, P., Estimation and testing of cointegrated systems by an autoregressive approximation[J]. Econ. Theory, 1992(8): 1 –27.

[228] Sargan, J. D., Wages and prices in the United Kingdom: a study in econometric methodology[J]. Econometric analysis for national economic planning, 1964, 16: 25 –54.

[229] Sargent, T. J., A Note on the Accelerationist Controversy[J]. Journal of Money, Credit and Banking, 1971, 3(3): 721 –725.

[230] Sargent, T. J., Fand, D., Goldfeld, S., Rational expectations, the real rate of interest, and the natural rate of unemployment[J]. Brookings Papers on Economic Activity, 1973, 1973, 4(2): 429 –480.

[231] Sargent, T. J., Rational Expectations, Econometric Exogeneity, and Consumption[J]. Journal of Political Economy, 1978a, 86(4), 673 –700.

[232] Sargent, T. J., Estimation of Dynamic Labor Demand Schedules under Rational Expec-

tations[J]. Journal of Political Economy, University of Chicago Press, 1978b, 86(6): 1009 – 1044.

[233] Senda, T., Asymmetric Effects of Money Supply Shocks and Trend Inflation[J]. Journal of Money, Credit and Banking, 2001, 33(1): 65 – 89.

[234] Shadish, W. R., Cook, T. D., Campbell, D. T., Experimental and Quasi – Experimental Designs for Generalized Causal Inference[M]. Boston, MA: Houghton – Mi in. 2002.

[235] Shapiro, M. D., Watson, M. W., Sources of business cycle fluctuations[J]. NBER Macroeconomics Annual 1988, 3: 111 – 148.

[236] Silvar, R. D., Portugal, M. S., Central Bank and Asymmetric Preferences: An Application of Sieve estimators to the U. S. and Brazi[J]. Economic Modelling, 2007(51): 72 – 83.

[237] Sims, C. A. Money, income, and causality[J]. American Economic Review, 1972, 62: 540 – 552.

[238] Sims, C. A., Macroeconomics and Reality[J]. Econometrica, 1980, 48(1): 1 – 48.

[239] Sims, C. A., Are forecasting models usable for policy analysis[J]. Quarterly Review, 1986, 2 – 16.

[240] Sims, C. A., Macroeconomics and Methodology[J]. Journal of Economic Perspectives, 1996, 10 (1): 105 – 120.

[241] Sims, C. A., Econometric implications of the government budget constraint[J]. Journal of Econometrics, 1998, 83(1 – 2): 9 – 19.

[242] Sims, C. A., Zha, T., Does monetary policy generate recessions?[J]. Macroeconomic Dynamics, 2006, 10(2): 231 – 272.

[243] Slutzky, E., The summation of random causes as the source of cyclic processes[J]. Econometrica: Journal of the Econometric Society, 1927: 105 – 146.

[244] Stock, J. H., Watson, M., A simple estimator of cointegrating vectors in higher order integrated systems. Econometrica, 1993(61): 783 – 820.

[245] Stock, J. H., The Other Transformation in Econometric Practice Robust Tools for Inference[J]. Journal of Economic Perspectives, 2010, 24, 83—94.

[246] Stock, J. H., Watson, M. W., Introduction to Econometrics[M], 2th Edition Pearson Education, 2007.

[247] Stock, J. H., Watson, M. W., Disentangling the Channels of the Recession[J]. Brookings Papers on Economic Activity, 2012, 1: 81 – 135.

[248] Stock, J. H., Watson, M. W., Dynamic factor models, factor – augmented vector au-

toregressions, and structural vector autoregressions in macroeconomics. In J. B. Taylor and H. Uhlig (Eds.), Handbook of Macroeconomics, 2016, 2: 415 – 525.

[249] Stock, J. H., Watson, M. W., Twenty years of time series econometrics in ten pictures[J]. Journal of Economic Perspectives, 2017, 31(2): 59 – 86.

[250] Stock, J. H., Watson, M. W., Identification and estimation of dynamic causal effects in macroeconomics using external instruments[J]. The Economic Journal, 2018, 128 (610): 917 – 948.

[251] Sznajderska, A., Asymmetric Effects in the Polish Monetary Policy Rule[J]. Economic Modelling, 2014, 36(1): 547 – 556.

[252] Tang, S. F., Cai, Z. W., Fang, Y., Lin, M., 2019. Testing Unconfoundedness Assumption Using Auxiliary Variables[R], working papers in the series in theoretical and applied economics, University of Kansas, Department of Economics, 2019.

[253] Tinbergen, J., On a Method of Statistical Business – Cycle Research. A Reply [J]. The Economic Journal, 1940(197): 141 – 154.

[254] van der Laan, Mark J., Rubin, D., Targeted Maximum Likelihood Learning[R]. U. C. Berkeley Division of Biostatistics Working Paper Series. Working Paper 213, 2006.

[255] Viviano, D. and Bradic, J. Synthetic learner: model – free inference on treatments over time[J]. arXiv preprint arXiv: 1904. 01490, 2019.

[256] Wagner, A. K., Soumerai, S. B., Zhang, F., Ross – Degnan, D., Segmented regression analysis of interrupted time series studies in medication use research[J]. J Clin Pharm Ther, 2002(27): 299 – 309.

[257] Wald, A., Tests of Statistical Hypotheses Concerning Several Parameters When the Number of Observations is Large[J]. Transactions of the American Mathematical Society, 1943, 54(3): 426 – 482.

[258] White, H., Time Series Estimation of the Effects Natural Experiments[J]. Journal of Econometrics, 2006(135)527 – 566.

[259] White, H., Lu, X., Granger Causality and dynamic structural systems[J]. Journal of Financial Econometrics, 2010(8): 193 – 243.

[260] White, H., Pettenuzzo, D., Granger causality, exogeneity, cointegration, and economic policy analysis[J]. Journal of Econometrics, 2014(178): 316 – 330

[261] Wold, H. O., Econometrics as Pioneering in Non – experimental Model Building[J]. Econometrica, 1969(37): 369 – 381.

[262] Woodridge, J. M., Introductory Econometrics: A Modern Approach[M]. Cincinnati, OH: South – Western College Publishing, 2003.

[263] Wyss, R., Allan E., Alan B., Cynthia G., Michele J., Robert L., Til S.. The Role of Prediction Modeling in Propensity Score Estimation: An Evaluation of Logistic Regression and the Covariate – Balancing Propensity Score [J]. American Journal of Epidemiology, 2014, 180(6): 645 – 55.

[264] Xu, Y., Generalized synthetic control method: Causal inference with interactive fixed effects models [J]. Political Analysis, 2017, 25(1): 57 – 76.

[265] Zivot, E., Andrews, D. W. K., Further Evidence on the Great Crash, the Oil – Price Shock, and the Unit – Root Hypothesis [J]. Journal of Business and Economic Statistics, 1992(10): 251 – 270